모두에게
사랑받을 필요는 없다

Pulling Your Own Strings

비교와 눈치에서 해방되는 삶의 기술

모두에게 사랑받을 필요는 없다

Pulling Your Own Strings

웨인 다이어 지음 장원철 옮김

북모먼트

타인의 시선에서 벗어나
나로 산다는 것

한 소년이 학교를 마치고 집으로 돌아오자마자 엄마에게 말했다. "엄마, 엉뚱하다는 게 무슨 말이야? 나보고 엉뚱하대." 엄마는 조금 당황했지만 누가 그렇게 이야기했는지 물었다. 소년은 대답했다. "우리 담임 선생님이 교장 선생님께 하는 말을 들었어. 내가 우리 학교에서 제일 엉뚱한 아이라고."

상황을 이해한 엄마는 아이의 눈을 따뜻하게 바라보며 두 손을 꼭 잡고 말했다.

"잘못한 게 없어도 사람들은 자기 예상에서 벗어난 행동을 보면 엉뚱하다고 말하곤 해. 대부분은 비슷하게 생각하고 행동하는데 너는 새로운 길을 찾아내니까 그게 신기한 거야. 그러니까 엉뚱하다는 건 너만의 창의성이 있다는 말이야. 잘못된 것이 아니야."

세상에는 있는 그대로 인생을 살아가고 싶은 사람들이 있다. 그들은 개성과 주관이 뚜렷하고 독립적이다. 다른 사람들이 자신을 엉뚱하게 본다고 해도 개의치 않는다. 타인의 기준에 맞춰 사는 것을 거부하고 자신의 본모습 그대로 세상과 마주하려고 한다.

그런데 세상은 그런 사람들을 쉽게 내버려두지 않는다. 사회적 기준에 맞지 않는다고 규범의 틀 안에 가두거나 '엉뚱하다'는 꼬리표를 붙여 밀어내려 한다. '정상'과 '평균'의 범위를 정해두고 그 선에서 벗어나지 않도록 평가하고 통제하려 든다.

그렇다면 타인의 시선에 휘둘리지 않고 자신이 선택한 방식으로 살아가기 위해서는 어떻게 해야 할까? 조금은 반항적일 필요가 있다. 스스로를 믿을 수 있어야 하고 자기 기준에 맞지 않는 잣대로 통제하려는 사람에게 맞설 수 있어야 한다. 또한 자신을 지지하고 옹호할 줄 알아야 하며 자기 긍정에 인색해서도 안 된다.

하지만 나의 본모습대로 살기 위해서는 무엇보다 나 자신을 먼저 알아야 한다. 타인이 나를 규정하도록 내버려두지 않고, 내가 어떤 일에서 즐거움을 느끼는지, 어디에 가치를 두고 무엇에서 성취감을 얻는지 이해해야 한다. 즉 내 인생의 주인공이 되려면 내가 진정으로 무엇을 원하는지 아는 것이 먼저다. 그렇다고 거창한 혁명가가 될 필요는 없다. 단지 세상을 향해 이렇게 말할 수 있으면 된다.

"내 삶은 내가 결정해. 내게 이래라저래라 하는 사람들의 말은 듣고 싶지 않아."

 모두에게 사랑받을 필요는 없다

어느 노래의 가사에 이런 내용이 있다.

삶은 아름다운 거야…
내가 기타 줄을 튕기는 한.
하지만 영원히 바보가 될 수도 있어…
내가 기타 줄을 놓아버린다면.

이 책은 자신만의 기타 줄을 튕기는 법에 관한 이야기다. 타인의 뜻대로 살지 않으려는 사람들, 무엇보다 자신의 자유를 사랑하는 사람들을 위한 책이다. 인생이라는 강을 무사히 건널 뗏목이 필요한 사람, 얽매이지 않고 살아가고 싶은 사람들을 위한 책이다.

대부분의 사람은 자기 삶을 책임지기보다 사회가 정한 기준에 맞춰 살아간다. 그 편이 더 쉽고 편하기 때문이다. 주체적인 삶에 관심이 없다면 이 책은 흥미롭지 않을 것이다. 하지만 나는 이 책을 집어 든 당신이 삶을 주체적으로 살고 싶어 하는 사람이라고 믿는다.

이 책은 변화에 관한 안내서이자 어떻게 해야 변할 수 있는가에 대한 나침반이다. 책 속에는 기성의 불합리한 권위와 잘못된 규칙에 저항하는 이야기들도 담겨 있다. 그중 일부는 어쩌면 다소 파격적이거나 비도덕적인 것처럼 보일 수도 있다. 그러나 이 책을 펼친 사람이라면 때로는 자기주장을 강하게 내세우고 세상과 맞설 용기를 가져야 한다. 그래야만 진짜 변화를 이룰 수 있기 때문이다.

　나는 당신이 타인의 기준을 무비판적으로 따르며 살아가는 사람이라고 믿지 않는다. 남의 뜻대로 살다 보면 너무 많은 것, 특히 자신을 잃게 된다. 어떤 방식이든 자신을 사랑하는 사람으로 가득한 세상이 가장 좋은 세상이다.

　진정한 자유는 그 안에 감춰진 위험을 기꺼이 감수할 때 비로소 주어진다. 무한히 펼쳐진 삶의 지평에서 어디로 나아갈지는 스스로 선택해야 한다. 우리에게는 자신이 어떻게 살아갈지 직접 결정할 권리가 있다. 그리고 그 권리에 익숙해질 때 타인 또한 나와 같은 자유를 누려야 한다는 사실을 깨닫게 된다.

　모든 사람은 저마다의 삶을 산다. 누구도 내 삶을 대신 살아줄 수 없다. 내가 느끼고 내 몸으로 겪는 것을 똑같이 경험하는 사람은 없다. 각자에게 주어진 삶은 그 사람에게만 유일한 것이다. 타인의 이해를 구하기에는 우리의 삶이 너무 복잡하다. 그러므로 어떻게 살아갈지를 결정하는 주체는 언제나 '나 자신'이어야 한다. 그 선택에서 오는 즐거움과 만족이 주체적인 삶의 증거다. 나는 자신의 삶을 오롯이 자기 손에 쥐고자 하는 사람들을 위해 이 책을 썼다.

　대부분의 사람은 삶의 주도권을 타인이 좌지우지하도록 내버려 둔 채 살아간다. 불쾌함을 느끼면서도 혹은 그런 감정조차 느끼지 못하면서 고통을 감수한다. 스스로를 방어하기보다 무의식적으로 삶의 통제권을 남에게 맡겨 버린다. 그런 사람들은 자신이 신념이나 가치관에 어긋나는 삶을 살고 있음을 안다. 그리고 그 대가는 크다. 우울증 상담센터, 자살예방 전화 같은 서비스가 곳곳에 존재한다는 사실이 그 증거다. 그러나 그런 서비스가 아무리 많아도 사람들은 여전히 불행하고 우울하다.

삶의 주도권을 되찾기 위해서는 내가 내 인생의 방향키를 쥐고 있어야 한다. 책을 쓰며 나는 스스로에게 이렇게 말했다.

"독자들이 중간에 책을 덮지 않도록 유용한 방법을 제시하자."

삶의 주도권을 잡는 구체적인 방법을 보여주기 위해 책에는 다양한 사례를 담았다. 희생자가 되지 않기 위한 특별한 방법도 함께 제시했다. 또한 스스로에게 질문을 던지며 나를 희생자로 만드는 습관이 무엇인지 짚어보도록 이끌었다. 책의 마지막에는 '자유로운 삶을 위한 100가지 행동 리스트'를 실어, 이 책이 당신의 자유를 찾는 여정에 실질적인 길잡이가 되도록 했다.

이 책의 각 장은 내 삶의 주인으로 살아가기 위한 주요 원칙을 하나씩 제시한다. 나를 구속하고 통제하려는 세상에서 스스로를 지키는 전략, 그리고 진정한 자유를 일상 속 습관으로 만드는 방법을 배울 수 있을 것이다. 그 과정에서 자신만의 행복을 찾아가는 길도 보게 될 것이다.

우리에게는 스스로를 불행에서 구해낼 힘이 있다. 누군가의 기준에 묶여 자신을 잃는 행동은 이제 멈춰야 한다. 누구에게도 구애받지 않고 있는 그대로의 모습으로 자유롭게 살아보자. 그것이 진정한 행복을 얻는 길이다. 이 책은 그 길 위에서 당신을 든든히 지켜줄 동반자가 될 것이다.

나의 좋은 친구이자 재능 있는 시인, 게일 스피니어 롤링스가 이 책의 메시지를 한 편의 시로 간결하게 말해주었다.

자신만의 활시위를 당겨라

사람들은 모두

보이지 않는 방식으로

자신만의 두려움에 매달려 있다네

우리는 꼭두각시이거나 그 인형을 조종하는 사람

모두가 욕망의 희생자들

명주실로 팔과 다리를 잡아당기면

다들 주저앉거나 일어선다네

우리는 두려움이라는 음악에 맞춰 춤을 춘다네

몸을 바짝 웅크린 아이들은 숨거나 아닌 척을 하지

바위 아래에서

나무 뒤에서

자신만의 활시위를 당겨라

내면으로 들어가기

심장의 박동을 느껴라

묶여 있는 그 줄을 잘라버리고

     모두에게 사랑받을 필요는 없다

미지의 것에 손을 내밀어라

그 어둠 속으로 걸어 들어가

두 팔을 벌려

자유의 공기를 품에 안으라

그것이 날개를 만들어

우리를 치솟게 할 것이니

그의 시는 자유롭게 산다는 것이 얼마나 아름다운 일인지를 보여준다. 이제 당신도 자신만의 행복을 찾아가는 방법을 배울 수 있기를 바란다. 그리고 우리 모두 그 자유의 힘으로 더 높고 넓은 하늘을 향해 날아오르기를 소망한다.

차례

1장

진짜
자유는
어디에서
오는가

Pulling Your Own Strings

'심리적으로, 정서적으로 안정된 노예'라는
표현은 있을 수 없다.

삶의 주도권을 잃은 채 다시는 희생당해서는 안 된다. 앞으로도 타인에게 휘둘리지 않으려면 스스로를 다잡는 연습이 필요하다. 세상에는 나를 통제하고 조종하려는 수많은 힘이 존재한다는 사실을 인식해야 한다.

내가 독립된 인격체라는 사실을 잊지 않으려면 다짐 이상의 노력이 필요하다. 그리고 누군가가 내 마음이나 행동을 통제하려 할 때마다 단호하게 맞설 각오가 되어 있어야 한다. 인간이 살아 있는 한 우리는 서로를 통제하려는 시도를 끊임없이 반복해왔다. 인류는 수많은 제도와 규칙을 발전시켜왔고 그 결과 만들어진 사회적 기준은 지금도 강력하게 작동한다. 하지만 그 기준이 내 의지와 판단에 맞지 않음을 알면서도 묵묵히 감내하고 있다면 우리는 이미 사회의 희생자로 살고 있는 셈이다.

다행히 이 덫에서 벗어나는 길은 있다. 희생자로 행동하지 않으면 된다. 그러기 위해서는 의미 없이 흘러가는 인생 속에서 내가 스스로에게 무엇을 기대하고 있는지 다시 정립해야 한다. 가장 먼저 권하고 싶은 일은 '남의 뜻대로 살지 않겠다'고 결심하는 것이다. 그리고 내가 희생자처럼 행동할 때가 언제인지 주의 깊게 관찰하는 것이다. 자유로운 인생은 그 지점에서 시작된다.

● 인생을 조율한다는 것

○ 자기 삶을 스스로 통제하지 못할 때 우리는 희생자가 된다. 핵심은 '누가 통제하는가'에 있다. 자신의 운명을 스스로 조율하지 못한다면, 다른 누군가 혹은 어떤 상황이 당신을 대신 움직이게 된다. 그렇게 우리는 다양한 방식으로 끊임없이 영향을 받고 때로는 조종당한다.

여기서 말하는 '희생자'란 범죄나 사고의 피해자를 뜻하지 않는다. 일상에서도 우리는 감정과 행동의 주도권을 빼앗길 수 있고 그 상태가 습관이 되어버릴 수도 있다. 즉 타인의 지시나 기대에 맞춰 살아가는 모든 사람은 희생자다. 어느 날 문득, 자신이 원치 않는 일을 하고 있는 모습을 발견한 적이 있었을 것이다. 화를 억누르며 하고 싶지 않은 일에 필요 이상의 에너지를 쏟기도 했을 것이다. 희생의 제물이 된다는 것은 그리 특별한 일이 아니다. 자신의 의지가 아니라 외부 요인에 의해 감정이 흔들리고 행동이 결정될 때 우리는 이미 희생자가 되어 있다. 사회 곳곳에는 개인의 삶을 지배하려는 외부의 압력이 존재한다. 그런 억압에 붙잡히지 않는 사람만이 비로소 희생자가 되지 않는다.

희생자가 되는 사람들 대부분은 정신적으로 약해진 상태에 놓여 있다. 그들은 자신이 충분히 똑똑하지 않다고 믿고, 자기 인생을 스스로 책임지기에는 강하지 않다고 여긴다. 그래서 운명의 결정권을 자신보다 강하거나 유능하다고 생각되는 사람에게 넘겨준다. 그렇게 되면 자기주장을 분명히 내세우는 일도 점점 줄어든다.

삶의 방향키를 스스로 쥐고 있지 않을 때 우리는 희생된다. 자기 파괴적인 행동을 반복하는 사람도, 우울과 불안, 걱정과 상처, 불쾌한 감정을 오래 품고 사는 사람도 모두 희생자다. 매일을 무기력하게 보내고, 자신을 제대로 드러내지 못하며, 자신의 의지가 아니라 어떤 외부의 힘에 의해 움직이고 있다고 느끼는 사람 또한 마찬가지다. 성장하기 위해 아무런 노력을 하지 않는 사람 역시 예외가 아니다.

혹시 지금 이 주장에 반박할 수 없다면 스스로에게 질문을 던져보자. 희생자가 되는 길에서 우리를 구원할 수 있는 것은 무엇인가? 과연 무엇이 자유를 가져다주는가?

● 자유는 스스로 찾는다

○ 쉽게 자유를 얻는 사람은 없다. 자유는 반드시 스스로 쟁

취해야 한다. 누군가에게서 주어진 자유는 진정한 의미의 자유가 아니다. 자유를 부여한 사람은 언제나 그 대가를 요구하기 마련이다.

자유란 삶을 살아가는 데 아무런 거리낌이 없는 상태를 말한다. 작은 속박 하나조차도 자유와는 어울리지 않는다. 선택이 제한되어 있거나 자기 뜻대로 생활할 수 없고 (당신의 즐거움이 타인의 자유를 침해하지 않는데도) 마음 가는 대로 행동할 수 없다면 그 사람에게는 내가 말하고자 하는 진정한 자유가 없는 것이다. 본질적으로 그런 사람은 희생자다.

자유롭게 산다는 것은 가족이나 연인, 친구에 대한 책임을 부정하는 일이 아니다. 자유로움이란 책임지겠다는 선택의 또다른 이름이다. 인간은 책임을 지면서도 충분히 자유로울 수 있다. 하지만 사회는 그렇게 말하지 않는다. 자유를 열망하는 사람들에게 '자기밖에 모른다'는 낙인을 찍는다. 사회의 평가는 권위라는 이름으로 우리의 삶을 지배한다. 우리가 삶의 주도권을 지키려 할수록 사회는 더 몰아붙인다. '내가 정말 이기적인 걸까?' 하는 생각이 들기 시작하면 죄책감이 생기고 우리는 다시 무기력해진다.

고대 철학자 에픽테토스는 《대화록》에서 "자기 자신의 주인이 되지 못하는 사람은 결코 자유로울 수 없다"고 말했다. 이 문장을 곱씹어보면 이렇게도 읽힌다. "스스로를 다스리지 못하면 결코 자유로울 수 없다." 이 말은 다른 사람을 지배하라는 뜻이 아니다. 타인에게 영향력을 행사하거나 사람들을 복종시키라는 말도 아니다.

자유로운 사람에게는 내면의 평화가 있다. 그들은 타인의 변덕에 자신의 마음이 흔들리는 것을 거부한다. 그렇게 함으로써 자기 생각을 단단히 지키며 조용히 삶을 꾸려나간다. 부모이기 때문에, 학생이기 때문에, 직장인이기 때문에, 어른이기 때문에 이렇게 행동해야 한다는 사회적 역할 규정에서도 자유롭다. 어떤 위치에 있든 그들은 자신의 선택에서 자유를 느낀다. 그리고 그 선택에 대한 남들의 평가에 신경 쓰지 않는다.

이들은 무책임한 사람들이 아니다. 오히려 누구보다 책임감이 강하다. 책임감이란 타인이 "당신이 틀렸다"라고 말해도 자신의 판단을 믿는 힘이다.

자유는 당신이 반드시 고집스럽게 지켜야 할 가치다. 타인이 요구하는 희생은 처음엔 사소해 보일지라도 결국 당신의 인생을 전혀 다른 방향으로 끌고 갈 만큼 거대한 굴레가 될 수 있다. 단순하고 미묘하지만 그런 조종을 통해 우리의 자유는 언제든 사라질 수 있다.

일상의 모든 장면에서 주체적인 태도와 행동을 취해야만 우리는 자유를 누릴 수 있다. 가는 곳마다 주인공이 되고, 서는 곳마다 일의 중심이 될 때, 비로소 환경과 조건의 제약에서 벗어나게 된다. 그때 자유는 마음속 깊이 자리 잡아 내면의 습관으로 굳어진다.

자유를 얻기 위해 다음의 원칙을 기억하라. 자기 삶을 이끌어가기 위해 자신을 지지하는 것만큼 완벽한 방법은 없다. 에머슨은 《자기신뢰》에서 이렇게 말했다. "자신에게 평화를 가져다주는 사람은 자기 자신뿐이다."

나는 수년간 심리 상담을 해오면서 내담자들에게 이런 말을 자주 들었다. "그녀가 약속했어요. 반드시 해내겠다고요. 그런데 결국 날 실망시켰어요", "그에게 맡기면 안 된다는 걸 알았죠. 그에게는 사소한 일이었겠지만 내겐 정말 중요했거든요", "그들은 또 나를 실망시켰어요. 나는 언제쯤 이런 일을 겪지 않게 될까요?" 이렇게 타인에게 기대고 그만큼 후회하는 일을 반복하는 사람들은 자신의 자유마저 잃게 된다.

자신의 자유를 찾는다는 것은 타인과의 관계를 끊는다는 의미가 아니다. 오히려 독립적인 사람일수록 관계 속에서 더 큰 즐거움을 느낀다. 그들은 타인과 교류하며 행복을 확장하고 내면의 안정을 되찾는다. 무뚝뚝하거나 공격적인 태도로 사람을 대하지도 않는다. 무례한 사람이 자신의 삶에 끼어든다면 언제든 거절할 수 있다.

자유로운 사람들은 마음속으로 이렇게 생각한다. '이게 내 인생이야. 나만이 유일하게 경험할 수 있지. 내게 주어진 시간은 한정되어 있어. 나는 누구의 소유도 될 수 없어. 그러니 나에게서 이 권리를 빼앗으려는 모든 시도를 경계해야 해. 누군가 나를 사랑한다면 있는 그대로의 나를 사랑해야 해. 그가 바라는 대로 행동을 해서 사랑받는 것은 진짜 사랑이 아니야.'

하지만 이미 우리를 길들여온 사회와 희생자로 살아온 지난날은 어쩌면 좋을까? 어떻게 하면 진정한 자유를 다시 이끌어

넬 수 있을까?

● 끌려다니는 것도 습관이다

○　어린 시절 우리는 어리다는 이유만으로 자율성을 인정받지 못했다. 마치 인형처럼 하라는 대로 하며 그 속에 아주 작은 자유만 누렸다. 불만이 있어도 할 수 있는 일은 많지 않았다. 부모의 가르침을 따르지 않으면 대안이 없었고, 할 수 있는 일이라고는 잠시 집 밖을 나가 바람을 쐬는 일 정도였다. 그렇게 자라며 우리는 무력함을 현실로 받아들였다.

타인의 지시를 따르는 일은 섬세한 문제이지만 어린 시절 우리는 생각이 아직 충분히 자라지 않았다는 사실을 몰랐다. 그래서 나이를 먹으며 선택의 폭이 점점 넓어져도, 남이 정해둔 방향을 따르는 데에 큰 거부감을 느끼지 않았다.

어른이 된 뒤에도 어린 시절의 습관은 유물처럼 남는다. 그 습관은 한때 실용적이었지만 이제는 우리를 손쉬운 먹잇감으로 만든다. 우리는 여전히 권력이나 지위를 가진 사람들에게 끌려다니고 그렇게 사는 데 익숙해져 있다. 이제 그 습관에서 벗어나야 한다.

당하는 습관에서 벗어나려면 무엇보다 새로운 습관을 만드는 것이 우선이다. 나쁜 습관에 익숙해지듯 좋은 습관도 같은 방식으로 얼마든지 체화할 수 있다. 다만 그 전에 어떤 습관을 만들고 어떻게 실천할지 명확히 정해야 한다. 예를 들어 어떤 일을 할 때마다 자기만의 방식을 고집할 수는 없지만 적어도 분노와 무기력 혹은 걱정에 사로잡히지 않게 할 수는 있다. 내면의 분노를 다스려 스스로 희생자가 되는 버릇을 없앨 수도 있다.

타인의 통제를 받는 습관을 떨치고 갑자기 독립적인 선택을 하려고 하면 불안을 느끼기 마련이다. 그 불안에서 벗어나려면 다음 네 가지를 기억하라. 첫째, 자신이 처한 상황을 객관적으로 평가하는 법을 배운다. 둘째, 희생자처럼 행동하지 않겠다는 강한 신념과 태도를 기른다. 셋째, 일상 속에서 가장 흔한 '희생의 유형'을 찾아낸다. 넷째, 주체적으로 살기 위한 구체적인 전략과 그 기반이 되는 원칙을 세운다.

첫 번째, 두 번째, 세 번째 항목은 이 장에서 간략히 다루고 네 번째, 즉 주체적인 삶으로 가기 위한 방법은 책 전반에 걸쳐 자세히 제시할 것이다.

● 냉정함을 갖춰라

○ 주체적인 삶을 살기 위해 무엇을 해야 하는지 판단하기 전에 해야 할 일이 있다. 바로 자신의 현재 상황을 냉정하게 평가하는 것이다. 이제부터는 관계 속에서 사람들을 마주할 때마다 눈을 크게 뜨자. 그래야 자신이 무의식적으로 끌려가거나 불리한 위치에 서게 되는 상황을 피할 수 있다.

  모두에게 사랑받을 필요는 없다

'상황을 평가하라'는 말은 적당한 경계심과 새로운 관점을 길러야 한다는 의미다. 새로운 지성을 갖춰야 부당한 대우를 피할 수 있다. 여기서 말하는 새로운 지성이란, 사람들의 의도를 파악하고, 어떤 행동이 내 목적을 이루는 데 가장 현명한 선택인지 예측하는 능력을 뜻한다. 이 감각이 생기면 불필요한 갈등이나 손해를 보기 전에 상황을 가늠할 수 있다. 그러기 위해서는 주어진 조건을 객관적으로 바라보는 태도가 꼭 필요하다.

다음은 조지의 사례다. 조지는 하자가 있는 바지를 반품하기 위해 백화점을 찾았다. 매장에 들어서자마자 그는 점원이 불친절하고 무례하다는 인상을 받았다. 하지만 조지의 목적은 환불을 받는 것이지, 피곤해 보이는 점원과 언쟁을 벌이는 것이 아니었다. 점원과 불필요한 마찰을 빚으면 관리자를 설득하기도 더 어려워질 것이다. 조지는 싸움을 원하지 않았다. 게다가 반품 불가를 고수하는 것은 그들의 업무일 뿐 영업 방침 외에 별다른 재량이 없는 그들 역시 어쩌면 제도의 희생자일 수도 있었다.

상황을 파악한 조지는 점장에게 직접 갔다. 점장만이 매장 방침에 예외를 적용할 권한이 있기 때문이다. 그는 백화점의 규정과 고객 응대 방식에 대해 정중하게 문제를 제기했다. 감정적으로 대응하지 않아도 이성적으로 이야기한다면 충분히 원하는 결과를 얻을 가능성이 있었다.

이 책의 마지막 장에도 이렇게 우리가 일상에서 자주 겪는 전형적인 사례들이 등장한다. 대응 방법에 따라 우리는 사회적 압력에 휘둘리는 사람이 될 수도 있고 스스로를 지키는 사람이 될 수도 있다.

　상황을 평가하라는 말은 경계심을 늦추지 말라는 의미도 있지만 계획을 세우고 실행에 옮기라는 뜻도 있다. 첫 번째 시도가 실패했다면 감정에 휘둘리지 말고 냉정하게 다음 계획으로 넘어갈 수 있어야 한다. 위의 사례처럼 점장조차 환불을 거절한다면 조지에게는 제조사에 직접 연락하는 방법도 있다. 또는 차분히 목소리를 높이거나 단호한 태도를 연출해 자신의 의지를 표현할 수도 있다.

　여기서 중요한 점은 어떤 계획을 세우든 그것의 성공 여부가 당신의 가치나 자존감을 결정하지 않는다는 것이다. 우리가 해야 할 일은 단지 감정에 얽매이지 않은 채 필요할 때마다 전략을 바꾸는 것뿐이다. 조지의 목표는 환불이었다. 당신의 목표는 티켓을 발급받는 것 혹은 제대로 된 스테이크를 대접받는 것일 수도 있다. 무엇이 되었든 원하는 결과를 얻기 위해 움직이는 과정이 중요하지, 결과의 성패가 당신의 행복이나 인생의 가치를 판단하는 기준이 되어서는 안 된다.

　평소 자신이 자주 쓰는 말이나 생각을 유심히 관찰하면 상황을 평가하기가 더 수월해진다. 그 안에는 언제 당신이 약한 위치에 놓이게 되는지 알려주는 신호들이 숨어 있다. 지금부터 사람들이 흔히 하는, 자기 가치를 스스로 떨어뜨리는 생각의 패턴을 살펴보자. 그런 생각을 의식적으로 바꾸는 일부터가 주체적인 삶의 시작이다.

　모두에게 사랑받을 필요는 없다

"어차피 질 게 분명해."

이런 생각을 자주 한다면 거의 예외 없이 당신은 스스로를 약자로 만드는 쪽에 서 있을 것이다. 잘할 수 있고 이길 수 있다는 믿음을 가져라. 그럴 자격이 충분히 있다. '질 것 같다', '안 될 것 같다'는 생각에 관대해지지 마라.

"사람들과 문제가 생길 때마다 화가 치밀어 올라."

화를 느끼더라도 나를 탓할 필요는 없다. 이렇게 생각하라. '다른 사람 때문에 흥분할 필요는 없어. 나는 내 감정을 통제할 수 있어.'

"평범한 사람에게는 기회가 오지 않아."

이런 생각은 자신의 패를 보여주며 도박판에 앉는 것과 같다. 당신은 스스로 생각하는 것만큼 평범하지 않다. 세상 어딘가에는 당신의 강점을 부러워하는 사람이 있다. 어떤 상황에서도 목표를 이룰 수 있다는 기대를 품어야 한다.

"나를 힘들게 하는 사람들에게 본때를 보여주겠어."

언뜻 강한 의지처럼 들리지만 이런 태도는 결국 상대의 의도에 말려들게 만든다. 우리의 목표는 무언가를 보여주는 것이 아니라 내 안의 가치를 지켜내는 것이다. 보여주겠다는 생각을 하는 순간 이미 그들의 기준 속에 들어가게 된다(이에 대한 구체적인 대처법은 5장에서 다룬다).

"이런 부탁을 하면 나를 싫어하지 않을까?"

상대가 불편해하지는 않을까 눈치를 보고 있다면 당신은 이미 타인의 기준 아래에 들어가 있다. 당신이 그들의 심기를 살피고 있다는 걸 그들이 느끼는 순간 주도권은 완전히 넘어간다.

"내가 한 일을 말하면 바보 취급을 당할 거야."

자신의 생각보다 남의 평가를 더 중요하게 여기는 태도다. 어리석게 보이고 싶지 않아 타인의 뜻에 맞추면 그들은 언제나 당신을 가볍게 여길 것이다.

"내가 하고 싶은 대로 하면 상대가 상처받지 않을까?"

이런 생각은 부당한 대우를 감내하게 만드는 함정이다. 남의 감정을 지나치게 배려하는 사람은 쉽게 이용당한다. 감정적인 상처를 무기로 삼는 사람들은 당신이 독립적으로 행동하려 할 때마다 그 감정을 이용하려 든다. 실제로 우리가 느끼는 '감정적 상처'의 대부분은 진짜 상처라기보다 상대를 죄책감에 묶어두기 위한 의도일 때가 많다. 당신이 거기에 넘어가지 않는다면 그들의 방식은 통하지 않는다.

"혼자서는 못하겠어. 나 대신 해줄 수 있는 사람이 필요해."

의존적인 태도는 인생에서 어떤 깨달음도 얻지 못하게 하며, 주체적인 존재로 서는 데 방해만 될 뿐이다. 대신 싸워줄 사람을 찾기보다 차라리 그 싸움을 피하는 편이 낫다. 그러나 어느 쪽

 모두에게 사랑받을 필요는 없다

을 선택하든 세상에 대한 두려움과 나약함만 더 커진다. 그리고 그런 불안한 심리는 사람을 이용하는 데 능숙한 이들에게는 가장 쉬운 약점이 된다.

"이럴 수는 없어. 이건 공평하지 않아."

이 말은 세상을 있는 그대로 보는 것이 아니라 세상이 자기가 원하는 방향으로 움직이길 바라는 마음의 표현이다. 당신이 보기엔 불공평하게 행동하는 사람들에 대해 불평을 늘어놓아도 그들의 행동을 멈출 수는 없다. 그들이 그러면 안 된다는 도덕적 판단을 내려놓고 대신 이렇게 생각하라. '그래, 그렇게 행동했단 말이지. 그 대가를 치르게 하고 두 번 다시 같은 일을 반복하지 못하게 하겠어.'

위와 같은 사고방식은 스스로를 약자로 만드는 매우 흔한 패턴이다. 이런 생각은 예외 없이 우리를 자기 파괴의 길로 이끈다. 자신이 평소에 어떤 생각을 하고 있는지 평가하고 자신을 둘러싸고 있는 사회적 요소도 함께 평가해 보라. 그렇게 하면 앞으로의 일을 더 효과적으로 예측할 수 있고 자신감을 갖게 되며 단계별로 구체적인 계획을 세울 수 있다. 또한 어떤 상황에서도 분노나 무력감에 빠지지 않고 원하는 목표를 얻을 때까지 버틸 힘을 기를 수 있다.

이런 전략을 택하면 남의 뜻에 끌려가는 대부분의 상황을 미리 막을 수 있다. 설사 목표를 달성하지 못하더라도 당신은 자신의 행동에서 배움을 얻게 된다. 그리고 다음번에는 불리한 조건에 빠지지 않게 스스로를 보호할 수 있다. 일이 뜻대로 되지 않더라도 상처받거나 낙담하지 않을 힘이 생긴다. 한마디로 더 이상 남의 판단에 휘둘리는 사람의 전형적인 태도를 갖지 않게 된다.

● 해방의 시작, 확신

○ 사람은 생각하는 대로 살게 된다. 타인의 뜻에 휘둘리지 않겠다고 결심하면 정말 그렇게 될 수 있다. 남의 기준에서 벗어나 자유롭게 살기 위해서는 행복해질 수 있다는 마음가짐, 건강한 삶에 대한 열망 그리고 자아 실현을 위한 노력이 필요하다. 중요한 것은 내 노력의 기반이 남이 정해준 능력이 아니라 자신이 가진 진짜 능력 위에 있어야 한다는 점이다. 사회의 제도, 관습, 상사나 윗사람의 기대에 맞춘 능력은 당신의 것이 아니다. 그동안 과소평가되어 왔던 자신의 능력을 발견한다면 '나만의 삶'을 향한 출발선에 서게 될 것이다. 이제 당신에게 이미 주어져 있는 네 가지 힘을 살펴보자.

1. 신체적 능력

판단력이 있는 성인으로서 자신의 몸을 통해 무언가를 이룰 수 있다는 사실을 깨닫는다면 그 어떤 방해도 문제 되지 않

 모두에게 사랑받을 필요는 없다

는다. 극단적인 상황에서 인간의 몸은 슈퍼맨처럼 믿을 수 없을 만큼 힘을 발휘하기도 한다.

마이클 필립스 박사는 저서 《우리 안에 숨은 잠재력Your Hidden Power》에서 아들과 함께 자동차로 미 대륙을 횡단하던 어느 노년 여성에 관한 일화를 소개한다. 두 모자가 외딴 사막 지역을 달리고 있을 때 갑자기 차가 고장 났다. 아들은 지렛대로 차를 들어 올려 차체 밑을 살폈다. 그런데 그때 지렛대가 미끄러지며 차가 내려앉아 아들이 차 밑에 깔리고 말았다. 아들을 빼내지 못하면 몇 분 내로 질식사할 것이 틀림없었다.

어머니에게는 도움을 구할 시간도, 자신이 힘없는 노인이라는 생각을 할 여유도 없었다. 필립스 박사는 당시 상황을 이렇게 묘사했다. "그녀는 순간적으로 차의 범퍼를 움켜쥐고 아들이 빠져나올 수 있을 만큼 차를 들어 올렸다. 아들이 빠져나온 후에야 그녀는 온몸의 힘이 빠져 도로 위에 주저앉았다. 몇백 킬로그램이 넘는 무게를 10초 이상 들어 올린 셈이다. 몸무게 56킬로그램도 되지 않는 나이 든 여성이 보여준 기적 같은 힘이었다."

책에는 이런 사례가 수없이 등장한다. 핵심은 하나다. 우리도 그런 힘을 발휘할 수 있다는 것이다. '할 수 없다'는 생각을 버리고 '할 수 있다'고 믿을 때 누구나 자신의 한계를 넘어설 수 있다. 신체적 건강에 대한 태도와 믿음에 따라 우리는 완전히 다른 사람이 된다. 감기, 두통, 알레르기, 위경련 같은 가벼운 증상부터 심장 질환, 궤양, 관절염까지도 마음가짐에 따라 예방할 수 있다. 많은 사람은 이렇게 반문할 것이다. "설마, 마음으로 병을 막을 수 있다고?” 그러나 나는 되묻고 싶다. 그렇지 않다는 근거는 무엇인가? 왜 우리는 우리 몸의 면역 체계가 그런 일을 할 수 없다고 자연스럽게 받아들이는가?

비관적인 태도로 살아가면 얻는 것은 무력감뿐이다. 그렇다면 왜 ‘건강하게 살 수 있다’는 쪽으로 생각을 바꾸지 못하는가? 생각을 바꾸면 삶의 많은 부분이 변하기 시작한다. 현명한 사람이라면 이렇게 말할 것이다. “손가락만 깨물고 있지 말고, 손가락이 가리키는 방향을 보라.”

우리 사회에 만연한 부정적이고 자기 파괴적인 사고방식에서 벗어나라. 프란츠 알렉산더 박사는《정신의학: 원칙과 응용 Psycosomatic Medicine》에서 마음의 힘에 대해 이렇게 말했다. “마음이 육체를 지배한다는 사실은 생물학과 의학에서 종종 가볍게 다뤄지고 있지만, 이는 우리가 인생 전반에 걸쳐 반드시 깨달아야 할 가장 기본적인 진리다.”

2. 지적 능력

공교육에서 가장 위험한 편견 중 하나는 학업 성취력에 대한 오해다. 1960년대에 있었던 한 실험은 지적 능력에 대한 기대치를 낮게 잡는 것이 얼마나 위험한 결과를 초래하는지를 보여준다. 한 교사에게 아이들의 실제 IQ 점수 기록지를 건넸다. 그러나 그 안에는 학생들의 사물함 번호를 점수로 둔 가짜 기록도 함께 있었다. 교사는 사물함 번호를 실제 IQ로 착각했고, 학기 내내 그 점수를 게시판에 붙여두었다. 1년 후 놀라운 결과가 나타났다.

사물함 번호가 높았던 학생들, 즉 실험상 IQ가 높다고 표기된 학생들이 번호가 낮은 학생들보다 훨씬 뛰어난 성취를 보인 것이다.

사람이 스스로를 둔하다고 생각하고 그렇게 믿으면 실제로 그 수준의 능력을 보이게 된다. 낮은 기대가 자신을 약한 위치에 두는 셈이다. 만약 다른 사람들까지 당신을 그렇게 바라본다면 그 위험은 두 배로 커진다.

우리 안에는 누구나 잠재된 지적 능력이 있다. 그것이 겉으로 드러날 수 있다고 믿는 사람이 있는 반면, 타고난 머리에 따라 결정된다고 믿는 사람도 있다. 하지만 자신에게 무엇을 기대하느냐에 따라 인생이 달라진다. 학습 능력이 부족하다고 믿으면 실제로 배우는 일이 어려워지고, 외국어를 배울 재능이 없다고 생각하면 정말로 실력이 잘 늘지 않는다.

우리의 뇌 용량은 약 1.35리터에 불과하지만, 보수적으로 잡아도 100억 개 이상의 정보를 저장할 수 있다. 이 엄청난 잠재력을 실감하고 싶다면 마이클 필립스 박사가 제안한 간단한 실험을 해보라. "연필과 종이를 들어 기억하고 있는 모든 것을 적어보세요. 사람 이름, 들은 사실, 어린 시절의 추억, 책이나 영화의 제목과 줄거리, 경험했던 일, 취미 등." 이 모든 것을 다 쓰려면 아마 몇 날 며칠이 걸릴 것이다. 필립스 박사는 이렇게 설명한다. "하루 24시간 내내 쓴다고 가정해도 당신이 기억하고 있는 모든 것을 기록하려면 2천 년은 걸립니다."

기억력의 잠재성은 그만큼 경이롭다. 특별한 훈련을 하지 않아도 마음만 먹으면 파티에서 처음 만난 사람들의 이름을 기억하고 몇 달 뒤에 다시 떠올릴 수 있다. 지난주에 있었던 일을 세세하게 재구성할 수도 있고, 잠시 들렀던 사무실의 물건들을 떠올려 목록을 만들 수도 있다. 우리는 모두 뛰어난 두뇌와 정신적 능력을 갖고 있다. 다만 대부분의 사람은 스스로에게 그런 기대를 걸지 않는다. '나는 머리가 좋지 않아', '이름이나 숫자 외우는 데는 약해', '수학은 타고나야 해', '나는 책 읽는 속도가 느려', '이런 문제는 내 능력 밖이야'와 같은 생각들이 바로 자신을 가두는 족쇄가 된다.

이런 사고방식은 당신이 성취할 수 있는 모든 가능성에서 스스로를 멀어지게 한다. 내가 선택한 일이라면 무엇이든 할 수 있다는 자신감과 믿음을 가져라. 그래야 당신의 인생이 남의 기준이나 판단에 흔들리지 않는 자기 확신의 삶으로 나아갈 수 있다.

3. 정서적 능력

신체적, 지적 능력을 가진 것과 마찬가지로 우리는 정서적인 영역에서도 탁월한 잠재력을 가지고 있다. 다시 강조하지만 모든 것은 스스로에게 어떤 기대를 갖고 있느냐에 달려 있다. 우울감, 근심, 걱정, 두려움, 분노, 죄책감에 시달리고 있다면, 혹은 어떤 일로 인해 마음의 고통을 느끼고 있다면, 그런 부정적인 감정들은 일상의 일부일 수는 있어도 '자연스러운 상태'는 아니다. 우리는 종종 이런 감정을 자기합리화하며 정당화한다. '이런 세상에서 우울한 건 당연한 일이야', '사람이니까 화가 날 수도 있지.'

그러나 자신의 정신적 고통을 보통의 일로 받아들이면 안

 모두에게 사랑받을 필요는 없다

된다. 정서적 트라우마나 부정적인 감정에 사로잡혀 인생을 망치는 일이 있어서는 안 된다. 우리는 얼마든지 다른 방식으로 그 감정에 반응할 수 있다. 매 순간을 충실히 살고 싶다면 불안이나 분노 같은 감정에 머무르지 말고 거기서 벗어나야 한다. 심리학자들이 자주 말하는 문장이 있지 않은가. "우리는 우리가 선택한 모습대로 된다." 감정적 동요나 불안에서 벗어나겠다고 마음먹으면 당신은 이미 자기 삶의 주도권을 되찾기 시작한 것이다. 그리고 그렇게 선택할 때 당신은 자신만의 개성을 표현하고 자유로운 사람으로 변화할 수 있다.

4. 사회적 능력

말과 행동이 세련되지 못하고 인간관계에 서툴며 생각이나 감정을 잘 표현하지 못한다고 믿는다면, 수줍음을 잘 타고 내성적인 사람이라고 자신을 평가하고 있다면, 실제로도 그렇게 행동하게 된다. 마찬가지로 스스로를 상류층, 중산층, 하류층으로 구분하면 사람은 그 계층의 생활 방식을 평생 따라가게 된다. 돈을 버는 일이 어렵다고 생각하는 사람들은 재정 상황을 변화시킬 기회를 앞에 두고도 주저한다. 경제적 자유를 얻은 사람들을 보며 행운아라고 부러워하는 것에 그칠 뿐, 자신도 그만큼 가능성이 있다는 사실은 외면한다.

또한 주차할 자리를 찾지 못할 것이라고 생각하고 집을 나서면 실제로 그렇게 될 가능성이 크다. 그리고 이렇게 말할 것이다. "그것 봐, 내가 그랬잖아. 오늘은 차를 몰고 나오지 말았어야 한다고."

　　당신은 앞으로 어떤 삶을 살고 싶은가? 사회에서 어떤 역할을 맡고 싶은가? 결국 스스로에게 거는 기대가 인생의 방향을 결정한다. 원하는 만큼 충분히 부자라고 생각하라. 스스로를 달변가라고 여기고, 창의적인 사람이라고 믿어라. 되고 싶은 사람을 이미 된 사람처럼 상상하라. 처음 몇 번의 시도가 실패로 끝났다고 낙심하지 말라. 그건 그저 하나의 경험일 뿐이다. 누구나 시행착오를 통해 배운다. 새로운 목표를 세울 때 상상할 수 있는 최악의 상황은 지금과 같은 자리에 그대로 머무는 것이다. 이미 그곳에 있다면 왜 더 나은 곳으로 나아가지 않는가?

● 내 삶의 방해자를 물리치는 6가지 방법

○　나의 능력을 믿고 스스로에게 기대를 걸었다면 이제 당신을 방해하려는 사람들을 다룰 줄 알아야 한다. 일반적인 관계 속에서는 누구나 방해자가 될 수 있으며 여기에 사회적 기준과 평가까지 끼어들면 더욱 복잡해진다. 다음에 나오는 여섯 가지 방해자 유형은 책 전반에 걸쳐 언급될 것이다. 이들은 일상에서 자주 마주치는 인물들로, 거의 언제나 비슷한 방식으로 우리의 삶에 간섭하고 흔들어놓는다.

1. 가족

한 강연에서 나는 800명의 청중에게 과거 자신이 불리한 위치에 놓였던 다섯 가지 상황을 적어보라고 한 적이 있다. 수천 개의 사례가 모였는데, 그중 무려 83퍼센트가 가족과 관련된 일이었다. 이는 곧 우리를 통제하거나 간섭하려는 가족의 영향력에서 벗어나기가 그만큼 어렵다는 뜻이다(물론 당신 역시 때로는 같은 방식으로 가족을 통제하려 했을지도 모른다).

가족이 가하는 전형적인 압박은 이렇다. 가고 싶지 않은 친척 집에 방문하기, 의무적으로 전화하기, 운전기사 노릇하기, 잔소리를 참고 들어주기, 칭얼거리는 아이를 대신 돌보기, 시댁이나 처가댁과의 문제에 일단 참아보기, 화난 어른에게 대꾸하지 않기, 사고 친 형제자매 뒤처리하기 등이다. 일반적으로 이런 일들은 흔히 가족 간의 예의로 여겨지지만 그렇다고 해서 존중을 받는 것은 아니다. 그런데도 우리는 고맙다는 말도 듣지 못하면서 시간을 쏟고, 가족과 친척의 기대에 맞추기 위해 사적인 영역까지 양보하곤 한다.

물론 가족이 사회의 근간이라는 사실은 부정할 수 없다. 우리는 가족 안에서 예의를 배우고 가치관을 형성한다. 하지만 동시에 강렬한 갈등, 걱정, 스트레스, 우울이 만들어지는 곳도 바로 가정이다. 정신질환자 보호시설에 가보면 치료를 받는 사람들 대부분이 가족과의 갈등을 겪어왔음을 알 수 있다. 직장 상사나 친구, 선생님 문제로 힘들어하는 사람보다 가족 문제로 병원을 찾은 경우가 훨씬 많다.

심리학자 셸던 콥 박사는 《부처를 만나면 죽여라If You Meet The Buddha on The Road, Kill Him》에서 이렇게 썼다.

돈키호테의 가족과 이웃들은 그가 스스로를 믿기 시작했다는 사실에 크게 놀랐다. 그들은 꿈을 좇고자 하는 돈키호테의 선택을 용납하지 못했다. 그들은 경건한 신앙심을 가지고 죽은 듯이 살아야 하는 단조로운 삶이 돈키호테에게 광기의 발단이 되었다는 사실을 몰랐다. 성가신 조카, 모든 걸 안다고 믿는 가정부, 따분한 이발사와 뽐내기를 좋아하는 사제까지 마을 사람 모두는 돈키호테의 광기를 그가 읽은 위험한 책 탓으로 돌렸다.

콥 박사는 이어서 돈키호테의 사례가 오늘날 가정과 얼마나 닮아 있는지를 지적한다.

돈키호테를 둘러싼 환경은 오늘날 젊은 조현병 환자가 생겨나는 가정을 연상시킨다. 그런 가정은 겉보기에 안정되고 도덕적으로 완벽해 보이지만, 실제로는 아주 정교한 경고 장치를 품고 있다. 이 장치는 가족 구성원이 자발적으로 다른 선택을 하거나, 가족 내 질서를 무너뜨리려 하거나, 가족의 위선을 드러내려고 할 때 작동된다.

가족은 우리 삶의 가장 큰 위로이자 보상일 수 있다. 그렇

 모두에게 사랑받을 필요는 없다

게 바라보면 실제로 그렇다. 하지만 동전의 양면처럼 가족의 존재가 때로는 가장 큰 부담이 되기도 한다. 주체적인 태도를 잃고 통제권을 가족에게 넘기는 순간 그들은 당신의 삶을 대신 결정하기 시작한다.

이제는 그 굴레를 인식하고 벗어나야 한다. 핏줄이고 가족이란 이유로 누군가를 무조건 감싸주거나, 혈연을 핑계로 삶에 지나치게 개입하는 행위는 정당화될 수 없다. 오해하지 말자. 가족 간의 불화를 부추기려는 것이 아니다. 다만 당신의 독립성을 가장 인정하지 않는 사람이 가장 상대하기 어려운 사람일 수 있다는 점을 말하고 싶을 뿐이다. 그들은 배우자, 자녀, 부모, 혹은 조부모일 수도 있다. 주체적인 삶을 향한 의지는 가장 가까운 관계 속에서 가장 큰 시험을 받는다. 가족과의 관계에서 독립할 수 있다면 나머지 세상은 훨씬 수월하다.

가족 간의 유대는 놀라울 만큼 강하다. 서로에게 인생 전부를 투자한 주식 관계와도 같다. 그런데 그 안에서 한 사람이 다른 방향으로 가려 하면 남은 이들은 죄책감을 자극하거나 감정적으로 압박한다. 반항적인 구성원이 생기면 우리 가족은 그렇지 않다며 통제하려 드는 것이다.

이 책에서는 가족의 압력에 휘둘리지 않고 자신의 자리를 지키는 다양한 사례들이 등장한다. 그 해법을 현실에 적용할 수 있다면 더 이상 관계 속에서 자신이 희생되는 일은 일어나지 않을 것이다. 믿기지 않겠지만 가족도 당신이 보내는 단호한 메시지를 이해하게 되고, 시간이 지나면 당신의 독립성을 존중하게 될 것이다. 하지만 그 전에 반드시 기억하라. 가족은 가장 사랑하는 존재이면서도, 동시에 당신을 가장 쉽게 얽어매는 존재이기도 하다.

2. 직장

가족의 영향력이 미치지 않는 곳에는 직장의 통제가 당신의 자율성을 침해한다. 고용주와 상사는 종종 직원이 인간으로서의 권리를 잠시 내려놓고 회사의 자산처럼 행동하길 기대한다. 따라서 누군가에게 휘둘리고 있다고 느끼거나 간부의 지시와 회사 내규가 과도하게 강압적으로 느껴지는 것도 이상한 일이 아니다.

하루 중 8시간, 혹은 그 이상을 일에 매달려야 하기에 일 자체가 싫어지고 억지로 견디는 삶처럼 느껴질 수도 있다. 업무상 사랑하는 사람과 떨어져 지내야 하거나 자신의 진짜 모습이 아닌 가면을 쓴 채 행동해야 하는 순간도 많다. 상사와의 갈등, 동료와의 불화, 과도한 충성심 요구, 그로 인해 자신과 가족을 등한시하게 되는 상황도 빈번하다.

회사에 품었던 기대가 무너져버렸다면 또는 의무감 때문에 일터에서 소모되고 있다고 느낀다면 스스로에게 물어야 한다. "한 인간으로서 나는 이곳에서 무엇을 하고 있는가?"

현대인의 윤리의식에는 회사를 위해 희생하는 것이 미덕이라는 오래된 신화들이 자리 잡고 있다. 그중 하나는 해고되면 다른 대안이 없으니 어떤 일이 있더라도 회사에 다녀야 한다는 믿음이다. 이 말은 적개심을 품고도 행복을 포기한 채 살아가라는 뜻과 다르지 않다. 또 다른 신화는, 직업을 바꾸거나 회사를 옮기는 것은 미성숙한 사람이나 하는 행동이라는 믿음이다.

이런 비논리적인 신념을 경계해야 한다. 이런 생각에 사로잡히면 당신은 일터에서 스스로를 갉아먹게 된다. 한 회사에서 30년을 근속하고 받는 황금시계조차 자신과 회사를 미워하며 버텨온 세월을 보상해 주지는 못한다.

우리는 셀 수 없이 많은 직업적 가능성을 가지고 있다. 직장에 얽매이지 않으려면 내가 하는 일의 주인이 되어야 한다. 유연하게 사고하고 배우려는 열정을 유지하며 스스로 동기를 부여해야 한다(7장에서 더 구체적인 대처법이 소개될 것이다).

3. 전문가와 권위자들

권위적인 위치나 그럴듯한 직함을 가진 사람들은 타인을 자신의 의도대로 움직이기가 쉽다. 박사, 변호사, 교수, CEO, 정치인, 종교인, 비즈니스 기획자 등은 현대 사회에서 지나치게 높게 평가되는 경향이 있다. 물론 이들의 조언이 필요한 순간도 있다. 하지만 바로 그 권위가 우리를 쉽게 '말을 듣는 사람'으로 만들곤 한다.

예를 들어 많은 환자들은 진료비 문제에 대해 의사와 직접 이야기하기를 어려워한다. 의사가 청구한 대로 돈을 지불하면서도 혹시 과잉진료를 받은 것은 아닌지 의심할 뿐이다. 불필요한 치료나 수술을 받는 경우도 드물지 않다. 의사의 권위에 문제를 제기하기 어렵기 때문이다.

이런 일은 의료뿐 아니라 법률, 교육, 비즈니스 등 모든 전문 영역에서 비슷하게 일어난다. 우리는 박사, 전문가, 선생님이라는 직함 앞에서 자연스레 자세를 낮춘다. 혹시라도 까다롭게 굴었다가 불이익을 받을까 두려워하며 그들과 동등해지기를 포기한다. 그렇게 우리는 매번 자발적으로 순응하는 희생자가 된다.

이런 상황을 벗어나려면 단 하나의 원칙을 기억하라. '그들도 결국 인간일 뿐이다.' 자신보다 더 중요한 사람은 없다. 그들은 숙련된 업무를 하고 그 대가로 높은 보수를 받는 전문가일 뿐이다. 진짜로 더 높은 평가를 받아야 할 사람은 서비스를 '제공받는' 당신이다. 왜냐하면 당신이 그들의 전문성에 대해 비용을 지불하기 때문이다.

누구도 자신보다 위에 두지 말라. 사람은 본질적으로 모두 동등하다. 이 단순한 사실을 잊는 순간 우리는 권위자에게 인정받고자 애쓰며, 그들의 판단에 기대어 스스로를 약화시킨다. 그렇게 되면 그들의 눈치를 보며 불만을 삼키고 '그래도 바가지를 쓰진 않았으니 다행이야'라며 자신을 달래는 무력한 상태로 남는다.

이런 희생자 같은 태도를 방치하면 같은 일이 반복된다. 그들의 전문성을 존중하되 그만큼의 존중을 요구하라. 상대에게 예의를 지키면서도 나 역시 존중받아야 할 사람이라는 태도를 견지하라. 그러면 그들도 당신을 존중할 것이다.

 모두에게 사랑받을 필요는 없다

4. 관료조직과 시스템

관료조직은 수많은 사람을 힘 빠지게 만드는 거대한 구조다. 많은 관료조직은 국민을 위한 봉사보다는 사람을 비인격적으로 대하는 데 익숙하다. 특히 공익 업무를 독점하는 정부 기관과 비영리 단체일수록 이런 경향이 짙다. 그들은 끝없는 서류, 부서, 불필요한 절차, 무사안일에 젖은 직원들로 이루어진 복잡한 체계를 유지한다. 그리고 그 결과는 대개 실용적이지 않다.

운전면허를 갱신하거나 법정에 가본 사람이라면 하루가 얼마나 허무하게 낭비되는지 잘 안다. 세금 문제를 해결하려고 수없이 전화를 돌린 적이 있다면 왜 한 번에 해결되지 않는지 의문을 품었을 것이다. 잘못 부과된 전화요금이나 전기요금을 정정 요청을 할 때도 비슷한 경험을 한다. 단순한 독촉장을 취소시킬 때도 이 비효율적인 체계가 얼마나 거대한지 체감한다. 구직센터에서 길게 줄을 서본 적이 있다면 직원에게 형식적인 질문을 받고 복잡한 서류를 네 통의 사본으로 제출한 기억도 있을 것이다.

사법기관도 마찬가지다. 단순한 교통위반은 순식간에 처리하면서도 민사 사건은 몇 달씩 판결을 미룬다. 세상의 많은 관료조직이 공익 업무를 담당한다고 하지만 실질적으로는 기능이 마비된 상태나 다름없다. 같은 시민이 관료가 되는데도 조직 안에 들어가면 왜인지 기계적이고 융통성 없이 바뀌곤 한다.

이런 구조 속에서 나를 지키려면 몇 가지 방식이 필요하다. 관료조직 전체를 바꾸는 일은 어렵지만 불가능한 것은 아니다. 중요한 건 '시스템의 희생자'가 되지 않는 것이다. 그러려면 관찰자적 시선을 유지해야 한다.

가능하다면 관료조직과 접촉하는 상황 자체를 줄이는 게 가장 좋다. 번거로운 일을 최소화하는 것이 불필요한 낭비를 줄이는 첫걸음이다. 하지만 피할 수 없는 상황이라면 감정적으로 대응하지 말고 냉정함을 유지해야 한다. 우리는 대체로 문제를 해결하려고 관료들과 접촉한다. 그러니 목적을 이루기 전에는 화를 내거나 조급해하지 말아야 한다. 기관에 방문했을 때는 특히 차분해야 한다.

작가 헨리 데이비드 소로는 이렇게 말했다. "단순하게, 단순하게, 아주 단순하게! 두세 가지 일만 하라. 수백, 수천 가지로 일을 벌이지 말라." 하지만 시민에게 봉사한다는 미명하에 만들어진 관료조직은 단순함과는 정반대의 길을 걷고 있다. 소로가 월든 호수에 살던 2년 동안 관료들은 그를 비웃었을 뿐 아니라 퇴거명령서를 발부하고, 낚시허가증과 사냥면허증, 거주인증서, 물 사용료까지 요구하며 끊임없이 간섭했다. 그가 말한 단순함은 지금의 복잡한 사회 시스템에서 더욱 절실히 필요하다.

5. 점원들

사회가 어떻게 움직이는지 잠시 관찰해 보면 세상에는 정말 다양한 직업이 있다는 걸 알 수 있다. 전부는 아니지만 그중 일부 점원들은 여러 방식으로 우리를 희생자로 만든다.

점원에게 불만을 말해도 소용없는 경우가 많다. 그들은 매장의 규정에서 한 발자국도 벗어나지 않는다. 대부분의 점원은 고객에게 친절하게 대하는 데 큰 흥미가 없고 당신이 환불을 받는 일에도 관심이 없다. 당신이 다른 가게로 가든 말든 신경 쓰지 않는다. 때로는 도움을 주지 않는 것이 일의 일부인 것처럼 행동하기도 한다. 많은 점원이 이렇게 말하곤 한다.

"회사 방침상 어쩔 수 없습니다."

"고객센터에 문의해 주세요."

"다음 주에 다시 오시겠어요?"

이런 점원들을 상대할 때 기억해야 할 점은 '이 점원들은 나를 도울 생각이 없다'는 것이다. 이는 점원 개인을 비난하기 위함이 아니다. 그들 역시 개성을 가진 평범한 사람들이다. 하지만 규정과 방침을 우선시하면서 고객을 소외시킬 때 그들은 우리 삶의 방해자가 되기 쉽다.

이런 상황을 바꾸려면 문제를 해결할 권한이 있는 사람을 찾아야 한다. 백화점에서 다시는 오지 않겠다고 항의해도 대부분의 점원은 개의치 않는다. 그들은 단지 월급을 받기 위해 일할 뿐이다. 사실 점원의 역할은 고객이 회사의 방침을 어기지 않게 단속하는 것이다. 고객이 방침을 어기면 고용주의 돈과 시간이 낭비되기 때문이다. 점원은 바로 그 고용주의 자원을 지키는 역할을 맡은 사람들이다.

그러니 싸움을 좋아하지 않는다면 이런 사람들에게 감정적으로 대응해 봤자 소용이 없다. 하지만 소비자로서 권리를 지키고 싶다면 '나는 어떤 사람에게도 끌려다니지 않겠다'는 태도를 가져야 한다. 백화점, 보험회사, 식료품점, 정부 기관, 건물주,

학교 등 어느 곳에서도 마찬가지다. 그들은 자유로운 삶을 향해 나아가는 길목에서 당신을 잠시 멈춰 세우는 바리케이드에 불과하다. 그 사실을 잊지 않는다면 누구도 당신의 주도권을 빼앗지 못할 것이다.

6. 나 자신

앞서 다섯 가지 유형 외에도 삶을 방해하는 존재는 무수히 많다. 그중 가장 다루기 어려운 방해자는 바로 우리 자신이다. 상처받고, 우울해하고, 분노와 걱정에 사로잡히며, 두려움과 죄의식에 짓눌리는 우리는 스스로의 걸림돌이 될 수 있다. 세상이 원하는 대로 일이 풀리지 않을 때 다양한 방식으로 자기 자신을 해친다. 아래는 우리가 스스로를 소모시키는 전형적인 요소다.

• **이미 습득한 지식과 기술**

더는 보람을 느끼지 못하면서 지금까지 해왔다는 이유로 그 일을 계속하고 있다면 그건 성장보다는 관성의 결과다. 변호사나 엔지니어로 40년을 보냈는데, 그 이유가 단지 열일곱 살 때의 선택 때문이라면 그건 긴 시간의 경험이 아니라 과거의 결정을 그대로 붙들고 있는 것이다. 열일곱 살의 판단을 평생의 기준으로 삼을 이유가 있을까? 우리는 이미 그때의 자신이 아니다. 지금의 당신이 되고 싶다면 과거의 판단 속에 머무르지 말자. 현재의 일이나 자신에게 만족하지 못한다면 새로운 것을 배우고 새롭게 성장해야 한다.

 모두에게 사랑받을 필요는 없다

· 습관

'항상 그렇게 해왔기 때문에 지금도 이렇게 한다.' 이 단순한 말이 얼마나 많은 사람을 묶어두는가. 예를 들어 25년간 결혼 생활을 지속했다는 이유로 냉랭한 부부 사이를 의미 없이 유지하는 것은 관계가 아니라 관성이다. 오랫동안 살아온 곳이라서, 혹은 부모님과 가까워서 이사를 망설이는 것도 같은 맥락이다.

익숙한 것들과의 결별은 때로 상실감을 준다. 그러나 지금까지의 모든 경험은 이미 과거다. 과거의 즐거움을 그대로 재현하려는 시도는 언제나 실패한다. 현재의 필요와 기쁨이 아닌 과거의 기억만을 좇는다면 그건 더 이상 삶이 아니라 반복이다.

· 윤리와 가치관

도움이 되지 않는데도 지금까지 믿어왔다는 이유로 어떤 윤리적 신념을 고수하고 있지는 않은가? 오랫동안 자신을 규정한 정체성이기에 버리지 못하고 있는 것은 없는가? 예를 들어 윤리관이 충돌했을 때 상대에게 반드시 사과해야 한다거나, 거짓말은 언제나 절대적으로 나쁘다고 생각하거나, 현실적인 도움이 되지 않아도 신념을 바꾸지 않는 경우다. 이런 태도는 자신을 옭아맨다. 상황이 변했다면 윤리와 가치관도 재정비해야 한다. 도움이 되지 않는 신념을 지키느라 스스로를 희생할 필요는 없다.

· 몸에 대한 행동

당신은 지금 자신의 몸을 어떻게 대하고 있는가? 몸은 우리가 죽는 날까지 함께하는 유일한 자산이다. 그럼에도 우리는 종종 스스로를 해치는 습관에 익숙해져 있다. 부적절한 식습관, 운동 부족, 과음이나 흡연, 약물 의존 등은 모두 자학의 한 형태다. 충분히 쉬지 않는 것도, 스트레스를 제때 풀지 않는 것도 일종의 자해다. 몸은 강하고 효율적인 시스템이지만 우리가 그 힘을 소모시키는 방식은 너무 다양하다. 이제는 스스로를 파멸로 몰고 가는 행위를 멈춰야 한다. 건강한 몸은 주체적인 삶의 첫 번째 기반이다.

• 자아상

앞서 살펴본 능력처럼, 자아상 또한 자신을 무너뜨릴 수 있다. '나는 저 일을 해낼 사람이 아니야', '나는 매력적이지 않아', '나는 지능이 낮아서 안 될 거야' 같은 생각들은 모두 자신의 가능성을 갉아먹는 말들이다. 다른 사람이 바라보는 이미지를 그대로 수용하거나 그 이미지에 맞춰 행동하는 것도 마찬가지다. 건강한 자아상은 인생 전반에 걸쳐 결정적인 힘을 발휘한다. 의사가 망치로 무릎을 두드릴 때 반사적으로 일어나는 반응처럼, 건강한 자아는 스스로를 구속하는 상황을 본능적으로 피할 수 있게 한다. 자신에 대한 생각을 바꾸면 삶의 방향도 바뀐다.

 모두에게 사랑받을 필요는 없다

:

어떻게 생각하느냐에 따라 인생은 달라진다.
같은 상황이라도
'왜 나만 이런 일을 겪어야 하지?'라고 바라보면
우리는 스스로를 불행에 빠트리게 된다.
하지만 관점을 바꿔 건설적으로 생각해 보면
그 안에서 배울 점이나 빠져나올 길을 발견할 수 있다.
상처로 남길지, 새로운 발판으로 삼을지는
오직 나의 선택에 달려 있다.
그리고 그 선택이 삶 전체를 바꿀 수 있다.

2장

두려움은
허상이다

두려움 그 자체는 실재하지 않는다.
오직 두려운 생각과
이를 회피하려는 행동만 있을 뿐이다.

당신은 나약하게 행동하는가, 강인하게 행동하는가? 타인의 시선과 통제에 휘둘리지 않기 위해 우선해야 할 원칙은 이렇다. '어떤 상황에서도 나약하게 행동하지 말 것.' 다음에 나오는 항목은 1장에서 다룬 내용을 바탕으로 만든 체크리스트다. 각 문장을 읽으며 자신에게 해당되는 부분이 있다면 표시해 보자. 이를 통해 당신이 일상에서 어떤 태도로 행동하고 있는지 확인할 수 있다.

가족

☐ 가족의 일정에 맞추느라 자신의 생활을 바꾼 적이 있다.

☐ 가족이나 친척에게 통화하기 싫다고 솔직하게 말하기 어렵다.

☐ 가족이 원하는 대로 행동하고 난 뒤, 속으로 화가 난 적이

있다.

- [ ] 부모님, 배우자, 자녀의 부탁을 거절하거나 감정을 표현하기가 어렵다.

직장

- [ ] 상사와 의견이 다를 때 그들과 대면하기가 꺼려진다.
- [ ] 승진이나 연봉 인상 같은 정당한 요구를 내세우기 어렵다.
- [ ] 불필요한 잡무나 원치 않는 일을 억지로 맡은 적이 있다.
- [ ] 개인 시간을 희생하며 회사 업무에 매달린 적이 있다.

전문가와 권위자들

- [ ] 상대와 의견에 동의하지 않지만 내 생각을 피력하기 어렵다.
- [ ] 과잉 청구라고 생각하면서도 그냥 넘어간 적이 있다.
- [ ] 고위직에게 직접 항의 전화를 걸기가 어렵다.
- [ ] 더 좋은 평가를 받을 수 있다고 생각하면서도 교수가 준 점수에 만족한 적이 있다.

관료들

- [ ] 공공기관에서 대기하다가 하루를 다 보낸 적이 있다.
- [ ] 부당한 대우를 받을 때 상급자 면담을 요청하기 어렵다.
- [ ] 잘못을 얼버무리는 공무원을 그냥 피하고 싶다.

  모두에게 사랑받을 필요는 없다

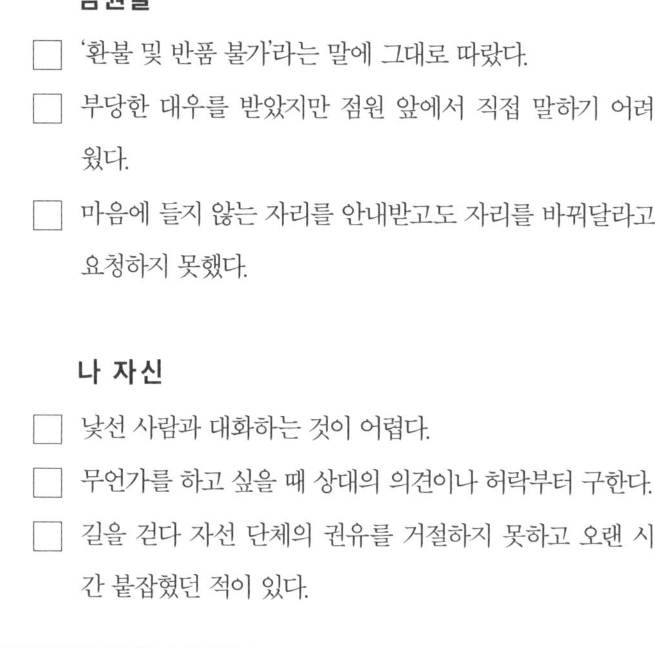

점원들

- ☐ '환불 및 반품 불가'라는 말에 그대로 따랐다.
- ☐ 부당한 대우를 받았지만 점원 앞에서 직접 말하기 어려웠다.
- ☐ 마음에 들지 않는 자리를 안내받고도 자리를 바꿔달라고 요청하지 못했다.

나 자신

- ☐ 낯선 사람과 대화하는 것이 어렵다.
- ☐ 무언가를 하고 싶을 때 상대의 의견이나 허락부터 구한다.
- ☐ 길을 걷다 자선 단체의 권유를 거절하지 못하고 오랜 시간 붙잡혔던 적이 있다.

위의 항목에서 한 가지라도 해당된다면 당신은 타인의 눈치를 보며 스스로의 힘을 약화시키고 있을지도 모른다. 희생당하지 않고 나 자신을 우선하려면 먼저 내면을 단단하게 만들어야 한다. 그리고 내면을 강하게 만드는 것은 생각이 아니라 행동이다.

● **나의 가치를 앞세워라**

○ '강해진다는 것은 누군가를 지배하거나 통제할 힘을 갖는

다는 뜻이 아니다. 자기 가치를 실현하며 효과적으로 삶을 영위한다는 의미다. 인간은 누구나 타인의 뜻대로 움직일 이유가 없다. 우리는 각자 고유한 가치를 지니고 있다. 이 기본적인 가치를 위협받을 때 다음 두 가지 중에서 하나를 선택해야 한다. 바로 자기 가치를 실현하는 존재가 되거나 반대로 제한받는 존재가 되는 것이다.

자기 가치 실현은 스스로를 어떻게 정의하느냐에 달려 있다. 다른 사람이 우리의 가치를 규정할 수는 없다. 사람의 가치는 무언가를 성취했다는 이유로, 또 무언가를 달성했다는 이유로 정해지지 않는다. 한 사람의 존재가 값을 매길 수 없을 만큼 소중한 이유는 스스로가 그렇게 믿고, 그렇게 행동하기 때문이다.

자신의 가치를 믿어라. 가치 있는 존재라고 스스로에게 말하라. 그것이 타인의 통제에 휘둘리지 않는 출발점이다. 가치 있는 존재로 행동하기 시작할 때 비로소 나의 가치가 빛을 발한다. 강한 사람이 되라는 의미의 본질이 여기에 있다. 다른 사람의 기준에 희생양이 되지 말라는 의미도 여기에 있다. 자기 가치의 실현은 타인을 마음대로 움직일 수 있는 권력에서 비롯되지 않는다. 단지 스스로를 믿고 그렇게 행동하겠다고 굳게 약속하면서 실현된다.

때때로 우리는 목적을 달성하지 못한다. 비이성적인 강요를 받거나 한발 물러서야 하는 상황과 마주칠 수도 있다. 더 큰 손실을 피하기 위해 어쩔 수 없이 타협해야 하는 경우도 있다. 그러나 이런 불가피한 손실은 최소화해야 한다. 중요한 것은 어떤 상황에서도 감정적 동요에 휩싸이지 않아야 한다는 점이다.

이럴 때 우리는 효율적으로 대처해야 한다. 효율적인 대처란 목표를 이루기 위해 자신의 모든 재능을 쏟고, 쓸 수 있는 전략이 있다면 모두 활용하라는 뜻이다. 자기 가치에 대한 확고한 믿음과 효율적인 대처 능력은 강한 사람으로 거듭나는 두 가지 기반이다.

'정당한, 타당한'을 뜻하는 'valid' 앞에 부정을 의미하는 접두사 'in-'을 붙이면 'invalid', 즉 '병약한, 무기력한'이라는 의미가 된다. 나약한 태도로 살아가는 사람은 인생을 낭비할 뿐 아니라 자신을 병약한 존재로 규정하는 셈이다. "왜 나는 그런 대우를 받으며 살아야 하는가?" 스스로에게 던져야 할 질문이다.

● 두려움은 만들어진 것이다

○ 강한 사람이 되지 못하는 이유는 두려움이 우리 안에 자리 잡고 있기 때문이다. '만약 그렇게 하면 무슨 일이 일어날까?'라는 생각에 사로잡히는 순간 단 한 걸음도 앞으로 나아갈 수 없다. 우리 마음을 무겁고 무기력하게 만드는 두려움은 어디에서 오는가? 당신이 사냥꾼이라고 가정해 보자. 오늘 사냥터에 가서 두려움이라는 사냥감을 한 바구니 가득 포획할 작정이다. 하지만 당신은 늘 빈손으로 돌아오게 될 것이다.

두려움은 이 세상 어디에도 실재하지 않는다. 두려움에 시달리며 좋지 않은 일을 상상하는 자신만 있을 뿐이다. 당신이 허락하지 않는 한, 세상은 당신에게 아무런 위해를 가할 수 없다. 두려움에 떨면 스스로를 사냥하여 두려움에 잡아먹히게 된다.

'뭔가 안 좋은 일이 닥칠 거야.' 이렇게 확신하는 순간 우리는 스스로를 제물로 만든다. 두려움에 사로잡힌 사람들은 수천 가지 변명을 만들어 낸다. 하지만 두려움은 외부에서 오는 것이 아니라 우리의 내면에서 생겨난다. 두려움은 현실의 근거가 아닌 상상에 의해 유지된다. 두려움에 떠는 사람들은 흔히 이렇게 생각한다. '실패할 거야', '내가 바보처럼 보이겠지', '난 매력이 없어', '분명 떨어질 거야', '나한테 비난이 쏟아지겠지', '직장에서 잘릴지도 몰라', '이번 생은 틀렸어', '이런 생각을 하는 게 두려움 때문이라는 걸 나도 알지만…'이라고 생각하며 상황을 비관적으로 바라본다.

내면의 기반을 무너뜨리는 이런 생각은 개인적인 두려움에서 비롯된다. 우리는 두려움을 키우면서 스스로의 나약함과 운명의 잔인함을 증명하려 든다. 이런 상태를 계속 유지한다면 결과는 하나다. 스스로 '나는 약한 존재다'라는 낙인을 찍게 되는 것이다.

모든 것이 완벽히 보장되어야만 움직이겠다면 당신의 인생에서는 아무 일도 일어나지 않는다. 미래는 약속되어 있지 않다. 우리의 삶에는 그 어떤 보증서도 없다. 원하는 것을 얻고자 한다면 이런 생각부터 버려야 한다. 두려움의 대부분은 단지 생각의 부산물이다. 우리가 상상하는 일은 대부분 실제로 일어나지 않는다. 그리스 시대의 한 현자는 이렇게 말했다. "나는 이미 늙고 늙은 몸, 수많은 고민거리를 안고 살았지. 하지만 그것 중에 대부분은 일어난 적조차 없다네."

한 번은 만성적인 공포증을 극복하려는 환자를 상담한 적이 있다. 캐나다에 사는 여성 도나는 어린 시절 학교에서 집까지 10킬로미터가 넘는 거리를 걸어 다녔다고 했다. 대중교통 요금을 어떻게 내야 하는지도 몰랐고, 운전기사에게 물어볼 용기조차 없었기 때문이다. 그녀는 어린 시절 내내 두려움 속에서 살았다. 숙제를 발표하는 날이 다가오면 극도의 불안으로 고열과 구토가 일어나곤 했다. 성인이 되어서도 공포증은 나아지지 않았다. 파티에 참석하면 방광이 터질 듯해도 화장실에 가지 못했다고 한다. 사람들이 소리를 듣고 비웃을까 봐 두려웠기 때문이다.

두려움은 그녀의 인생을 지배했다. 그녀가 상담을 찾은 이유는 더 이상 두려움의 포로로 살고 싶지 않았기 때문이었다. 몇 번의 상담 끝에 나는 그녀에게 만만한 위험부터 도전해 보라고 권했다. 도나는 직접 부딪히며 두려움을 이겨내는 법을 배워나갔다. 그녀는 엄마에게 전화를 걸어 "이번 주엔 방문하지 못할 것 같아요"라고 말하는 것부터 시작했다. 그것이 도약의 발판이 되었다. 이후 도나는 가게 점원들을 상대하는 연습을 했고 서비스가 마음에 들지 않을 때는 웨이터에게 직접 의견을 전했다. 그리고 마침내 나의 대학 강의에 참석해 학생들 앞에서 5분간 연설을 해 보라는 제안도 받아들였다.

연설은 긴장 속에서 진행되었지만 도나는 훌륭히 해냈다. 두려움에 도전하는 연습을 반복한 끝에 극적인 변화가 일어난 것이다. 그녀는 학생들 앞에 서는 일을 더 이상 두려워하지 않았고 아무도 그녀의 소심함을 감지하지 못했다. 그로부터 3년이 지난 후 도나는 자존감 트레이너가 되었고 뉴욕에서 가장 많은 청중을 몰고 다니는 강연가로 성장했다. 영국의 사전편찬자이자 작가였던 사무엘 존슨은 두려움에 대해 이렇게 말했다.

두려움은 고통스럽다. 그 두려움을 극복하면서 우리는 안전을 보장받는다. 그러나 애초에 극복될 수 없는 실체 없는 두려움은 고통스럽기만 하고 쓸모가 없다. 두려움에 근거가 없다면 그로부터 벗어나는 것이 빠르게 행복해지는 길이다.

지금으로부터 수백 년 전의 말이지만 여전히 유효하다. 당신의 두려움에 근거가 없다면 그 두려움은 쓸모도 없다. 이를 제거하는 것이 행복으로 가는 지름길이다.

● 두려움이 커질 때 해야 할 일

○ 도나의 사례는 우리에게 매우 중요한 가르침을 준다. 자발적으로 행동하지 않으면 불안과 두려움을 약화시킬 수도 없고 무언가를 배울 수도 없다는 사실이다. 행동은 두려움의 해결책이며

 모두에게 사랑받을 필요는 없다

자기 비판적이고 자기 파괴적인 상태에서 벗어나게 하는 해독제다. 남의 기준에 끌려가 희생자가 되는 사람들은 대개 행동하기를 망설인다. 학습과 관련된 격언 중에 나는 다음 문장을 최고로 생각한다.

귀로 들으면 잊어버린다.
눈으로 보면 기억한다.
행동하면 이해한다.

일부러 두려움을 유발하는 행동을 함으로써 두려움 자체에서 해방된다는 것이 어떤 기분인지 잘 모를 수도 있다. 심리상담사와 밤새 이야기하고, 머리에 땀이 날 때까지 생각을 곱씹고, 친구들의 조언을 아무리 많이 구해도 당신이 직접 행동하기 전에는 결코 이해할 수 없다. 가르친다고 해서 두려움이 생기지 않듯, 두려움을 느끼지 않는 법을 말로는 배울 수 없기 때문이다. 두려움은 철저히 당신의 감각이므로 맞설 수 있는 사람도 오직 당신뿐이다.

언젠가 해변에서 어떤 어머니가 아이에게 이렇게 소리치는 것을 들었다. "헤엄치는 법을 익히기 전에는 물에 들어가면 안 된다!" 이 학습 논리에 대해 어떻게 생각하는가? 나에게는 마치 "걷는 법을 배우기 전에는 일어나지 마" 혹은 "던지는 법을 익힌 다음에 공을 잡아"와 다를 바 없어 보인다. 어떤 방법을 익히려면 먼저 행동해야 한다. 행동 없이 무언가를 터득하겠다는 사람을 보면 우리는 이상하다고 느낄 것이다. 마찬가지로 지금까지 두려움 앞에서 꼼짝 못한 이유를 어린 시절 어른에게 제대로 배우지 못해서라고 돌린다면, 그것은 변명일 뿐이다.

행동하지 못하는 이유를 찾는 한 우리는 늘 같은 방식으로 희생될 뿐이다. 어린 시절의 습득이 부모의 가르침을 그대로 따른 결과였다면, 지금의 변화를 이끌 방법 또한 배우고 행동하는 것뿐이다. 넘어지며 걷는 법을 익히듯 시행착오는 필수다. 혹시 시행착오 때문에 목표에서 멀어지고 성공 가능성이 줄어든다고 생각하는가? 필수적인 경험을 거부한다면 스스로에게 "알고는 있지만 하지는 않겠다"라고 말하는 것과 같다.

자신을 시험하지 않으면 자신의 장점이 무엇인지 결코 알 수 없다. 모든 시험이 항상 성공적이라면 애초에 시험할 이유도 없다. 그래서 우리는 실패할 때마다 다시 시도한다. 기꺼이 시도하는 그 지점에야말로 당신의 가치를 드러낼 보물이 숨어 있다. 경험은 두려움을 극복하는 도구다. 19세기 영국의 작가이자 연설가 벤저민 디즈레일리는 이렇게 요약했다.

경험은 생각의 산물이며 생각은 행동의 산물이다.
책만으로는 사람에 대해 배울 수 없다.

먼저 생각하라. 생각했으면 행동하라. 그런 후에야 알 수 있다. 이것이 바로 우리를 약한 자리로 몰아넣는 소심함과 맞서는 방법이다.

 모두에게 사랑받을 필요는 없다

● 최악의 경우는 없다

○　두려움과 맞서기 위해서는 용기가 필요하다. 굳건한 의지 없이는 두려움과 마주하기란 쉽지 않다. 용기란 비난의 한가운데로 들어가 스스로를 믿고, 자신이 내린 선택의 결과를 받아들이며, 그 안에서 깨달음을 얻는 것을 말한다. 자신의 결정을 신뢰함으로써 제도와 타인의 의도에 따라 움직이던 삶을 끊어내는 것이다.

“만약 그렇게 했을 때 나에게 어떤 최악의 일이 일어날까?” 이 질문을 반복적으로 던지면 내면의 용기를 단련할 수 있다. 현실적인 가능성을 따져보면 ‘최악’이라 여겼던 일은 대부분 일어나지 않는다. 어린아이들이 어둠을 두려워하지만 정작 어둠 속에는 아무것도 없는 것과 같다. 아무 일도 일어나지 않는다는 사실이 우리가 걱정하는 ‘최악의 상황’의 실체다.

나의 오랜 친구 빌은 배우였는데 브로드웨이 오디션에 참가하는 일을 몹시 두려워했다. 나는 그에게 물었다. “오디션에 떨어지면 어떤 최악의 일이 일어날까?” 그러자 그는 잠시 생각하다가 말했다. “최악은 배역을 얻지 못하는 거지. 그런데 가만 보니, 이미 갖고 있던 배역을 잃는 것도 아니네.” 그는 그렇게 스스로의 두려움을 직면하기 시작했다.

실패란 일반적으로 출발했던 자리에서 다시 멈추는 것을 뜻한다. 그곳이 늘 유토피아일 수는 없겠지만 우리는 여전히 거기서 무언가를 시도할 수 있다. ‘최악의 경우’라는 가정은 두려움이 얼마나 비이성적인지를 보여준다. 빌은 이 깨달음을 통해 공포심을 이겨내고 오디션에 나설 수 있었다. 처음엔 배역을 얻지 못했지만, 몇 달 후 여러 오디션에 도전했고 마침내 자신이 원하던 배역을 맡게 되었다. 두려움을 떨치기 위한 유일한 방법은 행동이다. 빌은 자신이 용감하다고 느끼지 않았을지도 모르지만 생각을 행동으로 옮기기 위해서는 그만큼의 의지가 필요했다.

미국 작가 코라 해리스는 용기와 행동에 대해 이렇게 말했다. "인간이 할 수 있는 가장 용감한 행위는, 용맹하지 않으면서도 용기와 행동을 일치시키려 노력하는 것이다." 나는 그녀의 이 표현을 특히 좋아한다. 정말 중요한 것은 자신이 용감하다고 확신하는 것이 아니라 두려운데도 실제로 행동하는 일이다.

●   회피형의 함정

○   두려움에 사로잡혀 무기력해졌을 때, 다시 말해 스스로를 약자의 위치에 두었을 때는 이렇게 물어야 한다. "이래서 내가 얻을 수 있는 것은 무엇인가?" 아마 처음의 대답은 "아무것도 없다"일 것이다. 그렇다면 한 걸음 더 들어가 보자. "왜 사람들은 스스로 활시위를 당기지 않고 타인의 손에 자신의 운명을 쉽게 맡기는 걸까?"

겉보기에는 위험을 피하는 현명한 선택처럼 보일 수 있다. 주도권을 다른 사람에게 넘기면 자신의 판단으로 인해 궁지에 몰리는 상황을 피할 수 있기 때문이다. 일이 잘못되면 지시한 사람에게 그 책임을 돌릴 수 있다. 그보다 훨씬 고통스러운 자기 책임은 깨끗하게 회피할 수 있다. 행동의 변화를 요구받을 때도 피하기 쉽다. 그렇게 '누구 때문에 손해 본 착한 피해자'로 남으면 그만이다. 가해자에게서 형식적인 사과 한마디를 받는 것이 유일한 위로가 된다.

나약함으로 얻는 보상은 눈앞의 위험을 피할 수 있다는 착각뿐이다. 이런 태도가 어떤 불안과 신경 과민을 불러오는지는 나의 또 다른 저서《행복한 이기주의자》에서 자세히 다루었다. 여기서 기억해야 할 핵심은 단 하나다. 어떤 위험이 닥치더라도 자신의 권리를 지키는 방향으로 행동하고 마음을 단련하는 것. 그것만이 삶의 질을 향상시킨다.

● 나를 낮추게 되는 존재들

○ 삶을 주체적으로 살아갈 준비가 되었다면 다른 사람의 가치와 중요도를 자신보다 높게 두지 말아야 한다. 타인의 권위를 자기보다 우위에 둘 때 우리는 스스로를 낮추고 약화시킨다. 누군가를 삶의 지침으로 삼거나 멘토로 존경하는 것은 자연스러운 일이다. 그러나 이제는 그런 관습을 타파해 보자. 예를 들어 누군가를 대할 때 주저하지 말고 '이름'을 불러라.

미국의 모든 성인에게는 다음의 원칙이 기본적으로 적용

되어야 한다. 특별한 이유가 없는 한 누군가를 부를 때는 성last name이 아니라 이름first name을 사용해야 한다는 것이다.

나의 이웃 톰은 이 원칙이 왜 중요한지 누구보다 잘 아는 사람이었다. 그는 누군가를 직함으로 부를 때 자신이 불리한 위치에 선다는 것을 알고 있었다. 어느 날, 그는 어린 아들의 학교를 찾아가 수업 방식에 관해 이야기를 나누려 했다. 하지만 학교 측은 효율적인 수업을 위해 무엇이 필요한지 별다른 관심이 없어 보였다. 톰은 학교의 정책이 쉽게 바뀌지 않으리라 생각했다.

교장은 의식하지 않아도 학부모를 수세적인 위치로 몰아넣을 수 있는 여러 수단과 권위를 가지고 있었다. 커다란 책상 뒤에는 교장이 앉고 작은 의자에는 학부모가 앉는다. 비서는 톰을 교장실로 안내하며 "미스터 클레이본을 만나실 거예요"라고 말했다.

그때 톰은 비서에게 교장의 이름이 무엇이냐고 물었다. 비서는 의아한 듯 대답했다. "왜요? 잘 모르겠네요. 다들 미스터 클레이본이라고 부르거든요. 그는 학교의 최고 책임자이니까요." 잠시 후 교장실에 들어간 톰은 교장에게 말했다. "이름이 어떻게 되십니까?"

교장은 순간 놀란 표정으로 대답하지 못했다. 학부모와의 만남이 이렇게 시작된 적은 한 번도 없었기 때문이다. 그는 톰에게서 꽤나 당당한 인상을 받았다. 그는 태도를 바꾸며 답했다.

"로버트라고 합니다."

"저는 톰입니다. 로버트라고 불러도 되겠습니까?"

       모두에게 사랑받을 필요는 없다

"음… 물론이죠."

그 순간 톰은 대화의 주도권을 잡았다. 직함에 매이지 않음으로써 힘의 균형을 바로 세운 것이다. 그는 동등한 자격으로 의견을 나눌 권리를 얻었고 교장의 지위에 위축되지 않았다. 대화를 마친 뒤 톰은 실제로 학교 수업 방식에 변화를 이끌어냈다. 그의 접근이 효과적이었던 이유는, 자신을 존중하면서도 상대보다 불리한 위치에서 이야기를 시작하지 않았기 때문이다.

직함의 위력은 우리가 대가를 지불하는 관계에서 특히 강하게 작용한다. 공무원은 세금으로 급여를 받지만 재무설계사, 건물주, 박사, 치과의사, 변호사 등은 우리가 직접 비용을 지불하는 상대다. 그들의 이름을 부르는 것이 불편하다면 왜 그런지 자신에게 물어보라. 혹시 중요한 사람의 이름을 부를 자격조차 없다고 스스로를 평가절하하고 있는 것은 아닌가?

상대가 직함으로 불리길 원한다면 그렇게 해도 된다. 하지만 그것은 그들의 요청에 대한 예의일 뿐, 당신이 자발적으로 하는 것이 아니다. 자발적으로 직함으로 부르는 순간 권한은 자연스럽게 상대에게 넘어간다. 그러니 반드시 자문하라. "내가 그를 그렇게 부르는 이유는 무엇인가?" 자발적으로 그렇게 하고 있다면 이미 타인의 우위를 인정하고 있는 것이다.

자신이 어리숙한 사람이라는 신호를 보내서 타인의 우위를 인정하는 경우도 있다. 까다로워 보이는 사람보다 어리숙해 보이는 사람을 다루는 것이 훨씬 쉽기 때문이다. 우리는 무의식적으로 미숙한 인상을 줄 때가 있다. 그러므로 자신이 어떤 태도나 표정을 통해 그런 신호를 보내는지 관찰해야 한다. 비난을 들었을 때, 혹은 자기비하적 표현을 쓸 때 어떤 표정을 짓는가? 꾸물거리며 일하는 사람에게 사과를 받아내는가, 아니면 아무 말 없이 기다리며 그들의 시간을 자신의 시간보다 더 소중하다고 인정하는가? 특별한 이유가 없다면 그들의 시간이 당신의 시간보다 더 가치 있을 리 없다.

자신보다 타인을 우위에 두는 일은 그것이 '전략적'일 때만 허용된다. 어리숙한 척하며 상대의 호의를 끌어내야 할 필요가 있을 때처럼 특정한 목적을 위해서만 사용하는 것이다. 그러나 그런 전략은 최후의 수단이어야 한다. 예를 들어 탐욕스러운 건물주에게서 임대료를 낮추고 싶다면 동정심을 자극해 상대를 무장 해제시킬 수 있다. 하지만 건물주가 당신이 충분히 여유가 있다고 느끼거나 협상할 근성이 없다고 판단하면 인하가 아닌 인상을 논의하게 된다. 이런 경우에는 동등한 위치에 서야 한다. 건물주는 당당한 사람을 상대할 때 오히려 유연해진다. '불쌍한 사람' 전략은 선택적으로 그리고 신중하게 사용해야 한다.

물론 불쾌한 사람으로 보이는 것은 피해야 한다. 우위에 서라는 말은 불평을 입에 달고 사는 고집불통이 되라는 뜻이 아니다. 그런 사람은 누구에게도 지지받지 못한다. 필요 이상의 공격적인 태도는 당신을 도우려는 사람들까지 멀어지게 만든다. 그러나 특별한 상황에서는 단호함이 요구될 때도 있다. 그에 대해서는 뒤에서 다루겠다. 지금은 단 두 가지 원칙만 기억하라. 자신을 불필요하게 낮추지 말 것 그리고 수동적인 태도로 상대를 대

　　　　모두에게 사랑받을 필요는 없다

하지 말 것. 허락을 구하며 뒤에서는 불평하는 사람이 아닌, 스스로의 가치와 중요성을 믿는 사람만이 타인의 통제에서 자유로울 수 있다.

● 겸손이라는 검열

○ 남들에게 존중받고 싶다면 먼저 사람들이 존경하는 이들을 세심하게 관찰하라. 나약하게 행동하면 누구에게도 존중받을 수 없고 스스로도 자괴감에서 벗어나지 못한다. 자기주장이 강하고 단호할수록 사람들이 싫어할 것이라고 믿었다면 이제 그 생각을 버려라.

말 안 듣는 자녀를 둔 부모일수록 아이를 두둔하는 경우가 많다. 그들은 보통 이렇게 말한다. "애가 좀 거칠긴 해도 심성은 착해요." 이런 말을 하는 부모들은 대체로 아이에게 기본적인 예절조차 가르치지 못해 결국 두 손을 들고 만다. 벌을 주거나, 용돈으로 회유하거나, 죄의식을 심어주는 등 온갖 교육 방법을 동원해도 문제는 해결되지 않는다. 본격적인 상담에 들어가면 부모들은 그때서야 고충을 털어놓는다. 나는 그들의 태도에서 '우리 아이가 문제아로 보일까 두렵다'는 불안감을 자주 발견한다. 부모로서 단호하게 행동하라고 조언하면 돌아오는 반응은 비슷하다. "맞아요, 그러고 싶어요. 그런데 아이를 이길 수가 없어요. 크면 좀 나아지지 않을까요?"

세상에는 말 잘 듣는 아이만 있는 게 아니다. 말썽꾸러기가 있다면 그 문제를 해결하려고 노력하는 게 부모의 역할이다. 하지만 반항 앞에서 체면을 지키려다 아이의 태도를 묵인하고 마는 것이다.

신념을 지키는 일이 어려운 이유는 다른 사람들이 그 태도를 어떻게 볼지 확신할 수 없기 때문이다. 그러나 분명히 말하건대 대부분의 사람은 신념을 지키려는 당신의 태도를 존중할 것이다. 사람들은 성공 가능성이 거의 없어 보이는 상황에서도 물러서지 않는 약자에게 특별한 유대감을 느낀다. 역설적이지만 다른 사람의 즉각적인 지지를 받는 행동을 따르지 않는 것이 당신에게 더 좋은 결과를 가져온다.

인간은 거부당하는 것보다 인정받는 것을 더 좋아한다. 하지만 기대에 맞춰 행동하고 통념에 따라 움직이기보다 자신의 신념을 굳게 지킬 때 오히려 더 많은 신뢰와 지지를 얻을 수 있다. 물론 그 신념에는 타당한 이유가 있어야 한다.

캐시는 이 교훈을 직접 체험한 사람이다. 그녀는 한 세미나에 참석하기 위해 사전 등록을 마쳤지만, 현장에 도착하자 진행 요원이 좌석이 초과되었다며 옆 건물의 다른 세미나를 권유했다. 평소의 캐시였다면 순순히 물러났겠지만, 지난 몇 달간의 상담을 통해 그녀는 타협하지 않고 자신의 권리를 주장하는 법을 배웠다. 그녀는 행사 책임자를 직접 만나 입장시켜줄 것을 요구했다. 책임자는 "예예, 그런데"라며 그녀를 설득하려 했지만 캐시는 굽히지 않았다. 결국 그녀는 입장을 허락받았고 책임자는 다른 직원들에게 이 사실을 비밀로 해달라고 부탁했다.

세미나가 시작된 후 그녀의 행동은 화제에 올랐다. 처음엔 혹시 사람들이 자신을 무례하게 보지 않았을까 걱정했지만 결과는 정반대였다. 참석자들은 그녀의 태도를 높게 평가하며 "나도 그런 상황이라면 당신 옆에 있고 싶다"고 말했다. 캐시는 그때의 경험을 이렇게 회상했다. "상상이나 했겠어요? 겁 많고 소심했던 제가 그런 말을 듣게 될 줄은요."

극작가 조지 버나드 쇼는 《인간과 초인》에서 위험을 감수하며 성취를 이루는 강인함과 그로부터 오는 내적 만족감에 대해 이렇게 말했다. 그는 자기만의 관점으로 세상에 맞서는 사람이 어떻게 위대함을 경험하는지를 가장 잘 묘사했다.

> 인생의 진정한 기쁨은 자신이 가장 중요하다고 믿는 목적을 위해 행동하는 데서 나온다. (중략) 그런 사람은 세상이 자신의 행복을 위해 헌신하지 않는다며 불평만 늘어놓는 이기적이고 보잘것없는 불만 덩어리, 병든 존재가 아니라 자연 그 자체가 된다.

● 두려움을 다루는 12가지 방법

○　두려움에 맞서 자기 신념을 지키는 사람은 결국 존중받는다. 우리는 확신을 잃으면 자멸로 이어진다는 사실을, 그리고 이

를 막기 위해선 용기가 필요하다는 사실을 이미 알고 있다. 용기
는 타고나는 성질이 아니다. 도전과 마주할 때마다 새롭게 단련하
고 선택해야 하는 자질이다.

다음에 제시하는 상황과 전략은 일상에서 흔히 겪을 법
한 '자신을 약화시키는 상황' 속에서 용기와 신념을 가질 수 있도
록 도와줄 것이다.

1. 허락을 구하지 마라

누군가의 허락을 얻은 뒤에야 행동하려고 하지 말라. 애
원하거나 눈치를 보지 말고 선언하라. "질문해도 괜찮을까요?" 대
신 "이 부분이 궁금합니다"라고 말하라. "반품해도 될까요?" 대신
"마음에 들지 않아 반품하러 왔습니다"라고 말하라. "한 시간 나
갔다 와도 될까요?" 대신 "나갔다 오겠습니다. 혹시 제가 처리할
일 있나요?"라고 말하라.

허락을 받아야 하는 사람들은 노예나 죄수뿐이다. 책의
서두에서도 말했듯 심리적으로나 정서적으로 안정된 노예란 존
재하지 않는다.

2. 눈빛으로 말하라

대화할 때는 상대의 눈을 똑바로 바라보라. 시선을 피하거
나 옆을 보는 태도는 자신감이 없다는 신호다. 이런 태도만큼 자
신을 약하게 보이게 하는 것도 없다. 두렵더라도 상대의 눈을 바
라보면 그 순간 당신이 두려움보다 상황을 통제하고 있다는 메시

지를 전달하게 된다.

3. 당당한 자세로 이야기하라

당신의 자세와 몸짓은 곧 마음의 상태를 보여준다. 자신감과 내적인 강인함을 몸으로 드러내라. 서 있을 때는 어깨를 펴고 앉을 때는 가슴을 열어라. 손으로 얼굴을 가리지 말고 불안하거나 초조한 표정을 짓지 마라. 스스로의 생각에 확신이 있다면 얼굴의 긴장이나 붉어짐까지도 다스릴 수 있다.

말할 때는 분명한 언어를 써라. 말이 중간에 끊어지는 것도, "음", "어어", "저", "있잖아요"처럼 무의미한 말을 늘어놓는 것도 나쁜 버릇이다. 이는 효과적인 소통을 방해할 뿐 아니라 자신감이 없다는 것을 드러낸다. 침착하게 또렷한 목소리로 말하라. 목소리가 작거나 풀이 죽은 어조는 당신을 약하게 만든다. 자신의 언어 습관을 인식하고 조금만 의식적으로 바꾸면 하루 만에도 대화의 인상이 달라질 수 있다.

4. 미안해하지 말고 거절하라

누군가 당신의 돈, 물건, 시간, 재능을 빌려달라고 할 때 주고 싶지 않다면 단호히 거절하라. 그렇지 않으면 이용당하는 입장이 된다. 거절을 잘하려면 자신의 힘을 믿고 평소에 연습해야 한다. '나는 자선가가 아니다', '나는 호구가 아니다'라고 스스로에게 되뇌고 실제로 말로도 표현하라. 그럴듯한 변명이나 둘러대는 말로 시간을 끌지 마라. 그렇게 하면 끝내 거절하지 못하고 더 불리한 처지로 몰린다. 단호하고 직설적으로 말하는 것이 가장 효과적이다.

이렇게 하면 두 가지 결과가 생긴다. 첫째, 처음부터 입장을 명확히 했기 때문에 반복적인 부탁에 시달릴 일이 없다. 둘째, 결국 주변 사람들은 당신의 솔직함을 인정하고 존중하게 된다. 거절로 인해 친구가 자신을 싫어할까 두렵다면 이렇게 자문하라. "내가 솔직했다는 이유로 나를 미워하는 사람과 과연 친구로 지낼 필요가 있을까?"

진짜 친구는 당신의 선택을 존중하는 사람이지, 다른 선택을 강요하는 사람이 아니다. 부탁을 들어주지 않는다고 관계를 끊는 사람이라면 그는 타인에게 빌붙는 데만 관심 있는 사람일 뿐이다. 거절로 인한 최악의 결과는 당신을 이용하려던 사람이 당신 곁을 떠나는 것이다. 그것이 나쁜 일일까? 아니다. 물론 상황이 허락하고 당신도 돕고 싶다면 기꺼이 도와도 좋다. 그러나 그건 마음이 내킬 때 하는 선택이지, 강요당해 억지로 하는 희생이어선 안 된다.

5. 화를 낸다면 짧게 내되 분노에 머물지 마라

화를 효과적으로 다루는 법을 알아야 한다. 분노에 사로잡히면 스스로가 약해진다. 예를 들어 길거리에서 놀겠다고 고집을 부리는 아이와 실랑이를 벌이고 있다면 목소리를 높이거나 단호한 태도를 취해 부모로서 허락하지 않겠다는 의지를 분명히 보여야 한다. 다만 이런 강한 어조는 '효과를 위한 행동'이어야 한다.

 모두에게 사랑받을 필요는 없다

상황이 끝난 뒤에도 심장이 뛰고 혈압이 오르며 감정이 계속 남아 있다면 이미 분노의 포로가 된 것이다. 그럴 땐 잠시 거리를 둬라. '잘했어. 아이도 내 진심을 알았을 거야. 속상할 일은 아니야.' 이렇게 내면을 단련하면 정신건강 뿐만 아니라 고혈압 같은 육체적 질병도 막을 수 있다.

6. 슬플수록 냉정함을 잃지 마라

슬픔에 잠겨 있을 때 우리는 쉽게 약해진다. 예를 들어 장례 업체는 그런 감정을 이용하기 쉽다. 그들은 죽음과 슬픔을 통해 수익을 얻는 사람들이다. 이럴 때는 자신이 원하는 바를 명확히 말하고, 얼마까지 지출할 수 있는지 분명히 해야 한다. 그들이 당신의 죄책감을 자극하려 한다면 지금은 대화가 어렵다고 말하고 그 자리를 떠나라.

당신의 말을 들을 의지가 없는 사람과는 대화를 이어갈 이유가 없다. 만약 그들이 사과한 뒤에도 여전히 같은 태도를 보인다면 더 이상 시간 낭비하고 싶지 않다고 말하라. 당신이 원하는 바를 들었음에도 정반대의 제안을 내놓는 사람들은 사람을 도구로 이용하려는 전형적인 부류다. 그들의 제안을 받아들일 이유는 없다. 그런 이들과는 말로 싸우기보다 행동으로 보여주는 것이 최선이다.

7. 문제는 윗선에서 풀어라

요구사항을 관철하고 싶다면 윗사람과의 대면을 두려워하

지 마라. 학점을 무기로 삼는 교수, 법률 지식을 이용해 겁을 주는 세무공무원, 공적인 지위를 내세워 위압하는 공무원 등 그들 위에는 반드시 보고해야 할 상급자가 있다. 대표나 회장에게 전화 한 통, 메일 한 줄을 보내는 것만으로도 작은 권위를 빌려 당신을 얕보는 사람에게 맞설 수 있다. 대화가 통하지 않는다면 "이 사안은 상급자에게 말씀드리겠습니다"라고 예고하라. 그리고 필요하다면 정말로 찾아가라. 그 한 걸음이 당신의 권리와 존엄을 지키는 힘이 된다.

8. 상황을 게임처럼 바라보라

당신을 흔들려는 상대와 마주할 때는 냉정함을 유지해야 한다. 불안과 두려움에 휘둘리고 있다는 걸 들켜서는 안 된다. 가장 중요한 점은 당신의 존재 가치와 행복을 일의 성패와 연결하지 말라는 것이다.

모든 일을 하나의 오락처럼 생각하라. '이건 내 인생에서 너무 중요한 일이야'라고 느끼는 순간 당신은 이미 불리해진다. 냉정함을 유지하기 어렵기 때문이다. 이 일이 당신에게 결정적인 의미를 가진다는 것을 상대가 알면 그 점을 이용해 압박을 가할 것이다. 그럼 비이성적인 행동이나 판단을 할 수밖에 없다.

가장 현명한 방법은 어떤 상황에서도 당신의 감정은 당신만이 통제한다는 신호를 주는 것이다. 감정적으로 요동치지 않고 차분함을 유지하면 그 메시지는 자연스럽게 전달된다. '봐라, 나는 흔들리지 않는다.' 이런 태도를 꾸준히 훈련하면 자신의 감정

　　모두에게 사랑받을 필요는 없다

도 제대로 다스릴 수 있다. 그 힘은 더 큰 만족감으로 이어지고 당신을 더 많은 승리로 이끌 것이다.

9. 기회는 스스로 만들어라

면접을 보거나 새로운 일을 맡게 되었을 때 "이 일을 할 수 있을지 잘 모르겠습니다"라는 말은 절대 하지 말라. 대신 이렇게 말하라. "해본 적은 없지만 배우면 할 수 있습니다." 자신이 무엇이든 해낼 수 있다는 점을 강조하라.

다양한 경험을 통해 유연함을 익힌 당신은 어떤 상황에서도 적응할 수 있는 사람임을 기억하라. 그만한 자격과 열정이 있음을 자신 있게 드러내라. 지속적으로 배우고 성장할 수 있는 사람임을 보여주는 데 주저하지 마라.

강한 인상과 넘치는 자신감을 부담스러워하는 사람도 있겠지만 대다수는 높이 평가한다. 만약 당신의 적극성이 불편하다는 이유로 기회를 주지 않는 사람을 만났다면 다른 기회를 요청하라. 이런 인내와 주도성은 결국 더 많은 기회를 당신에게 안겨줄 것이다.

10. 두려워하지 말고 드러내라

주변 사람들이 당신의 내밀한 개인사를 알게 되어 이로 인해 또다시 상처받을까 봐 두렵다고 느낀다면 그 두려움에 도전하라. 상처받을 수 있다는 생각의 대부분은 근거 없는 공포다. 진심을 드러내는 일이 자유로움으로 이어진다면 그것만으로 이미

강해진 것이다. 물론 성적인 취향이나 가족사처럼 굳이 공개하지 않아도 되는 사적인 영역까지 드러낼 필요는 없다. 그러나 자신의 진짜 모습을 알게 되는 것을 두려워하지 말라.

솔직해져라. 감정을 공유하라. 감정을 숨겨야 상처받지 않는다는 생각은 환상이다. 말하고 싶지 않은 것과 말하기 두려운 것은 다르다. 왜 드러내기를 두려워하는지, 그 이유를 직면해야 비로소 더 건강한 사람이 된다.

부끄러운 과거, 소심한 성격, 다혈질인 기질 등 그 어떤 것도 당신을 결정짓지 않는다. 이런 사실을 누가 알았다고 해서 치명적인 일이 벌어지진 않는다. 혹시 사람들이 당신에 대한 소문을 퍼뜨릴까 걱정되는가? 대부분은 그렇지 않다. 설령 누군가 근거 없는 말을 한다 해도 그것이 당신을 정의할 수는 없다. 당신은 침묵으로 존재가 왜곡되는 사람인가, 아니면 스스로의 이야기를 하는 사람인가? 당신이 위축될 이유는 전혀 없다.

11. 잘못된 청구에는 즉시 대응하라

서비스를 받고 대금을 지불해야 할 때, 가끔은 받지 않은 서비스가 청구되기도 한다. 자동차 수리가 대표적인 사례다. 이런 일을 막으려면 무엇을 하고 있는지 직접 확인하라. 단, 시간을 과하게 낭비하지 않는 선에서 말이다. 수리공이 말하는 대로 무조건 믿지 말고 필요한 경우 구체적으로 물어라. "오일 필터 교체는 원하지 않습니다"처럼 미리 명확히 말해두는 게 좋다.

요청하지 않은 항목이 청구서에 포함되어 있다면 반드시

 모두에게 사랑받을 필요는 없다

설명을 요구하라. 청구 내역은 습관적으로 확인하고 잘못된 부분이 있으면 즉시 문제를 제기하라. 소비자보호센터나 상인연합회 같은 공식 채널이 있다면 정식으로 신고하라. 많은 사람이 이런 문제를 단순한 실수로 여긴다. 하지만 실제로는 무심코 넘기기 때문에 관행이 반복되는 경우가 많다. 운이 나빴다고 넘기면 같은 피해가 계속 생긴다. 한 번의 항의가 부당한 관행을 끊는 시작이 된다.

12. 비효율적 거래는 거절하라

가구나 자동차 등 고가의 물건을 구매할 때 "납품까지 8주가 걸립니다"라는 말을 듣는 경우가 있다. 이럴 때 그 말을 그대로 믿지 말라. 정말로 다른 방법이 없는지 직접 확인하라. 차량이 급히 필요하다면 다른 지역의 판매처를 탐색하고, 납품 지연이 불가피하다면 "그 기다림엔 흥미가 없습니다"라고 분명히 표현하라. 판매원이 아닌 관리자와 직접 이야기하라. 납품이 빠른 곳이 있다면 그쪽과 연결해달라고 요청하라. 경우에 따라 도매업자나 생산자에게 직접 문의하는 것도 방법이다.

선불 결제는 가급적 피하는 것이 좋다. 계약을 맺을 때는 대리점이 약속을 이행하지 않을 경우 받을 수 있는 최소한의 보상조항을 명시해 달라고 하라. 까다롭게 굴라는 뜻이 아니다. 단지 분명하게 요구하라는 것이다. "10주나 기다리라니, 어쩔 수 없지"라는 태도는 스스로를 불리한 위치에 두는 일이다.

뉴욕에 사는 한 지인은 대리점에서 8주 후에 차량을 인도 받게 될 거라는 이야기를 들었다. 그러자 그는 직접 미시간의 공장에 연락했고 뉴욕보다 몇백 달러 더 저렴한 가격으로 4일 안에 받을 수 있다는 사실을 알아냈다. 미시간에 도착한 그는 즉시 물건을 넘겨받았으며 새 차와 함께 휴가비까지 아낄 수 있었다.

이 상황을 그대로 두지 않겠다는 태도 하나면 충분하다. 주체적인 사람은 어떤 상황에서도 권리를 스스로 챙긴다.

　모두에게 사랑받을 필요는 없다

:

자기 자신을 등불로 삼아

어떤 상황에서도 주인처럼 행동하라.

그것이 스스로를 강하게 만드는 길이다.

어떤 권위도 당신 위에 설 수 없다.

스스로 헤쳐나가지 못하고

타인에게 의존하는 순간

삶은 타인의 뜻대로 끌려가게 된다.

성공이 오기를 기다리기보다 직접 기회를 만들어라.

결과에 연연하지 않고 묵묵히 목적을 좇는다면

어느새 당신은 스스로 인식하기도 전에

승자의 자리에 서 있을 것이다.

이 장을 한 문장으로 요약하면 이렇다.

"대가를 지불했다면,

그에 상응하는 권리를 요구하라."

3장

과거는
변명이다

Pulling Your Own Strings

항상 해왔던 방식을 고집하면
성장은 불가능하다.

우리 사회가 사람을 무력하게 만드는 수많은 방식 중 하나는 이미 끝난 일과 돌이킬 수 없는 사건을 끊임없이 꺼내며 현재를 붙잡는 것이다. 과거의 그림자로 당신을 묶어두는 것만큼 유효한 방식도 없다. 이 거대한 함정에서 벗어나는 길은 분명하다. 과거를 들먹이는 논의에 끌려들지 않겠다는 태도를 갖는 것이다.

세상은 종종 당신의 관심을 다른 곳으로 돌리려 한다. 절대 바꿀 수 없는 과거를 반복해 언급하며 당신 스스로를 변명하거나 방어하도록 유도한다. 이 비논리적인 수작에 말려들지 마라. 과거에 묶이려는 모든 시도를 거부하라.

나는 늘 동물들에게 많은 것을 배울 수 있다고 생각한다. 동물은 순수한 본능을 따르며 자신을 갉아먹는 후회에 빠지지 않는다. 미국 시인 월트 휘트먼은 시집 《풀잎》에서 그가 사랑하는 동물을 다음과 같이 묘사했다.

나는 몸을 돌려 짐승들과 함께 살 수 있을 것 같다고 생각한다.

그들은 매우 차분하며 스스로 만족한다.

여기 이렇게 서서 오랫동안 그들을 바라본다.

그들은 자신의 처지로 인해 땀 흘려 일하지 않고 칭얼거리지 않는다.

그들은 어둠 속에서 번민하지도 않으며 지은 죄로 눈물 흘리지 않는다.

그들은 신에 대한 의무를 이야기하며 나를 구역질 나게 하지 않는다.

불만을 토로하는 이도, 소유에 대한 집착으로 미쳐가는 이도 없다.

다른 이에게 무릎 꿇지 않고 수천 년 전 조상에게 절하지도 않는다.

그들의 땅엔 존경받는 이도 없고 불행한 이도 없다.

동물은 지나간 과거에 매달려 살아갈 수 없다. 후회하지도, 비난에 맞서 싸우지도 않는다. 그들은 그저 현재를 산다. 과거라는 덫에 갇히지 않기 위해 우리도 동물의 행동에서 깨달음을 얻어야 할 것이다. 첫째, 바꿀 수 없는 과거가 무엇인지 자각하자. 둘째, 그 과거를 이용해 세상이 어떻게 당신의 마음을 조종하려 하는지 인식하자. 셋째, 과거의 기억을 붙잡고 자신을 탓하는 순간 어떻게 스스로를 약화시키는지를 의식하자. 넷째, 다시는 그

함정에 빠지지 않도록 대응하는 방법을 파악하자.

● 절대 바꿀 수 없는 것들

○　과거의 행동은 누구도 바꿀 수 없다. 우리가 한 일은 이미 그 자체로 완결되었다. 사람들은 그것을 경험으로 받아들이고 거기서 배운다. 그러나 어떤 이들은 과거의 실수를 교훈으로 삼지 못하고 끝없이 곱씹으며 스스로를 옭아맨다. '그때는 그렇게 하지 말았어야 했는데', '그 말을 왜 했을까' 같은 번민에 사로잡혀 스스로를 가두는 것이다.

우리는 모두 지금 이 순간만을 살 수 있다. 그러니 쓸모없는 되새김질은 자기 부정이자 상처를 되풀이하는 일일 뿐이다. 아무리 고민해도 결과는 달라지지 않는다. 우리가 할 수 있는 일은 바꿀 수 없음을 인정하고 그로부터 배우는 것, 아니면 후회 속에 머무는 것이다. 다음은 우리가 어떤 노력으로도 바꿀 수 없는 것들이다.

1. 날씨

날씨를 바꿀 수 없다는 건 모두가 안다. 그럼에도 우리는 기온과 비, 바람, 태풍을 탓하며 하루를 망치곤 한다. 궂은 날씨를 억지로 좋아할 필요는 없지만 그 때문에 자신의 기분을 내맡길 이유도 없다.

2. 시간의 흐름

좋든 싫든 시간은 일정하게 흐른다. 누구에게나 하루는 24시간이다. 그 시간이 너무 빠르다거나 느리다고 불평하는 동안에도 우리는 계속 나이를 먹는다.

3. 세금

세금은 늘 존재해왔고 앞으로도 그럴 것이다. 많다고 투덜대봤자 달라지는 건 없다. 절세의 방법을 찾거나 세금을 줄이겠다고 공약하는 정치인을 선택할 수는 있다. 하지만 세금 탓으로 하루를 망치는 건 아무 의미가 없다.

4. 나이

외모나 사고방식, 옷차림을 바꿔 젊게 살 수는 있다. 하지만 나이 드는 일을 멈출 수는 없다. 늙음을 한탄하는 순간에도 세월은 흐른다.

5. 타인의 마음

다시 말하지만, 다른 사람이 당신을 어떻게 생각하는지는 전적으로 그들의 문제다. 당신의 의지와 무관하게 사람들은 자신이 보고 싶은 대로 믿는다. 정당한 평가를 받으려 애써도 마찬가지다. 설득이 통하지 않을 수도 있고 절충이 불가능할 수도 있다. 궁극적으로 타인의 평가는 그들의 몫이다. 그러므로 그들의 시선에 일희일비하지 마라. 당신 자신보다 타인의 판단을 더 중요하게

　　모두에게 사랑받을 필요는 없다

여기지 않는다면 어떤 말도 당신을 흔들 수 없다.

6. 통제할 수 없는 사건

선거 결과, 전쟁의 판도, 스포츠의 승부, 태풍의 피해에 대해 마음을 빼앗기는 것은 자신을 소모하는 일이다. 사회 곳곳에서 벌어지는 불의에 분노하고 괴로워하는 것도 마찬가지다. 지금 이 순간에도 세계 어딘가에서는 전쟁이 벌어지고 있다. 인간은 이성적인 존재이면서 동시에 폭력으로 목적을 이루려는 본능을 지닌 존재다. 인류는 언제나 싸워왔고 물리적 충돌은 앞으로도 사라지지 않을 것이다.

전쟁의 상처를 치유하고 평화를 위해 행동하는 것은 의미 있는 일이다. 하지만 그로 인해 매번 분노하고 우울에 잠기는 것은 자신을 갉아먹는다. 죄책감이나 비통함이 세상의 고통을 덜어주지는 않는다. 지구 어딘가에서 벌어지는 기아와 전염병은 당신의 마음앓이로 멈춰지지 않는다. 그런 감정이 올라올 때는 스스로에게 물어보라. "나는 왜 이 슬픔에 휩싸여 있는가?" 이유를 직시하는 순간 감정의 무게가 조금 달라질 것이다.

7. 타고난 모습

거울 속에 비친 모습이 곧 당신의 현실이다. 키, 체형, 얼굴을 탓해봤자 마음만 상할 뿐 달라지는 것은 없다. 타고난 모습을 사랑하는 일은 다이어트나 운동만큼이나 중요하다. 스스로의 힘으로 바꿀 수 없는 부분이라면 그 사실을 인정하고 받아들이는 편이 훨씬 현명하다.

8. 특정 사건으로 인한 슬픔

사랑하는 이가 병으로 고통받을 때 그와 함께 무너지는 것은 도움이 되지 않는다. 함께 아파하는 대신, 그들의 회복을 빌고 곁에서 위로하라. '어떻게 이런 일이 일어날 수 있지', '도저히 지켜볼 수가 없어'라는 생각은 슬픔을 깊게 만들 뿐이다. 당신이 슬픔에 잠기면 그 감정은 주변에도 전염된다. 비관은 공명하며 당신 자신에게도 상처가 된다. 슬픔을 감추라는 뜻이 아니다. 다만 그 슬픔이 삶 전체를 덮어버리지 않도록 경계하라.

9. 죽음

죽음은 모든 생명이 맞이하게 되는 필연이며 죽음을 피할 수 있는 사람은 없다. 사랑하는 사람의 죽음 앞에서 비통함을 느끼는 것은 당연하지만 그 감정이 전부가 되어서는 안 된다. 죽음을 자연의 일부로 받아들일 때 우리는 삶을 현실적으로 이해하게 된다. 소설가이자 성직자인 조너선 스위프트는 이렇게 말했다. "죽음처럼 자연스럽고 필연적이며 보편적인 것을, 신이 인류에게 내린 재앙이라 부르는 것은 사리에 맞지 않다."

10. 있는 그대로 받아들여야 할 것들

열다섯 살 제니퍼는 말했다. "해변에 가기 싫어요. 거긴 모래투성이잖아요." 맞다. 해변엔 모래가 있고, 산에는 돌이 있다. 바댓물은 짜고 강물은 흐른다. 현실을 있는 그대로 받아들이지 못하는 태도야말로 스스로를 괴롭히는 일이다. 바꿀 수 없는 것에 불평하는 것은 천왕성에 살게 해달라고 기도하는 것과 같다.

지금까지 살펴본 것은 우리가 어찌할 수 없는 일들이다. 진정한 삶의 주체가 되기 위해서는 변화시킬 수 있는 일에 집중해야 한다. 결코 달라지지 않을 일들로 괴로워하고 불평하는 것만큼 어리석은 일은 없다. 시인이자 사상가 랄프 왈도 에머슨은 에세이 《섭리Prudence》에서 이렇게 말했다.

> 할 수 있는 일을 하자. 여름에는 파리가 꼬이고, 숲속을 걷다 보면 모기에 물리기 마련이다. (중략) 그로부터 백 년 넘게 지났지만 여름에는 여전히 파리가 날아다니고 숲속엔 모기가 있다.

● 후회는 스스로 만드는 감옥이다

○   누군가 당신에게 "그러니까 그렇게 했어야지"라고 말한다면 조심하라. "했어야지"라는 말로는 이미 일어난 일을 바꿀 수 없다. 단지 당신이 잘못했다는 사실을 스스로 인정하도록 만들 뿐이다. 그러나 정작 지금부터 무엇을 해야 하는지에 대해서는 아무도 알려주지 않는다. 당신을 수동적으로 만들려는 사람들은

대화의 초점을 과거에 맞춘다. 대화가 과거로 향하는 한, 당신은 목표로 하는 일들을 얻을 수 없다.

이 게임이 어떻게 작동하는지 예를 들어보자. 아더는 금요일 오후에 이사를 마친 뒤, 집에 전기가 들어오지 않는다는 사실을 알고 전력 회사에 전화를 걸었다. 상담원은 이렇게 대답했다. "수요일에 전화를 하셨어야죠. 지금은 너무 늦었습니다." 이런 식으로 끌려가면 아더는 목적을 이룰 수 없다. 전기를 설치하려면 이틀 전에 미리 고지해야 한다는 회사 방침을 아더가 알 방도는 없었다. 수요일로 돌아가 전화를 할 수도 없는 노릇이다. 그의 입장에서 '그랬어야죠' 같은 조언은 터무니없고 아무런 의미도 없다. 하지만 아더는 권한이 있는 사람이 움직이면 그날 전기가 들어올 수 있다는 사실을 알고 있었다. 그는 상담원에게 상급자와 통화하고 싶다고 말한 뒤, 그에게 상황을 설명하고 전기를 바로 설치해 달라고 요청했다. 상담원이 여러 번 불가능하다고 말했지만 전기는 그날 저녁 연결되었다.

'그렇게 했어야지'라는 표현은 일상에서 끊임없이 등장한다. 특히 상대를 자신의 의도대로 하고 싶을 때 자주 쓰인다. 이런 말을 들은 사람은 자신이 이미 잘못했다고 느끼며 스스로의 무능함을 한탄하게 된다. 이 말을 쓰는 사람들은 당신이 실수에서 무엇을 배웠는지에는 관심이 없다. 당신이 얼마나 미안함을 느끼는지, 얼마나 죄책감을 갖는지만 지켜본다.

'내가 어리석었지', '내가 바보였지'라는 생각이 떠오르는 순간 그들은 손쉽게 당신을 제압할 수 있다. "미안하네요. 내가 도울 수 있는 게 없어요. 그때 그렇게 했어야죠." 이 말을 받아들이면 당신은 이미 함정 안에 있다. 설령 고의가 아니더라도 그 말은 당신의 무의식에 죄책감을 새겨 넣는다. 죄책감을 느끼는 사람에게 벌을 주는 일은 언제나 쉽다. '했어야지'라는 표현은 바로 그런 감정을 자극하도록 설계된 말이다.

사실 '그렇게 했어야지'라는 말은 우리가 어릴 적부터 반복적으로 들어온 말이다. 잘못을 인식하고 일정한 기준에 따라 행동하도록 만드는 교육의 방식이기도 했다. "데니스, 그걸 아침에 말했어야지. 지하실에 토끼장을 만들겠다고? 안 돼. 거긴 이제 막 청소했단다." 하지만 아버지가 그 말을 하기 전까지 데니스가 그 사실을 알 수 있었을까? 이런 말은 언제나 논리적으로 대화하기 어렵게 만든다. 어른들은 이런 전술을 쓸 때 종종 화를 내거나 위압적인 태도를 보인다. 상대가 위축될수록 자신의 말이 더 잘 먹히기 때문이다.

'그렇게 했어야지'라는 함정을 피하려면 지금 할 수 있는 일, 즉 현실적인 대안에 집중해야 한다. 과거를 후회하느라 스스로를 묶지 말고 대화를 현재로 끌어오라. "그렇게 했어야지라니요? 시간을 되돌릴 수는 없잖아요. 그보다 지금 당장 무엇을 할 수 있을지 이야기합시다." 아더가 전기 설치를 성공시킨 것처럼 "오늘 전기가 꼭 들어와야 하는데 담당자는 계속 수요일 얘기만 합니다"라고 말하는 것이다. 말이 통하는 사람과 이야기하라. 그것이 최선이다.

● 죄책감을 가장 경계하라

○ "누구도 나를 위해 이미 지나간 시간을 되돌리는 시계를 만들 수는 없다." 시인 바이런의 이 구절처럼, 지나간 시간에 초점을 맞추는 것은 아무 소용이 없다. 그러나 여전히 과거의 행동을 붙잡아 누군가를 죄책감에 묶어두려는 사람들이 있다. '그렇게 했어야지'는 그중 가장 흔하고 강력한 표현일 뿐이다. 다음은 과거의 행동을 빌미로 상대를 무력화시키는 대표적인 말들이다. 모두 죄책감을 불러일으켜 행동력을 잃게 만든다.

"왜 그런 방식으로 했죠?"

지나간 행동에 대한 설명을 요구하는 말은 대화의 초점을 손쉽게 과거로 옮긴다. 어떤 대답을 하든 비난에서 벗어날 수 없다. 변명을 하면 변명했다고 비난받고, 침묵하면 무책임하다고 공격받는다. 그리고 새로운 '왜'라는 질문만 끝없이 쏟아진다. '왜'라는 단어를 주의하라. 당신이 방어적인 자세를 취할 수밖에 없도록 몰아붙이는 마법 같은 말이다.

"진작 나와 상의를 했어야죠."

이 말은 언뜻 합리적인 조언처럼 들리지만 사실은 뒤늦게 죄책감을 심는 기만적인 표현이다. 사정을 알고 난 후에야 그렇게 말하는 사람은 그때도 같은 조언을 했으리라는 보장이 없다. 그는 단지 지금의 결과를 보고 당신이 감당해야 할 책임을 지적하

　　　모두에게 사랑받을 필요는 없다

고 있을 뿐이다. 이미 끝난 과거를 놓고 벌이는 대화는, 상대가 끊임없이 꾸짖고 당신은 계속 변명하는 과정일 뿐이다.

"하지만 우린 항상 이런 식으로 했잖아."

이 말은 단순해 보이지만 매우 정교하다. 과거의 방식이 '정상'이었음을 강조해 당신이 그 틀에서 벗어났다는 사실을 지적한다. 그렇게 해서 죄책감을 느끼게 만들고 당신의 변화가 타인의 이익을 해쳤다고 암시한다. 과거의 틀을 절대적인 기준으로 삼으면 새로운 시도는 불가능해진다.

"전에는 그렇게 말해놓고 왜 지금 와서 딴소리를 해?"

이 표현은 영원불멸의 논리다. 예전의 말을 들먹이며 당신을 과거에 붙잡아두는 것이다. 세상이 바뀌고 상황이 달라져도 소용없다. 이전과 다른 의견을 내는 순간 당신은 비도덕적이고 신뢰할 수 없는 사람으로 몰린다. 이렇게 죄책감을 자극해 다시 옛날의 태도로 돌아가게 만들려는 것이 목적이다.

"나라면 그렇게 안 했다."

이 말은 논평에 중독된 사람들이 즐겨 쓴다. 당신이 했던 행동을 후회하게 만들고 스스로를 비난하게 한다. "나라면 이렇게 했을 거야." 역시 마찬가지다. 이미 지나간 일에 대안을 제시하며 당신의 판단을 깎아내린다. 시간이 흘러버린 지금 그런 비교는 아무런 의미가 없다.

"어제도 이런 경우가 있었어요."

서비스업에서 흔한 말이다. 다른 사람들도 이렇게 했으니 당신도 받아들이라는 암묵적인 압박이다. 그들은 전날에도 "어제도"라고 말하며 누군가를 희생양으로 삼았을지 모른다.

"누구 잘못이죠?"

이미 지나간 일을 되짚으며 관련된 사람들을 질책하고 그들이 건설적인 행동에 초점을 맞추지 못하도록 하는 전략이다. 피해 보상이 목적이 아니라면 쓸모없는 절차다. 제이크의 잘못이 40퍼센트, 마이클이 35퍼센트, 나머지 사람이 25퍼센트라고 잘못을 할당해봐야 달라지는 것은 없다. 과거의 잘못을 비율로 나누는 대신 앞으로 무엇을 바꿀 수 있을지 고민해야 한다.

가족이나 친척들은 자신이 원하는 방향으로 당신을 유도하기 위해 이런 표현을 쓴다. 상인은 별다른 이의제기를 받지 않고 물건을 팔려고, 점원이나 상담원은 회사의 경비 지출을 줄이려고 이런 화법을 쓴다. 그들의 목적은 하나다. 현재의 문제를 논리적으로 풀지 못하게 만들고 당신을 심리적으로 제압하는 것. 그러므로 이런 말을 듣게 된다면 그것이 단순한 조언인지 아니면 당신을 불리한 위치에 두려는 언어인지 구별해야 한다.

이제 다음의 문장들을 기억하라. 사람을 무력하게 만드는 말이 있는가 하면 현실적인 해결책으로 이끄는 말도 있다. 죄책감을 유발하는 표현이 아닌, 건설적으로 행동하게 만드는 말을 선

　　　모두에게 사랑받을 필요는 없다

택하라.

삶의 방해자들이 쓰는 표현	건설적인 표현
왜 그런 식으로 했죠?	그래서 뭘 배울 수 있었나요?
진작 나랑 상의를 했어야지.	다음엔 나랑 먼저 상의하면 더 좋은 결과가 있을 거야.
우린 늘 이런 식으로 해왔어.	다른 방식은 없을까?
어제는 그렇게 말하더니 오늘은?	아직 이해가 잘 안 돼.
나라면 그렇게 안 했다.	무엇이 잘못되었는지 알았으니 다시 실수하지 않겠지.
회사 방침상 어쩔 수 없습니다.	무엇을 도와드릴까요?
누구 잘못이지?	다음에는 어떻게 해야 이런 실수를 피할 수 있을까?

몇 년 전, 나의 내담자 샘은 전화 판매원을 통해 지방자치단체의 채권을 구입했다. 약속된 날짜에 배송될 예정이었지만 채권은 일주일이나 늦게 도착했다. 샘은 매입을 취소하기로 했다. 거액의 수수료를 잃게 생긴 판매원은 "채권이 제때 도착하지 않았을 때 전화를 했어야죠. 이미 수령한 후에는 취소가 불가능합니다"라고 말했다. "그때 전화를 하셨어야죠." 그는 이 말을 되풀이했다. 그러자 샘은 차분하게 대답했다. "그걸 제가 알려야 하나요? 그럼 당신이 약속 시간에 늦게 도착하면 제가 당신한테 전화해야 할 책임이 있습니까?" 그 말에 판매원은 더 이상 항변하지 못하

고 취소를 받아들였다.

● 지금의 나를 책임져라

○ 　누군가는 과거를 이용해 당신을 휘두르려 하고, 또 누군가는 스스로 과거에 갇혀 현재를 잃는다. 문제는 대부분의 사람들이 후자에 속한다는 점이다. 많은 이들이 과거의 기억과 판단에 의지해 오늘을 살아가며 그 때문에 새로운 시도를 두려워한다. 과거라는 함정에 빠졌다고 느낀다면 더 이상 그 안으로 들어가지 말라. 지금 이 순간부터 새롭게 시작하라.

　조앤은 신경쇠약과 불안감으로 고통받던 내담자였다. 그녀는 단 하루도 긴장 없이 지낸 적이 없다고 했다. 모든 원인은 부모님에게 있다고 말했다. "두 분은 어떤 자유도 주지 않았어요. 항상 저를 감시했죠. 그래서 이렇게 신경쇠약이 된 거예요." 그러나 그때 조앤의 나이는 51세였고, 부모님은 이미 세상을 떠난 지 오래였다. 그녀는 여전히 35년 전의 일을 붙잡고 살고 있었다. 상담의 목표는 바꿀 수 없는 과거로부터 그녀를 해방시키는 것이었다.

　이미 세상에 없는 부모를 미워하며 사는 일은 무의미하다. 조앤은 이 단순한 사실을 깨닫기 시작했다. 과거의 억압을 붙들고 자신을 괴롭히는 건 결국 자신이라는 사실을 인식한 것이다. 그녀는 '그때 더 독립적으로 살겠다고 결심했더라면 지금과는 달라졌을 것'이라는 사실을 깨달으며 비로소 선택의 힘을 믿게 되

　　모두에게 사랑받을 필요는 없다

었다. 지금껏 불안하게 살아온 이유는 불행했던 과거를 계속 짊어지고 있었기 때문이었다. 조앤은 과거와의 단절을 선택하면서 처음으로 평온함을 되찾았다.

분명히 해둘 점이 있다. 현재의 기분과 행동, 실패를 다른 누군가의 탓으로 돌릴 수는 없다. 여기서 벗어나지 않으면 같은 실수를 반복한다. 지금의 모습을 부모 탓, 어린 시절 탓으로 돌린다면 당신의 현재는 계속 제자리일 것이다. 이 말을 가슴속에 새겨라. "과거의 실수는 끝났고, 나는 지금의 나로서 새롭게 시작한다." 오늘은 언제나 새로운 경험이다. 불쾌했던 과거의 기억을 끌어안지 않아야 지금 이 순간을 즐거운 경험으로 만들 수 있다.

사실 부모의 문제는 단순하다. 그들은 자신이 아는 방식으로 행동했을 뿐이다. 아버지가 알코올중독이었거나, 어머니가 돌보지 않았거나, 혹은 지나치게 간섭했다면 그때 그들은 그것밖에 할 수 없었던 것이다. 어린 시절의 불행은 시간이 지날수록 과장되는 경향이 있다. 사실 아이들은 영양실조가 아닌 한 잘 자라게 된다. 그날 하루가 불편했다고 투덜거리지도 않고 부모를 원망하지도 않는다. 심각한 상황이 아니라면 대부분 스스로 회복한다. 모두 자기 가족을 잘 받아들이고 매일의 삶을 있는 그대로 살아간다. 그들의 세계는 세상에 대한 호기심과 놀이의 즐거움으로 가득 차 있다.

하지만 어른들은 다르다. 과거를 분석하고 모욕적인 경험을 되새기며 이미 지나간 일을 반복해서 곱씹는다. 그러나 그 일들은 다시 일어나지 않는다. 나는 상담을 진행할 때 내담자들에게 자신의 상황을 가장 잘 설명하는 문장을 고르게 한다. 그들이 오늘의 자신이 왜 이렇게 되었는지 묻도록 하기 위해서다. 대부분의 사람은 가족의 영향으로 지금의 자신이 형성되었다고 믿었다.

그들의 답변을 모아보면 흥미롭다. 어떤 사람은 '부모님이 무책임했다', '형제 중 장남이었다', '자유가 없었다'를 선택했고, 또 다른 사람은 '부모님이 과잉보호했다', '외동이었다', '너무 자유롭게 자랐다'를 골랐다. 한 사람의 결핍이 다른 사람에게는 부러움이 된 셈이다. 여기서 중요한 건 가진 것에 감사하자는 게 아니다. 과거가 지금의 힘듦을 만들었다는 걸 확신할 수 없다는 것이다.

무엇을 선택하든 과거를 정확히 해석할 수 있다고 믿는 건 착각이다. 당신이 기억하는 과거가 100퍼센트 진실일 가능성은 거의 없다. 내면의 성찰이 과거를 변화시키지는 못한다. 과거를 분석한다고 현재가 바뀌는 것도 아니다. 위대한 사상가들이 과거에서 가져오는 것은 교훈과 경험만이다. 그들은 더 나은 미래를 위해 과거의 경험을 재료로 삼을 뿐, 그곳에 머물지 않는다.

셰익스피어는 여러 작품에서 과거에 매몰되어 있는 어리석음을 많이 풍자했다. 한 작품에선 다음과 같이 탄식했다. "지나간 것은 어쩔 수 없는 바, 슬퍼한들 이미 엎질러진 물." 또 다른 작품에선 이렇게 말했다. "이미 사라진 일은 해결책까지 함께 사라졌으니 생각해 본들 어쩌겠는가."

망각의 기술은 살아가는 데 필수적이다. 끔찍한 기억은 잊어야 하고, 되풀이할 가치도 없다. 기억의 주인은 당신이다. 자신을 갉아먹는 기억을 놓아버려라. 그때의 사람들도 그저 그렇게 행동할 수밖에 없었던 존재였을 뿐이다. 그들을 미움 속에 가두지 말고 그들의 방식대로 살지 않으면 된다. 그리고 가능하다면 용서하라.

용서하지 못하면 괴로움은 당신의 몫이 된다. 그리고 미래로 나아가지 못한 채 자학하게 된다. 잊을 수는 없어도 용서할 수 있다면 당신은 고통 속에서도 성장하는 사람이다. 현재에 발을 딛고 서라. 당신은 과거의 상처를 넘어 지금 이 순간을 충만하게 살아갈 수 있다. 과거는 당신을 지배하지 않는다.

● 과거에 얽매이지 않는 14가지 방법

○ 과거가 당신을 끌어당기려 할 때를 대비해 스스로에게 경고등을 켜두어라. 미리 알아차린다면 늪에 빠지기 전에 한 걸음 물러설 수 있다. 상황을 인식하는 것만으로도 단단한 태도가 생기며 그 힘이 당신을 안전한 곳으로 이끈다. 다음은 과거의 수렁으로 끌어들이려는 사람들과 마주할 때 도움이 되는 방법들이다.

1. 분명하게 거절하라

누군가 "그 일은 원래 이런 방식으로 해야 한다"고 말하거나 "다른 사람들은 이렇게 했다"고 말한다면 그들의 의도는 단순하다. 당신을 자신들의 틀 안에 가두려는 것이다. 그럴 때는 딱 잘라 말하라. "지금은 그런 방식에 관심이 없습니다." 그 한마디면 충분하다. 혹시 다시 같은 말을 꺼낸다면 이렇게 덧붙여라. "저는 지금 제가 할 수 있는 일에 집중하고 싶습니다." 단호한 태도는 불필요한 논쟁보다 훨씬 강하다.

2. 행동으로 보여라

"그때 그렇게 했어야지" 혹은 "지난주에라도 말했으면 됐잖아" 같은 말로 과거의 일을 반복해서 들먹이는 사람은 대개 당신의 이야기를 들을 준비가 되어 있지 않다. 그런 상대와는 굳이 설득하려 하지 말고 조금 거리를 두어라. 말보다 행동으로 '이 이야기는 이미 끝났다'는 뜻을 전하라. 더 이상 머물고 싶지 않다는 태도를 행동으로 보여주는 것이 가장 분명한 메시지다.

3. 과거형 언어를 경계하라

대화에서 과거를 끌어오는 습관을 버려라. 과거를 잣대로 남을 평가하거나 가르치려 하지 말라. "왜 그랬어?" 같은 말은 자신에게도, 타인에게도 도움이 되지 않는다. 특히 친구나 동료에게 이런 말을 자주 한다면 관계가 좋아지기 어렵다. 그런 말은 결국 돌아와 "사돈 남 말하네"처럼 당신을 겨누게 된다.

4. 유연하게 맞받아쳐라

누군가 "그때 그렇게 했어야지"라고 말한다면 이렇게 답해보라. "시간을 거꾸로 돌릴 수 있다면 그렇게 하겠죠. 하지만 그건 불가능하잖아요." 이 한마디면 충분히 신호를 보낼 수 있다. 혹은

 모두에게 사랑받을 필요는 없다

이렇게 받아쳐도 좋다. "맞아요. 그렇게 했으면 좋았을 거예요. 그런데 그때 그렇게 말해주셨으면 더 좋았겠네요." 이렇게 응수하면 오히려 책임의 무게가 상대 쪽으로 옮겨간다.

5. 공을 다시 넘겨라

누군가 왜 그런 식으로 일을 처리했는지 묻는다면 최대한 짧게 답하라. 상대가 당신의 판단을 틀렸다고 해도 굳이 길게 설명할 필요는 없다. 중요한 건 '왜 그랬는지'를 정리하는 것이지 자신을 정당화하는 게 아니다. 필요하다면 이렇게 말하라. "제 설명이 마음에 들지 않으신가요? 그럼 당신은 제가 왜 그렇게 했다고 생각하세요?" 이런 식으로 공을 넘기면 그들이 흔히 쓰는 함정에 빠지지 않는다.

6. 상대의 감정에 초점을 맞춰라

과거를 들먹이며 당신을 흔들려는 사람은 대개 속상한 기색을 은근히 드러낸다. 그때 그들의 기분에 휘둘리지 말고 감정을 명확히 짚어줘라. "많이 실망하셨죠?", "화가 나셨군요"처럼 현재의 감정을 인정해 주는 것이다. 감정에 초점을 맞추면 상대는 과거 이야기를 이어갈 힘을 잃는다. 상대의 감정을 다독이되, 그게 당신의 책임은 아니라는 점을 잊지 말라.

7. 변명하지 말고 인정하라

당신이 정말 경솔했고 잘못했다는 생각이 든다면 변명하

지 말고 인정하라. "당신 말이 맞아요. 다음에는 그런 어리석은 행동은 하지 않겠어요." 과거를 되풀이하며 자기 자신을 방어하기보다, 잘못을 인정하고 그 경험에서 무엇을 배웠는지 말하는 편이 훨씬 현명하다.

8. 가까운 사람은 다르게 대하라

배우자나 가까운 친구가 과거의 일로 여전히 힘들어한다면, 그리고 이미 그 이야기를 여러 번 나누었다면 이제는 그들의 감정에 초점을 맞춰야 한다. "어떻게 나한테 그럴 수 있었어?", "그건 정말 잘못된 행동이었잖아." 같은 말을 반복할 때 변명을 하면 그들의 상처만 더 깊어진다. 대신 따뜻한 미소를 짓거나 가볍게 어깨를 두드리는 제스처로 마음을 전하라. 그리고 잠시 자리를 비워라. 다정한 몸짓과 짧은 거리두기로도 충분히 의사를 전달할 수 있다. 여전히 곁에 있고 싶지만 과거를 되풀이하며 서로를 다치게 하고 싶지는 않다는 메시지다.

9. 주변에 자신의 뜻을 알려라

끝없이 지난 날을 되풀이하기보다 경험을 통해 배우겠다고 다짐하라. 그리고 그 결심을 가까운 사람들과 나누어라. "이미 끝난 일을 다시 들춰서 서로를 괴롭히지 말고, 앞으로 어떻게 나아갈지 이야기하자. 필요한 경우엔 가볍게 짚는 선에서 멈추자." 이렇게 기본 규칙을 정해두는 것이다. 배우자나 친구와는 신호를 정해둘 수도 있다. 예를 들어 지난 이야기를 꺼낼 기미가 보이면

　　　모두에게 사랑받을 필요는 없다

귀를 살짝 잡는 식으로 '그 얘기는 이제 그만하자'는 뜻을 비언어적으로 전하는 식이다.

10. 꼰대의 태도를 차단하라

누군가 "우리 때는 말이야"라며 옛이야기를 꺼내거나 젊은 시절의 경험을 기준으로 끝없는 조언을 늘어놓는다면 이렇게 말하라. "그동안 많은 경험을 하셨겠어요. 하지만 그때 통했던 방식이 지금의 저에게도 통한다고는 확신할 수 없어요." 이 짧은 말만으로도 충분하다. 당신이 자신의 방식으로 살겠다는 의지를 보여주면 더 이상 그들은 당신을 흔들지 못한다.

11. 현재에 집중하라

머릿속에 너무 많은 기억을 쌓아두고 반복해서 떠올리지 마라. 과거의 장면을 되풀이하느라 현재를 놓치지 마라. 기억하는 일 자체가 나쁜 것은 아니지만, 아름다운 풍경을 감상하며 운전하는 사람에게 끊임없이 말을 거는 뒷좌석 승객처럼 기억은 때때로 방해가 된다. 미국 작가 프란시스 듀리비지는 이렇게 말했다. "어른들은 기억하는 법을 가르치지만 잊는 법을 가르치지는 않는다. 그러나 살면서 기억이 축복인 동시에 저주라는 사실을 모르는 사람은 없다."

12. 불평을 멈춰라

앞서 말했듯 바꿀 수 없는 일에 대해서는 불평하지 마라.

무심코 내뱉는 불평이나 의미 없는 대화는 스스로를 희생자로 만든다. 필요하다면 말습관을 기록하라. 언제, 어떤 상황에서 불평이 나오는지를 체크리스트로 만들어 확인하는 것이다.

13. 용서하라

과거에 당신을 아프게 했던 사람들을 용서하라. 복수심과 원한을 붙잡으면 상처받는 쪽은 나 자신이다. 가능하다면 대화를 피하지 말고 새로운 관계를 시작하라. 오래된 감정을 그대로 묵히면 새로운 경험을 받아들일 수 없다. 누구나 한두 번은 실수한다. 그들의 행동 때문에 계속 괴롭다면 그들이 여전히 당신의 마음을 지배하고 있는 것이다. 용서하는 것은 상대를 위한 일이 아니라 나를 자유롭게 하는 일이다.

14. 사람들과 어울려라

확고하고 단단한 태도를 지닌 채 가능한 한 많은 사람과 교류하라. 감정을 나누고 새로운 경험을 쌓아라. 사람을 만날 때 감정 소모가 심하다면 바꿀 수 없는 일에 대해서는 논쟁하지 않겠다는 다짐을 그들에게 설명하라. 상처받을 위험을 감수하며 성장할 것인지, 아니면 계속 과거의 그림자 속에 머물 것인지는 당신의 선택에 달렸다.

우리가 기억해야 할 마음가짐

우리는 놀라울 만큼 많은 기억을 간직할 수 있다.

이는 많은 면에서 축복이지만,

되돌릴 수 없는 기억을 붙잡고

자신을 괴롭힐 때는 저주가 된다.

우리의 마음은 스스로의 것이다.

우리에겐 스스로를 희생자로 만드는

불필요한 기억을 밀어낼 힘이 있다.

분명한 태도와 선명한 경계로 자신을 지켜라.

그러면 그 누구도 당신의 과거를

무기 삼아 흔들 수 없다.

4장

비교는
인생을
낭비한다

Pulling Your Own Strings

비교라는 올림픽에서는
누구도 금메달을 손에 쥘 수 없다.

본격적으로 4장을 시작하기 전에 다음 항목을 살펴보자. 자신에게 해당하는 부분에 체크하면 된다.

- ☐ 매력적인 사람을 보면 닮고 싶다는 생각을 자주 한다.
- ☐ 시험을 치른 후 다른 사람의 결과가 항상 궁금하다.
- ☐ 다른 사람이 하지 않으면 자신도 할 수 없다고 말한다.
- ☐ 스스로를 설명할 때 '평범하다', '평균적이다'라는 표현을 쓴다.
- ☐ 다들 이렇게 한다는 말에 쉽게 설득된다.
- ☐ 옷을 고르기 전에 다른 사람의 스타일을 먼저 확인한다.
- ☐ 타인의 성취를 기준 삼아 자신의 목표를 세운다.
- ☐ 누군가에게 "왜 남들처럼 살지 않아?"라고 말한다.

☐ 다른 사람처럼 되기 위해 거기에 맞추려고 노력한다.

☐ 남의 성취에 질투심을 자주 느낀다.

　이 중 하나라도 해당된다면 당신은 우리 사회에서 가장 흔한 문제를 안고 있는 사람이다. 타인과의 비교를 통해 내가 어떻게 살아갈지 결정하는 태도는 현대인의 고질병이다.

　자신감이 있는 사람은 선택의 기준을 자신 안에서 찾는다. 반면 자존감이 낮은 사람은 타인과의 비교라는 외부 기준에 의존한다. 물론 비교는 누구에게나 자연스러운 일이다. 사람을 줄 세우는 것만큼 쉬운 일도 없으니 말이다. 그래도 우리는 자유롭게 살기 위해 비교라는 함정에서 벗어나야 한다.

　비교에서 벗어나기 위해서는 자신에 대한 확고한 신념이 필요하다. 생활 속 작은 일 하나에도 그 신념이 스며들어야 한다. 그리고 이 장에서 다룰 전략을 연습해야 한다. 하지만 명심하라. 아예 다른 사람처럼 바뀌는 것은 불가능하다. 당신은 세상에서 단 하나뿐인 존재이며 남과 똑같이 변해야 할 이유는 없다. 사상가 랄프 왈도 에머슨은 저서 《자기신뢰》에서 이렇게 말했다.

　인간이 되고자 한다면 자기만의 신념을 지킬 줄 알아야 한다. 불멸의 업적을 달성하려는 자만이 진리의 이름으로 가로막히지 않으며 스스로 진리를 탐구한다. 결국 인간의 진실성 외에 신성한 것은 어디에도 없다.

　　　　모두에게 사랑받을 필요는 없다

에머슨은 매우 강하게 표현했지만 사람들에게 호소력 있게 전달되지는 않을 것이다. 사회 구성원들과 비슷하게 행동하려는 대다수의 사람은 자신만의 신념으로 세상을 살아갈 용기가 부족하다. 그가 말하는 '신념을 지킨다'는 것은 고집스럽게 자기 이익만을 추구하라는 뜻이 아니다. 진정한 자기신뢰란 내가 누구인지 직시하고 내가 진정으로 원하는 것이 무엇인지 깊이 응시하는 일이다. 그리고 타인과의 비교가 얼마나 많은 불행과 삶의 부조리를 낳는지 깨닫는 것이다.

당신을 통제하려는 사람들, 남들처럼 같아지길 요구하는 사람들은 다른 사람이 어떻게 해왔는지 끊임없이 당신에게 환기시킬 것이다. 그러나 자신이 원하는 삶을 살고 싶다면, 그들의 유혹을 거절하라. 삶이 타인의 기대에 따라 흘러가도록 내버려두지 마라. 자신의 내면에서 나온 기준만이 진짜 나를 지켜줄 수 있다.

● 정상, 평균, 표준의 이면

○ 비교의 함정에 빠지지 않으려면 '나는 세상에서 유일한 존재'라는 사실을 먼저 깨달아야 한다. 고대의 격언은 이렇게 말한다. "내가 가는 곳이 어디든 나는 나다." 마음속 깊은 곳에 자리한 생각과 욕망, 감정이 당신의 것과 완전히 똑같은 사람은 세상 어디에도 없다. 이 사실을 받아들인다면, 왜 다른 사람의 사례를 자신의 기준으로 삼는 것이 우스꽝스러운 일인지 자연스럽게 알 수

있다.

각기 다른 개성을 지닌 사람들이 모여 인류라는 집단을 이룬다. 그러나 '너무 다름'은 종종 집단의 위협으로 여겨진다. 역사를 돌아보면 자신만의 독특함으로 위대함을 만든 인물들이 있다. 세상은 그들을 존경하지만 예수, 소크라테스, 간디, 토머스 무어, 헨리 트루먼, 윈스턴 처칠 같은 위대한 인물들조차 당대에는 독특하다는 이유로 비난을 받았다. 그들의 개성이 사회에 위협이 되지 않게 된 훗날에야 비로소 재평가되었을 뿐이다.

학교는 '정상 분포곡선' 같은 기준을 통해 학생들을 적합한 사람과 부적합한 사람으로 구분한다. 이뿐만 아니라 '평균'이라는 단어를 신성시하며 사람을 평균에 근접하게 만들려는 평가 도구들이 사회 곳곳에 존재한다. 생화학자 프레드릭 크레인은 이를 두고 "평범한 사람들은 획일과 표준에서 안정감을 찾는다"라고 꼬집었다.

이런 압박과 암시가 끊임없이 이어지면서 대부분의 사람은 비슷하게 생각하고 행동하려 한다. 그러나 우리는 결코 다른 사람들과 똑같아질 필요가 없다. 그렇게 살아가더라도 여전히 나 자신은 독특한 사고와 감정으로 세상을 살아가는 단 하나의 존재임을 자각해야 한다. 외적 기준으로 인간을 통제하려는 사회와 그 힘에 지배당하는 구조를 파악한다면 그 영향에서 벗어나는 일도 가능해진다.

 모두에게 사랑받을 필요는 없다

● 외로움과 친해진다는 것

○ 　자신이 세상에서 유일한 존재임을 자각했다면 외로운 존재라는 사실도 받아들여야 한다. 인간은 필연적으로 외롭다. 많은 사람에게 둘러싸여 있거나 사랑하는 사람과 함께 있어도 나와 똑같이 생각하고 느끼는 사람은 없다. '존재론적 외로움'은 여기에서 비롯된다.

　　존재론적 외로움을 인식하면 무한한 자유를 누릴 수도 있고, 반대로 깊은 고독감 속에서 헤어 나오지 못할 수도 있다. 무엇을 택하든 우리가 고독한 존재라는 사실은 바뀌지 않는다. 내가 수많은 내담자들에게 이 사실을 자각하게 하고 자유를 느끼도록 도왔던 것처럼 당신 역시 자유로운 존재가 될 수 있다.

　　몇 년 전, 나를 찾아온 내담자 랄프의 사례가 있다. 한 회사의 간부로 재직 중이던 그는 마흔여섯이 되던 해 갑작스러운 존재론적 외로움에 부딪혔다. 어느 날 저녁, 거실에서 아내가 신문을 읽는 모습을 바라보던 그는 문득 자신이 완전히 혼자라는 생각에 사로잡혔다. 스물네 해를 함께한 아내가 자신을 전혀 모르고 있다는 쓸쓸함이 밀려왔고 앞으로도 이해받을 수 없을 것이라는 비관이 그를 덮쳤다.

　　랄프는 상담을 받는 것 외에 다른 대안을 찾을 수 없었다. 처음에는 이혼이나 별거를 고려했지만 상담을 거듭하면서 인간 존재의 근본적인 한계를 받아들이기 시작했다. 존재론적 외로움을 이전과 다른 시선으로 바라보게 되었고 그것이 진정한 자유로

가는 첫걸음임을 깨달았다. 그는 아내가 자신의 내면을 완전히 이해해 주길 바라는 마음이 터무니없는 기대였음을 인정했고 아내 역시 자신이 온전히 이해할 수 없는 외로운 존재라는 사실을 깨달았다. 이 통찰 이후 그는 지독한 외로움과 허무에서 벗어날 수 있었다.

아무도 자신을 완전히 이해할 수 없다고 느끼는 순간 존재론적 외로움은 재앙이 될 수도 있다. 랄프 역시 그런 허무에 빠졌다. 하지만 인간은 근본적으로 '함께 있는 낯선 존재'다. 많은 것을 공유하며 가까워질 수는 있지만 완전히 이해할 수는 없다. 우리는 타인의 겉모습만 볼 뿐 내면의 깊은 곳까지는 닿을 수 없다. 인간으로 태어난 이상 자신의 내면에 들어갈 수 있는 사람은 오직 자신뿐이다.

존재론적 외로움에 대한 각성은 불행의 씨앗이 될 수도 있고 자유의 출발점이 될 수도 있다. 자기 삶의 기준을 타인에게서 찾으려 했다면 19세기 노르웨이 극작가 헨리크 입센의 말을 떠올려라. "세상에서 가장 강한 인간은 언제나 홀로 서 있는 사람이다." 이 말을 반사회적 혹은 이기적인 태도로 해석할 수도 있고 인간의 실존을 가리키는 말로 해석할 수도 있다. 하지만 인류에게 강한 영향을 끼친 사람들은 다른 사람이 말한 대로 행동하지 않고 자기 내면의 목소리에 충실했다. 진정한 강자는 자신의 확신을 남에게 강요하는 사람이 아니라 그 확신에 스스로 의지하는 사람이다.

랄프는 거실에서 느낀 그 순간을 인생에서 가장 중요한 깨

     모두에게 사랑받을 필요는 없다

달음으로 여겼다. 아내와 아이들에게 자신의 감정을 이해받고 싶다는 기대에서 벗어나자 한층 더 긍정적인 사람이 되었기 때문이다. 그는 말했다. "세상에 완전히 고립된 섬 같은 인간은 없다고 믿어요. 하지만 인간은 내적으로 모두 섬 같은 존재라고 생각해요. 우리와 다른 인간을 보았을 때 마음의 장벽을 세우는 사람이 아니라 서로를 연결하는 다리를 짓는 그런 존재라고 생각합니다."

● 내 값은 내가 매겨라

○   인간은 자기 비교의 함정에 쉽게 빠진다. 자기 비교는 보편적인 마음의 문제이며 확고한 신념을 가진 소수를 제외하면 대부분의 사람이 이 덫에 걸린다. 사회는 늘 주위를 둘러보라고 가르치기에 우리는 언제나 타인을 관찰하며 판단의 근거를 찾는다. 내가 얼마나 똑똑한지, 얼마나 안정된 삶을 사는지, 또 얼마나 매력 있고 행복하며 성공적인지도 주변을 둘러보고 자신이 저울의 눈금 어디에 있는지 파악한 후에 알게 된다.

보편적인 기준 외에 자신을 평가할 다른 방법이 있다는 사실을 우리는 모른다. 우리는 자기 평가의 가장 중요한 바로미터를 무시하고 있다. 그것은 바로 삶에 대한 스스로의 만족감이다. 자기 평가를 위해 자신 이외의 것을 바라볼 필요가 없다. 당신이 똑똑한지 어떻게 알 수 있을까? 당신이 지금처럼 인식하고 말하며 원하는 바를 위해 행동하기 때문이다. 당신은 매력적인가? 자신을 기준으로 삼으면 매력적이다. 그것이 나를 위해서도 더 나은 선택이다. 누군가가 설정한 기준을 받아들이는 순간 우리는 희생자로 전락한다.

자기 비교의 덫은 치명적이다. 평가 기준을 바깥에서 가져오면 그것은 우리를 통제하지만 반대로 우리는 그것을 통제할 수 없다. 이 함정에 빠지면 마음의 평정이 무너지고 타인의 평가에 흔들리게 된다. 자기 비교는 달콤한 유혹이다. 혼자서 해나갈 때의 어려움을 잊게 만들고 남과 비슷할수록 사회로부터 표면적인 인정을 받기 때문이다.

그러나 이런 방식으로 살면 잃는 것이 더 많다. 당신에게 무언가를 새롭게 시도하고 싶은 욕망이 있다고 하자. 색다른 옷차림을 해보고 싶거나, 나이 차이가 나는 사람과 데이트를 하고 싶거나, 평범함에서 벗어난 선택을 하고 싶을 때, 만약 그렇게 하는 사람이 아무도 없다면 당신은 그 일을 할 수 있을까? 이미 많은 사람이 하고 있는 일이라면 내가 틀렸을지도 모른다는 두려움이 생길 여지가 거의 없다. 하지만 무언가를 결정할 때마다 주변을 살피게 된다면 당신은 이미 자기 비교의 덫에 걸린 것이다.

희생자가 되지 않기 위해 모든 일을 신념대로 하라는 말이 아니다. 강박적으로 신념을 고집하는 사람 역시 사회의 희생자다. 그는 단지 사회 통념에 반대로 움직일 뿐 여전히 그 통념에 얽매여 있다. 요지는 무엇을 결정할 때 주변의 시선이나 평판이 아닌 자기 내면의 상식을 따르라는 뜻이다. 당신은 세상에서 단 하나뿐인 존재이며 진심으로 원하는 일을 하기 위해 다른 사람처럼 살아야 할 이유는 없다.

자기 비교의 미로에서 벗어나려면 누군가와 자신을 비교하려는 순간 그 즉시 멈춰야 한다. 자신을 생각할 때도, 타인과 함께 있을 때도 마찬가지다. '지금 내가 비교하고 있구나'라는 사실을 자각했다면 생각을 중단하라. 그것이 이 습관을 끊을 수 있는 가장 실질적인 방법이다.

● 융통성과 상식을 장착하라

○　자기 비교의 습관에서 벗어나 내면의 기준을 새로 세우는 일은 생각보다 쉽다. 그보다 다른 사람이 당신을 향해 끊임없이 던지는 비교의 화살을 막아내는 일이 훨씬 어렵다.

우리는 누구나 동등한 대우를 받을 권리가 있다. 그러나 '방침'이나 '규정'이라는 이름 아래 부당한 대우를 받을 때 그 의도가 당신을 희생시키려는 것이라면 이에 맞설 수 있어야 한다.

일부 점원들은 비교 전략을 능숙하게 사용한다. 1장에서 보았듯 그들은 고용주의 방침을 고객에게 그대로 적용하며 보수를 받는다. "다른 손님은 아무 불만이 없으시잖아요", "어디나 다 이런 규정이에요." 같은 말이 그 전형적인 예다. 점원들이 비교를 어떻게 무기로 사용하는지 두 가지 사례를 살펴보자. 이 이야기들은 내 지인들의 실제 경험담인데 그들은 이 상황에서 성공적으로 대응했다.

먼저 나의 지인 사라는 식료품점 유리창에 붙은 문구를 보았다. '오렌지 주스 1달러에 3리터.' 착한 가격이라고 생각한 사라는 주스 6리터를 사서 봉투를 두 겹으로 단단하게 포장했다. 그런데 계산대에서 점원이 퉁명스럽게 말했다. "손님, 이중 포장을 하시면 안 돼요. 규정에 어긋납니다." 사라는 자전거를 타고 왔기에 주스를 봉투 하나에 담으면 도중에 쏟아질 수도 있다고 설명했다. 그러나 점원은 "규정은 규정입니다"라는 말을 반복했다.

사라는 가게의 방침과 환경적 이유를 이해했지만 이 상황은 납득할 수 없었다. 그래서 사라는 점원에게 주스 3리터는 한 봉투에, 또 다른 3리터는 다른 봉투에 담으면 그것도 문제가 되냐고 물었다. 점원은 그 경우에는 괜찮다고 했다. 그렇다면 봉투 2장을 사용하는 것은 똑같지 않은가. 그녀는 매니저를 불러 이 불합리함을 지적했고 결국 이중 포장된 주스를 들고 집으로 돌아왔다.

또 다른 지인 존의 이야기다. 그는 어느 해 겨울 한 호텔의 옥외 수영장에서 수영을 하고 있었다. 물을 튀기거나 공을 던지고 놀지 말라는 주의사항이 붙어 있었고, 차가운 공기에 열이 달아나는 것을 막기 위해 수십 개의 플라스틱 공이 물 위에 덮여 있었다. 그런데 몇몇 아이들이 플라스틱 공을 던지고 서로 물을 튀기며 놀기 시작했다.

곧 안전요원이 달려와서 존의 아이라고 생각한 듯 그에게 아이들을 통제해 달라고 요구했다. 자기 아이들이 아니었지만 존은 어찌 되었든 그 규정을 따를 생각이 없었다. "수영장은 아이들

 모두에게 사랑받을 필요는 없다

이 즐겁게 노는 곳입니다. 다른 사람에게 피해가 없다면 굳이 제지할 이유가 없죠. 규정을 강요하고 싶다면 직접 물에 들어가서 하세요." 안전요원은 어이없다는 표정을 지었지만 직접 아이들에게 주의를 줬다.

존은 아이들이 부당하게 규정의 희생양이 되었다고 느꼈다. 그는 매니저에게 가서 호텔의 규정이 지나치게 경직되어 있다고 지적했다. "이런 규정이 계속된다면 나중에라도 우리 가족은 이곳에 오지 않을 겁니다. 혼자여도 다른 호텔을 찾을 거예요." 매니저는 그 자리에서 규정을 폐기했다. 그리고 안전요원에게 "서로 피해를 주지 않는 한 자유롭게 놀 수 있도록 하라"고 지시했다. 고객의 편의를 위해 만든 규정이 오히려 고객을 쫓아내고 있었던 것이다.

당신이 점원이거나 어떤 조직에서 규칙을 집행해야 하는 위치에 있을 수도 있다. 세상에는 예외가 전혀 없는 규칙이란 없다. 분명히 예외적으로 대처하는 것이 합리적임에도 규정만을 고집해야 하는 상황이 생길 수 있다. 그럴 때 사람들은 흔히 이렇게 말한다. "규정대로 안 하면 직장을 잃을 거야." 물론 실제로 불이익이 있을 수도 있다. 하지만 이 말은 역사상 가장 악명 높은 가해자들이 사용하던 변명이기도 하다는 사실을 기억하라.

규정 때문에 누군가를 희생시키는 일이 생긴다면 자신에게 물어야 한다. 왜 나는 내 가치보다 이 규칙을 더 중요하게 여기는가? 규정을 지키되 상식 안에서 유연하게 판단하라. 필요한 경우 눈감아주는 것도 인간적인 선택이다. 그것을 굳이 드러낼 필요는 없다. 규칙 안에서도 사람을 우선할 수 있다. 랄프 왈도 에머슨이 지금까지 살아 있었다면 그는 이 세상의 수많은 비교 장인과 정책 집행자들에게 이렇게 일갈했을 것이다.

모든 자연은 그만의 아름다움이 있다. 그리고 각자에게는 각자의 방법이 있다. 진실한 사람은 결코 규칙을 요구하지 않는다.

에머슨의 논리를 삶에 적용할 수 있다면 규칙을 억지로 강요할 일은 없을 것이다. 점원으로 일하는 사람들은 진실한 사람이 될 수 없다는 뜻으로 이 말을 꺼낸 것이 아니다. 다만 점원이라는 직업은 때때로 사람들을 불편하게 만드는 규정을 지키는 데 필요 이상으로 에너지를 쓰는 경향이 있다. 그게 고의는 아니었을지라도 말이다.

최근 내가 자주 지나가는 학교 앞 교차로에서 교통 정리를 하는 한 남자를 본 적이 있다. 그는 차를 멈춰 세운 뒤 아이들이 안전하게 길을 건너게 돕는 일을 맡고 있었다. 문제는 도로에 차가 한 대도 없고 아이들이 잔뜩 서서 기다리고 있음에도 불구하고, 그는 여전히 통제봉을 흔들며 아이들을 멈춰 세우고 있었다는 점이다. 아이들을 기다리게 하며 도로 중앙에서 차를 세울 수 있는 자신의 '권한'을 과시하고 있던 것이다. 그는 그 상황에서 일종의 통제력을 느끼고 있었다. 어쩌면 그것이 자신의 일상에서 드러낼 수 있는 유일한 영향력이었는지도 모른다.

     모두에게 사랑받을 필요는 없다

작은 행동이지만 '내가 조금은 특별한 사람'이라는 착각이 주는 달콤함은 생각보다 크다. 권한을 통해 존재감을 확인하는 사람들은 기회가 주어질 때마다 그 힘을 행사하고 싶어 한다. 당신이 그런 사람에게 행동이 과하다고 지적하면 그는 이렇게 말할 것이다. "다른 사람은 아무 말도 안 해요. 왜 그렇게 예민하게 굴죠? 아이들의 안전이 싫은가 보네요." 이렇게 책임의 초점을 자신에게서 상대방으로 돌려버리는 사람들은 자신이 하고 있는 행동의 부조리를 의식하지 못한 채, 타인의 감정이나 명분을 이용해 스스로를 정당화한다.

● 나를 패배자로 만드는 말들

○ 다음은 타인에게 초점을 맞춰 사람들을 비교의 늪으로 끌어들이는 말들이다. 이런 말투는 우리의 목표를 흐리게 만들지만, 정작 우리 자신도 일상 속에서 무심코 사용하고 있을 수 있다.

"너는 왜 그 사람처럼 하지 못하니?"

이 말은 듣는 사람에게 열등감을 심어주고 말하는 사람의 기준에 맞추라는 압박을 담고 있다. 특히 상사나 부모처럼 권위를 가진 인물이 이 말을 사용할 때 상대는 쉽게 위축된다. 하지만 사람은 누구나 다르다. 당신이 다른 사람처럼 행동하지 않았다는 이유만으로 잘못된 것은 없다. 이런 말을 들었다고 해서 자기 혐오에 빠질 필요는 없다.

"아무도 불평하지 않는데 왜 너만 그래?"

이 말은 스스로의 권리를 주장하지 못하는 다수의 태도를 기준으로, 당신을 그들과 같은 위치에 두려 할 때 자주 사용된다. 하지만 다른 사람들도 참는다는 이유로 부당함을 감내해야 할 이유는 없다. 다른 사람의 침묵이 당신의 침묵을 정당화하지는 않는다.

"모두 너처럼 행동하면 세상이 어떻게 되겠니?"

이 말은 마치 당신의 행동이 세상의 질서를 흔드는 것처럼 느끼게 만들어 수치심을 불러일으킨다. 물론 모든 사람이 자신의 권리만을 주장할 수는 없다. 그러나 '세상 사람 모두'를 근거로 삼아 개인의 권리를 억누르는 태도야말로 세상을 더 삭막하게 만든다.

"지금 가진 것에 만족할 줄 알아야지."

이 교묘한 말은 비교를 통해 죄책감을 유도한다. "우리 부모 세대는 아무것도 없이 살았다", "제3세계에서 굶주리는 아이들을 생각해 봐라" 같은 말들이 그 뒤를 잇는다. 과거의 빈곤이나 다른 이들의 고통을 끌어와, 정당한 요구를 하는 사람에게 '너는 그럴 자격이 없다'는 죄책감을 씌우는 것이다. 당신이 이 말에 조

 모두에게 사랑받을 필요는 없다

금이라도 죄책감을 가지게 되면, 부모 세대가 갖지 못했고 제3세계 어린이들이 누리지 못하기 때문에 당신 또한 그럴 권리가 없음을 증명한 것이 된다.

"소란 피워서 남부끄럽게 하지 마라."

이 말은 타인의 시선을 빌려 행동을 제지하려는 표현이다. 하지만 그 속에는 말하는 사람 자신이 사회적 통념이나 권위 앞에서 자유롭지 못하다는 불안이 숨어 있다. 특히 젊은 세대가 기존의 기준에 도전하려 할 때 이런 말을 자주 듣는다. 그 결과 자존감이 깎이고, 조용히 따르는 것이 미덕인 양 착각하게 된다.

"왜 너는 형(누나, 동생)처럼 하지 못하니?"

이 말은 가족 안에서 가장 흔한 비교의 언어다. 형제자매 중 한 사람을 모범으로 세워 그처럼 되길 기대하면 아이는 자신만의 개성을 잃고 자존감이 낮은 성인으로 성장한다. 사람은 누구나 서로 다른 성향과 재능을 갖고 태어나며 그 차이는 존중받아야 한다.

"이렇게 안 하는 사람이 어디 있니? 다들 그렇게 살아."

'다들', '모두', '사람이라면' 같은 말은 강력한 암시다. 이런 표현은 당신을 익명의 다수 속에 편입시키며 스스로의 판단 대신 군중의 기준을 따르게 만든다. 그러나 말하는 사람은 그 '모두'가 누구인지 구체적으로 말하지 않는다. 세상에는 같은 방식으로 사는 사람보다 다른 방식으로 사는 사람이 훨씬 많다. 그 사실을 인식하면 남들처럼 사는 일이 얼마나 무의미한지 알게 된다.

"신께서 제게 원하셨습니다."

신과 특별한 연결을 가졌다고 믿는 이들은 종종 자신의 결정을 신의 뜻이라고 포장한다. 1976년 12월 12일 자 《마이애미 헤럴드》에는 이런 기사가 실렸다. 미식축구 뉴욕 제츠 팀의 감독이었던 루 홀츠가 임기를 채우지 않고 사임하며 이렇게 말했다. "프로팀에서 내 뼈를 묻을 수는 없습니다. 신께서 저를 그리 보내신 게 아니니까요." 그는 이후 대학팀 감독으로 자리를 옮겼다. 신의 뜻이라며 이적을 정당화했지만 어쩌면 그는 자신의 결정을 신의 이름으로 미화한 것일지도 모른다. 신이 굳이 그의 팀 선택까지 관여해야 한다면 세상의 더 큰 문제들은 누가 돌보고 있을까?

● 비교를 끊어내는 16가지 방법

○　비교로부터 자신을 보호하려면 지금 처한 상황을 객관적으로 바라보는 일부터 시작해야 한다. 방심하지 마라. 누군가 당신을 비교로 흔들려 할 때 그 시도를 약화시킬 역습을 준비해야 한다. 다음은 그런 순간마다 당신이 스스로의 기준을 지켜낼 수 있도록 돕는 실질적인 방법들이다.

1. 감정적으로 반응하지 마라

누군가 다른 사람을 기준으로 당신을 평가하거나 행동을 강요하려 할 때 잊지 말아야 할 점이 있다. 그들의 비교는 당신의 진짜 가치와는 아무런 상관이 없다는 사실이다. 그런 사람들은 누구를 만나든 똑같이 행동한다. 모욕감과 불쾌함이 올라오더라도 감정적으로 대응하지 말고 이성적으로 거리를 둬라. 그렇게 해야 불필요한 비교에서 자연스럽게 벗어날 수 있다.

2. 질문으로 되돌려라

타인을 예로 들며 원치 않는 일을 시키려 할 때는 이렇게 되물어라. "그 사람 얘기를 왜 저한테 하시죠?", "그분이 그렇게 했다는 게 제 결정과 무슨 상관이 있나요?" 이런 짧은 반문으로도 충분하다. 처음에는 어색할 수 있지만 익숙해지면 훨씬 쉽게 대응할 수 있다. 비교가 통하지 않는다는 걸 느끼는 순간 상대는 그 시도를 멈춘다. 명심하자. 그들이 비교하는 것은 '먹히니까' 하는 것이다. 더 이상 효과가 없으면 비교하지 않는다.

3. 그건 당신 생각이라고 말하라

"샐리처럼 해야 된다고요? 그건 아빠 생각이죠", "다들 그렇게 하고 있다고요? 그건 당신 생각입니다." 이런 말이면 그들의 관점을 그대로 받아들이지 않겠다는 의지를 분명히 전달할 수 있다. 동시에 상대의 말 속에 담긴 의도를 알고 있다는 메시지도 전해진다. "그렇게 생각할 수는 있지만 저는 다르게 생각합니다"

라고 덧붙이면 한층 더 성숙한 인상을 남길 수 있다.

4. 침묵으로 대응하라

모든 시도가 소용없을 때는 침묵이 가장 강력한 메시지가 된다. 아무 반응도 하지 말라. 특히 가족이나 가까운 관계에서 이 전략은 효과적이다. 아무리 비교를 해도 묵묵히 대응하지 않으면 침묵 자체가 이야기를 끝내자는 신호가 된다. 그들은 왜 아무 말도 안 하냐고 되묻겠지만 이렇게 말하라. "비교로는 대화가 되지 않으니까요." 처음엔 불편할지 몰라도 상대 역시 그 의미를 이해하게 될 것이다.

5. 말을 역이용하라

상대의 언어를 그대로 활용해 균형을 맞춰라. 예를 들어 "지난주 손님은 아무 말도 안 했어요"라고 말한다면 이렇게 받아칠 수 있다. "그럼 지난주에 사장님보다 훨씬 친절했던 업체 얘기도 들어보실래요?" 혹은 "형처럼 명문대에 가라고요? 아버지도 삼촌처럼 조금 더 여유로워지시면 좋겠네요." 이런 방식은 유머러스하면서도 분명하게 경계를 세우는 효과가 있다. 그럼 상대는 이 대화가 쉽지 않다는 걸 곧 깨닫게 된다.

6. 선수를 쳐라

상대의 의도나 감정을 먼저 말로 짚어내는 것이다. "지금 저를 그 사람과 비교해서 제 결정을 바꾸게 하고 싶으신 것 같네

　　　모두에게 사랑받을 필요는 없다

요.” 이렇게 차분하게 선수를 치면 상대는 더 이상 비교를 무기로 삼기 어렵다. 대신 현실적이고 솔직한 대화로 전환할 가능성이 높아진다. 명확한 언어는 방어의 도구이자 관계를 건강하게 유지하는 가장 세련된 방법이다.

7. 답이 없을 땐 물러나라

더 이상 대화의 여지가 없다고 판단되면 정중히 물러나라. “다른 손님도 다 그렇게 하셨어요”, “규정상 어쩔 수 없습니다” 같은 말이 반복된다면 대화를 중단하는 게 가장 현명하다. 변호사나 의사, 세무 담당자처럼 전문가라 하더라도 당신이 더 정확히 알고 있고 도움이 되지 않는다면 다른 사람을 찾아라. 무의미한 대화에 머무르는 것은 스스로를 지치게 만들 뿐이다.

8. 나에게 초점을 맞춰라

상대가 당신을 비교로 흔들 때 ‘왜 저 사람은 저런 말을 할까?’라는 생각 대신 ‘나는 지금 무엇을 원하나?’라고 자문자답을 해보라. 시선을 자신에게 돌리면 분노나 모멸감에 휘둘리지 않고, 오히려 원하는 방향으로 나아갈 힘을 되찾을 수 있다.

9. 욕망의 출처를 읽어라

비교를 일삼는 사람들의 속마음을 읽어라. 권위를 인정받고 싶은지, 중요한 사람으로 대접받고 싶은지, 혹은 단순히 체면을 지키려는 건지 살펴보라. 그들의 욕망을 이해하면 상황을 유리하게 이끌 수도 있다. 예를 들어 호텔 매니저나 식당 지배인처럼 직책에 자부심이 강한 사람에게는 "역시 이런 일은 책임 있는 분이 처리할 수 있겠죠"처럼 조금은 추켜세우듯 존중의 표현을 건네보는 것도 도움이 된다. 상대를 먼저 인정하면 더 원만한 결과를 끌어낼 수 있을 것이다.

10. 전략적으로 부탁하라

지속적으로 당신의 삶에 개입하는 사람이 있다면 감정이 아닌 이성의 힘이 강할 때 대화를 해보라. 분노한 상태에서는 어떤 말도 설득력을 얻지 못한다. 차분할 때를 골라 "그런 말이 나를 힘들게 한다"라고 부탁하는 편이 효과적일 때가 있다. 감정을 쏟아내기만 하면 그들의 비교가 정당하게 느껴지게 된다. 때로는 정중하게 부탁하는 말이 현명한 전략이다.

11. 놀랍다는 듯 반응하라

불합리한 비교가 나올 때는 두려움을 숨기고 약간 놀랍다는 듯한 태도로 말하라. "지금 저를 그분과 비교하신 건가요? 저는 그분을 알지도 못하는데요"라거나 짧고 단호하게 "이건 그와는 다른 경우예요"라고 말해도 좋다. 간결한 표현으로 마음의 중심을 잃지 않고 당신을 비교 대상으로 삼으려는 시도를 약화시킬 수 있다.

12. 말보다 행동으로 보여라

말로만 항의하지 말고 필요한 경우에는 행동으로 입장을 표현하라. 무례하거나 공격적일 필요는 없다. 단지 당신이 원하는 방향을 분명히 보여주는 것으로 충분하다. 당신의 의지가 분명할수록 타인은 함부로 기준을 들이대지 못한다.

13. 당신도 방해자가 될 수 있다

나도 누군가와 타인을 비교하는 사람이 될 수 있다는 사실을 잊지 말라. "그 사람처럼 왜 못하니?", "다른 사람은 벌써…" 같은 말은 타인에게 상처를 남긴다. 입 밖으로 나오기 전에 한 번 더 생각하고 멈춰라. 존중은 비교를 대신할 가장 강한 표현이다.

14. 스스로 단단해져라

비교의 말은 한 번으로 끝나지 않는다. 반복될수록 흔들리기 쉽지만 인내하며 중심을 잡아라. 시간이 지나면 당신의 확고한 태도는 결국 상대에게 전해진다. 꾸준히 자신을 단련하는 것이야말로 모든 비교에서 벗어나는 가장 확실한 방법이다.

15. 나의 롤모델은 나 자신이다

우상을 가지지 마라. 저 사람처럼 되고 싶다는 생각을 내려놓아라. 타인의 성취를 존중하는 것은 좋지만, 그들의 길이 곧 당신의 길일 수는 없다. 누군가를 닮고 싶고 흉내 내고 싶어 할수록 자신의 꿈에서 멀어진다. 당신 안에 이미 모범이 있다면 어떤 비교도 더 이상 위협이 되지 않는다. 오직 자신만이 스스로의 길을 비출 등불임을 기억하라.

16. 행복이 최우선이다

이 모든 전략의 목적은 싸움이 아니다. 진정한 목표는 당신의 일상을 더 행복하고 의미 있게 만드는 일이다. 인생은 인간성을 걸고 싸우는 전쟁터가 아니라 삶을 경험하며 자신만의 길을 찾아가는 곳이다. 즐겁게 찾아야 최선을 발견할 수 있다.

긴장을 내려놓고 과정을 즐겨라. 권투 챔피언이 기술을 쓸 때처럼 말이다. 그들은 힘을 과시하지도, 조급하게 달려들지도 않는다. 무리하게 몰아붙일수록 결과는 좋지 않다. 상대의 흐름에 휘말리지 않고 자기 방식대로 경기를 풀어갈수록 결과는 자연스럽게 따라오는 법이다.

:

아인슈타인은 이렇게 말했다.
"위대한 정신은 언제나
평범한 사람들의 격렬한 반대에 부딪힌다."
위대한 일을 이루고 싶다면,
자신만의 정상에 오르고 싶다면
스스로를 처음이자 마지막 스승으로 삼아야 한다.
세상의 소음에 귀를 기울이는 순간
당신의 중심은 흔들리기 시작한다.
사람들은 항상 비교할 것이다.
비교는 타인을 자기 뜻대로 움직이게 하는
가장 익숙하고 쉬운 무기다.
희생당하지 않으려면 그 무기를 거부하라.
비교하는 말들이 더 이상
당신에게 닿지 않게 하라.

5장

이해받으려
하지 마라

Pulling Your Own Strings

사랑하면 무슨 일이든 잘할 수 있다.
억지로 하지 않기 때문이다.

승자라는 사실을 증명하려 하면 결코 이길 수 없다. 이 장에서는 당장 이기는 것보다 묵묵히 실력을 쌓아가는 일이 얼마나 중요한지 다룰 것이다. 다음 항목 중 자신에게 해당하는 문장에 체크해 보자. 내가 주체적이고 균형 잡힌 삶을 살고 있는지 확인할 수 있다.

- ☐ 다른 사람만큼 점수를 받지 못하면 화가 난다.
- ☐ 내가 이룬 성취를 사람들에게 말하고 다닌다.
- ☐ 현실적으로 타당한 상황에서도 거짓말을 하기 어렵다.
- ☐ 어떤 일에서 누군가를 이겼을 때 그 사실을 다른 사람에게 알리는 편이다.
- ☐ 다른 사람의 말이나 행동 때문에 쉽게 화가 난다.
- ☐ 괴로움은 자연스러운 것이고 나는 고생할 팔자라고 생각

한다.

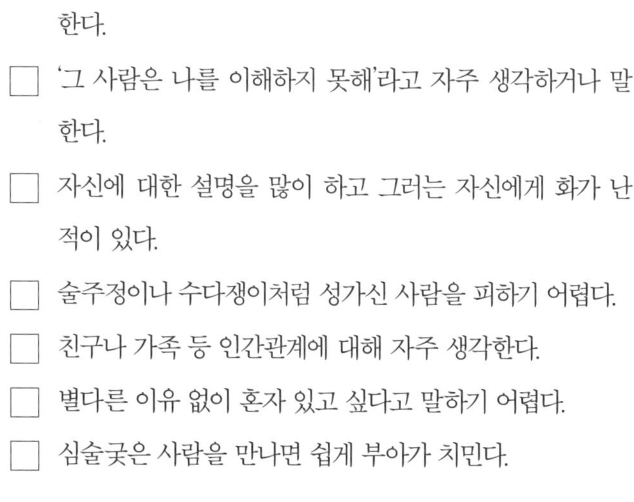

- ☐ '그 사람은 나를 이해하지 못해'라고 자주 생각하거나 말한다.
- ☐ 자신에 대한 설명을 많이 하고 그러는 자신에게 화가 난 적이 있다.
- ☐ 술주정이나 수다쟁이처럼 성가신 사람을 피하기 어렵다.
- ☐ 친구나 가족 등 인간관계에 대해 자주 생각한다.
- ☐ 별다른 이유 없이 혼자 있고 싶다고 말하기 어렵다.
- ☐ 심술궂은 사람을 만나면 쉽게 부아가 치민다.

체크된 항목이 많을수록 당신이 계속 타인의 시선 안에서 자신을 증명하려는 경향이 있음을 의미한다. 다른 사람에게 자신을 과도하게 설명한다는 것은 그들의 이해와 인정을 구하고 있다는 뜻이다. 보여주기 위한 말과 행동으로 스스로의 가치를 증명하려는 태도는 여전히 타인의 판단에 기대어 살아가고 있다는 신호다.

● 인정 욕구를 가장 먼저 버려라

○ 자신의 가치를 높이려면 묵묵히 그리고 꾸준히 역량을 키워야 한다. 여기서 핵심은 '묵묵히'라는 말에 있다.

묵묵히 능력을 쌓는다는 것은 자신이 이룬 일을 굳이 말하지 않아도 된다는 뜻이다. 우리는 종종 자신의 성취를 다른 사람에게 알려 인정받으려 한다. 평가받는 태도에 익숙해지면 당신의 가치는 다른 사람이 당신을 어떻게 인식하느냐에 의해 좌우된다. 누군가 당신의 성취를 인정하지 않거나 폄하할 때 그 평가에 마음이 무너진다면 이미 당신의 기준은 외부에 넘어간 것이다.

묵묵히 역량을 키워가라는 말은 동료에게 자신의 성과를 과시하지 말라는 뜻이기도 하다. 성과를 자랑하면 누군가는 그 성취를 이용하거나 깎아내리려 한다. 묵묵히 나아가는 힘의 핵심은 '내가 내 자신에게 얼마나 만족하는가'에 달려 있다. 자존감이 높은 사람은 자기 존재만으로도 충분한 가치를 느낀다. 하지만 자존감이 떨어질 때는 타인의 평가에 의지하게 된다. 그리고 그로 인해 곤경에 처하게 된다.

이 점은 대릴의 사례에서 잘 드러난다. 그는 회사가 파산하면서 몇 년째 실직 상태인 삼십 대 후반의 명석한 남자였다. 심리상담사를 찾은 이유는 장기 실직으로 인해 자신감마저 크게 상실했기 때문이다. 그는 이렇게 말했다. "이제는 지원서조차 내기가 어렵습니다. 이러다가 영영 직장을 구하지 못할 것 같아 두려워요."

상담이 진행되면서 그의 문제의식이 드러났다. 대릴은 유명인과의 친분을 과시하기를 즐겼고 대화 중에도 늘 거물급 인사의 이름을 언급했다. 업적에 대한 자기 자랑도 심했다. 자랑할 것이 없으면 없는 대로 이야기를 지어냈다. 실직 기간이 길어지며 그는 자긍심을 잃어갔고, 타인의 인정을 통해서만 존재감을 확인하려 했다.

그는 곧 깨닫게 되었다. 스스로의 가치를 성취나 인간관계로만 판단해 왔다는 것을. 타인의 눈에 자기가 중요한 사람으로 비춰지길 바라는 내면적 욕구가 있다는 것을 인정했다. 그러니 회사가 파산하자 자신의 가치도 함께 무너졌다고 믿었던 것이다. 그는 '내가 얼마나 대단한지 봐'라는 마음으로 끊임없이 자신을 증명하려 했지만, 주변에서 느낀 것은 불안과 허세뿐이었다. 유명한 사람의 이름을 거론하며 친분을 과시했지만, 사람들은 그를 점점 멀리했고 가족과의 관계도 소원해졌다.

그는 악순환을 끊기 위해 자랑하는 행위를 의식적으로 자제하기 시작했다. 처음에는 어려웠지만 점차 그 습관이 줄어들자 사람들과의 관계가 훨씬 편안해졌다. 그리고 어느 순간 그는 스스로의 존재만으로도 충분히 가치 있다는 사실을 느낄 수 있었다. 더 이상 자신의 가치를 타인의 인식에 기대지 않게 된 것이다. 진정한 자존감의 회복이었다.

● 자존감의 방패, 고독감

○ 자신감을 키우고 역량을 쌓아가는 동안 모두가 당신의 이야기에 귀 기울일 것이라는 기대는 내려놓아라. 더 많은 고독을

 모두에게 사랑받을 필요는 없다

구하라. 고독은 삶에서 아주 중요한 부분이다. 자신만의 행복을 찾아가는 과정에서 이것만큼 필수적인 자원은 없다. 사람들의 이해를 구하거나, 자신의 감정과 생각을 끊임없이 설명하려 한다면 이미 타인의 시선 속으로 들어간 것이다.

특히 감정은 이해받을 필요가 없다. 고독을 지켜라. 고독은 다른 사람이 당신의 삶에 불필요하게 개입하지 못하도록 하는 방어막이다. 은둔하거나 외톨이로 살아가라는 뜻이 아니다. 자신의 사생활을 지키기 위해 어디까지가 타인이 넘을 수 없는 영역인지를 스스로 명확히 인식하라는 말이다. 그 경계를 인식할 때 타인의 간섭에서 당신은 훨씬 자유로워진다. 19세기 사상가 헨리 데이비드 소로는 월든 호수에서 2년을 홀로 살며 고독에 대해 이렇게 말했다.

사람들이 자주 물었다. "거기 혼자 있으면 외롭잖아요. 사람들과 함께 있는 것이 낫지 않을까요?" 그러면 나는 대답했다. "왜 내가 외로움을 느낀다고 생각하죠? 은하수 아래의 지구도 혼자일 뿐입니다. 혼자 있는 것만큼 유익한 것은 없습니다. 가장 친한 친구와 함께 있어도 곧 지루해지고 시간을 낭비하게 됩니다. 난 혼자 있는 게 좋아요."

지금은 19세기도 아니고 모든 사람이 그의 방식대로 살 수도 없지만 그의 통찰은 여전히 통용되는 부분이 있다. 충만한 삶을 살기 위해 항상 사람과 함께 하려고 하지 마라. 생각을 공유하고 이해받으려고도 하지 마라. 이런 종류의 기대를 하고 애쓰면 스스로의 주도권을 잃게 된다.

나를 지키려면 용기가 필요하다. 특히 혼자 있으려는 욕구가 세상의 기준에 의해 오해받을 때 더욱 용기가 있어야 한다. 고독을 선택하고 그것을 지키려는 태도야말로 자기 존중의 출발점이다. 대부분의 사람은 결국 당신의 태도를 인정하게 될 것이다. 당신의 권리를 주장하는 것만으로 충분하다. 당신이 어떻게 존중받기를 바라는지 그들에게 보여주면 된다. 만약 침묵하거나 아무런 표현도 하지 않는다면 당신의 권리와 공간은 어느새 다른 사람의 손에 넘어가 있을 것이다.

● 타인의 이해를 구걸하지 마라

○ 앞서 이야기한 존재론적 외로움을 떠올려보자. 누구도 당신을 항상 이해할 수 없다. 당신 또한 다른 누군가를 늘 이해하고 살아갈 수 없다. 아내가 무엇을 생각하는지 전부 이해하는 남편은 없으며 아이들이 어떤 혼란을 겪으면서 성장하는지 모두 이해하는 부모도 없다. 정치인의 말과 행동이 늘 일치할 것이라고 기대하는 사람이 없는 것처럼, 지구가 종말을 맞을 때까지 서로를 완전히 이해하는 날은 오지 않는다.

따라서 사람들이 당신의 모든 것을 이해해 주길 바란다면 그 바람은 실망으로 돌아올 가능성이 높다. 그리고 실망은 곧 당

 모두에게 사랑받을 필요는 없다

신의 마음을 약하게 만든다. 진정한 자유는 타인의 이해를 구하지 않을 때 시작된다. 다음은 묵묵히 당신의 역량을 쌓기 위해 견지해야 할 삶의 태도다.

1. '그럴 수도 있지'라고 넘겨라

못 본 척, 안 들은 척하는 태도는 가끔 덕목이 된다. 다른 사람의 거슬리는 행동이나 불쾌한 태도에 일일이 반응하지 말라. 어깨를 한 번 으쓱하고 흘려보내라. 가령 가고 싶지 않은 파티에 참석했다면 이렇게 생각할 수 있다. '이곳 사람들은 예의상 인사를 나누고, 옷차림에 대해 형식적인 칭찬을 주고받고 있군. 하지만 나는 그러고 싶지 않아.'

당신은 그 자리를 조용히 즐길 수도 있고 그냥 떠날 수도 있다. 중요한 것은 다른 이들의 행동에 대해 지나치게 예민하게 굴거나 공격적으로 반응할 필요가 없다는 점이다. 불필요한 지적은 상처만 남긴다. '뭐 어때, 그럴 수도 있지'라고 넘길 수 있는 것은 그냥 넘겨라. 세상의 모든 사람이 언제나 정석대로 교과서처럼 살 수는 없다.

2. 분노에 사로잡히지 마라

누군가의 말에 모욕감을 느끼더라도 혹은 울화가 치밀어 오르더라도 분노에 휘둘리지 마라. 사람의 태도나 언행이 거슬린다면 그것이 정말 당신과 관련된 일인지 먼저 따져보라. '어떻게 그런 말을 할 수 있지?', '무슨 자격으로 나한테 그런 말을 하지?'

라고 생각하면 감정의 주도권은 이미 상대에게 넘어간다. 그들의 언행이 당신의 감정을 좌우하게 되는 것이다.

분노를 삼키고 대범하게 넘기거나 필요하다면 현실적인 대안을 찾아라. 정말로 부당한 일이었다면 차분하게 바로잡으면 된다. 하지만 감정에 사로잡혀 스스로를 불안과 피해의식 속에 가두는 일만큼은 피해야 한다. 그것이야말로 자신을 잃는 지름길이다.

3. 인간관계에 집착하지 마라

인간관계는 물론 중요하다. 하지만 그게 삶의 전부가 되어서는 안 된다. 관계를 이어나가기 위해서는 대화, 신뢰, 이해가 필요하지만 때로는 이런 과정이 버겁게 느껴질 때가 있다. 만약 하루 종일 일하고 돌아왔는데 집에서 또다시 관계의 의무감에 시달려야 한다면 어떻게 할 것인가. 당신이 인간관계에서 가장 중요하게 여기는 것이 무엇인지 돌아볼 필요가 있다.

내가 봐온 가장 아름다운 관계는 서로를 있는 그대로 받아들이는 사이다. 어떻게든 관계를 이어가기 위해 서로에게 무엇을 해야 하는지 억지로 탐색하려 애쓰지 않는다. 성숙한 사랑을 하는 사람들은 서로의 눈을 바라보며 '왜'라는 해석의 칼날 대신 '그렇구나'라는 수용의 시선을 건넨다.

성숙한 관계를 맺는 사람들에게는 '왜 그랬어?', '결혼하고 나더니 달라졌어', '왜 내가 말한 대로 하지 않아?' 같은 문장이 존재하지 않는다. 사랑의 열병처럼 서로에게 매달리는 관계는 격렬

　　　　　모두에게 사랑받을 필요는 없다

하지만 오래가지 않는다. 생각과 감정을 나누는 것만으로도 관계는 충분히 깊어질 수 있다. 관계를 의무처럼 관리하지 않는다면 그것은 자유롭고 단단한 연결이 된다.

하지만 오늘날의 인간관계는 과잉이다. 많은 커플들이 함께 있을 때 사랑보다 고통을 먼저 호소하는 이유가 바로 이 때문이다. 완벽한 타인이 만난 이상 서로를 완벽히 이해하는 일은 불가능하다. 바라는 대로 되지도 않고 생각하는 대로 흘러가지도 않는다. 그러니 있는 그대로의 거리를 인정하라. 미국의 작가 칼릴 지브란은 이렇게 말했다. "오래도록 함께하려면 적당히 떨어져 있어야 한다."

4. 말싸움은 최대한 피해라

누군가 당신을 몰아붙이다 뜻대로 되지 않으면 말싸움으로 번지기 쉽다. 말다툼은 화를 키우고 분위기를 험악하게 만들며 결국 서로 상처만 남긴 채 자리를 피하게 된다. 품격 있는 말싸움이란 존재하지 않는다. 감정이 앞서고 자극적인 말이 오가며 끝내 누구도 이기지 못한 채 피로감만 남는다.

이미 알고 있겠지만 말싸움은 서로에 대한 오해와 관점의 차이를 확인할 뿐 진정한 이해를 이끌어내는 경우는 드물다. 이긴다 해도 자기가 옳았다는 고집과 편견만 남고, 진 사람은 마음의 상처를 안는다. 결과적으로 누구도 이득을 보지 못한다.

한 사례를 보자. 행크는 어느 날 주차장에서 차를 대다 옆차량의 문을 살짝 긁었다. 차 안에 있던 남자가 곧장 뛰어나와 얼굴이 벌겋게 달아오른 채 소리쳤다. "눈이 뒤통수에 달렸나? 지금 뭐 하자는 거야?" 상대는 여차하면 주먹을 날릴 기세였다.

하지만 행크는 상대의 말에 같이 화내지 않고 곧바로 사과했다. "아, 미안합니다. 제 부주의였습니다. 변상하겠습니다. 너무 화내지 마세요." 행크의 침착한 반응에 상대의 분노도 누그러졌다. 잠시 후 남자는 오히려 미안하다고 말했다. "제가 너무 흥분했네요. 크게 난 상처도 아니니 그냥 잊어버립시다." 결국 두 사람은 악수로 마무리했다.

교훈은 명확하다. 자신의 입장을 말싸움으로 설명하려 하면 상황은 악화된다. 말싸움 끝에 이겼다 할지라도 남는 것은 육체적 긴장과 피로다. 진짜 승리는 감정을 다스리는 쪽에 있다. 가능한 한 말싸움을 피하라. 그것이 마음의 평화를 지키는 법이다.

5. 거짓말이 항상 나쁜 것은 아니다

진실을 말해야만 도덕적이라고 믿는다면 그 생각을 잠시 의심해 볼 필요가 있다. 오로지 진실만이 모든 상황을 해결하는 유일한 길일까?

예를 들어 과거 유대인들이 나치의 박해를 피해 숨어야 했던 시대를 생각해 보자. 그때 누군가가 "당신은 유대인입니까?"라고 물었을 때 진실을 말해야 할 의무가 있었을까? 물론 아니다. 그 순간에는 거짓이 목숨을 지키는 유일한 길이었다. 이는 거짓말을 습관적으로 하라는 뜻이 아니라 윤리적으로 올바른 상황이라

　모두에게 사랑받을 필요는 없다

면 거짓말도 할 수 있어야 한다는 의미다.

거짓말에 대한 관념을 재정의하려면 생각을 깊이 해봐야 한다. 진실을 말함으로써 누군가 상처를 받거나 당신이 불이익을 당한다면 그것이 과연 옳은 일일까? 어떤 상황에서는 원칙보다 유연함이 더 큰 지혜가 될 수 있다. 원칙을 고수하다가 스스로를 구속하는 일도 흔하다.

61세의 한 내담자가 있었다. 숙련된 속기사였고 여전히 현역에서 일할 실력을 갖추고 있었지만 나이가 많다는 이유로 일곱 번이나 불합격 통보를 받았다. 그녀는 고용주들이 나이로 차별한다고 불만을 토로했다. 나는 나이를 속여서라도 차별에 맞서보라고 격려했다. "지금 필요한 건 원칙을 고수하는 게 아니라 스스로에게 유연해지는 겁니다." 그녀는 처음엔 "그건 거짓말이잖아요"라며 두려워했다. 하지만 내가 말한 '거짓말'은 단순히 사실을 숨기자는 뜻이 아니었다. 나이 대신 경험과 가능성을 먼저 보여주는 전략적 선택이었다.

그녀는 이 조언을 받아들여 나이를 강조하지 않고, 오랜 경력으로 얻은 전문성과 침착함을 중심으로 자신을 소개했다. 그 결과, 한 회사에서 기회를 얻었고 실력으로 자신을 증명해 6개월 만에 승진했다. 그녀가 '나이를 숨기면 안 된다'는 원칙만을 지켰다면 기회는 결코 찾아오지 않았을 것이다. 원칙은 중요하지만 때로는 그것을 지혜롭게 다루는 유연함이 더 큰 문을 연다.

또 다른 질문을 던져보자. 말을 아끼는 것도 거짓일까? 당신에게 혼자서만 간직해야 할 비밀이 있다고 가정하자. 다른 사람이 알 필요가 없는 일이다. 그런데 누군가 당신의 사생활을 캐묻고 숨기려는 모습을 거짓말이라고 몰아가며 죄책감을 유도한다면, 그때도 당신에게 말할 의무가 있을까? 물론 없다. "그건 당신과는 관련이 없는 일입니다"라고 말하는 것은 거짓이 아니라 경계의 표현이다. 법정에서도 불리한 진술을 거부할 권리가 주어진다. 당신의 비밀이 당신을 공격하는 데 쓰일 수 있다면 침묵은 현명한 방어다.

진실이 언제나 옳다는 믿음은 이상적으로 들리지만 현실에서는 때로 위험하다. 진실을 말함으로써 타인이 상처받거나 당신이 이용당할 수도 있다. 진실이 누군가에게 무기가 된다면 그것은 진실의 이름을 쓴 폭력일 뿐이다.

그러니 생각하라. 지금 내가 진실을 말하는 것이 정말 도움이 되는가, 아니면 불필요한 상처를 낳는가? 때로는 침묵이, 때로는 선의의 작은 거짓이 자신과 타인을 지키는 가장 지혜로운 선택일 수 있다.

거짓말이 항상 부정적인 것은 아니다. 진실 때문에 누군가에게 조종당하거나 상처받을 수 있다면, 거짓은 하나의 방패가 될 수 있다. 탈출 계획을 생각하는 전쟁 포로에게 간수가 "탈출 계획이 뭐야?"라고 묻는다고 곧이곧대로 대답해야 할 만큼 도덕적 가치는 엄격하지 않다. 당신을 전쟁 포로로 가정하고 상황을 평가하라. 무분별한 거짓은 경계해야 하지만 필요할 때 그것을 전략적으로 사용할 줄 아는 사람만이 자신을 지킬 수 있다. 진실은 중요하지만 그것이 당신의 존엄과 자유보다 앞설 이유는 없다.

     모두에게 사랑받을 필요는 없다

● 증명은 의무가 아니다

○ 다른 사람에게 자신을 증명하면 그 사람에 의해 조종당할 가능성이 생긴다. 묵묵히 역량을 키워나가는 일은 자신의 능력을 굳이 증명하지 않는 것도 포함된다. 어린아이는 '날 봐주세요' 같은 행동을 통해 세상과 관계를 맺고 성장한다. 아이들은 다이빙 실력이나 자전거 타는 모습, 스케이트로 회전하는 동작을 보여주며 자신이 잘한다는 사실을 입증하고 싶어 한다. 타인의 시선으로 자신을 확인하는 일은 그 시기에만 필요하다. 자아상은 또래보다 얼마나 잘하는지를 기반으로 확립되기 때문이다. 하지만 이제 우리는 그 단계를 지나왔다. 당신은 더 이상 누군가의 주목을 받아야 존재가 증명되는 사람이 아니다.

사람들에게 자신을 증명하려 하면 큰 대가를 치를 수 있다. 그들이 당신을 주목하지 않을 때, 인정하지 않거나 이해하지 못할 때 분노와 좌절감이 분명 찾아올 것이다. 그럴수록 이해받기 위해 더 많이 노력할 것이고 그만큼 타인의 시선에 휘둘리게 될 것이다.

한 친구의 사례가 있다. 그는 일요일 오후마다 축구를 하는 것이 취미였고 집안일을 해야 할 의무는 없다고 생각했다. 하지만 부인은 주말마다 운동을 하러 나가는 남편을 이해하지 못했다. 특히 일주일 내내 함께할 시간이 부족했던 때에는 더 그랬다. 친구는 부인의 이해를 구하기 위해 계속 설득했지만 그럴수록 부인이 자신을 이해하지 않으려 한다는 결론만 확실해졌다. 어느 날은 축구를 하러 간다고 여러 번 이야기했으나 부인이 도통 허락하지 않아 축구를 포기했다. 그날 저녁 그들 사이에는 단 한 마디의 대화도 오가지 않았다.

그는 세 가지 고통에 시달렸다. 좋아하는 일을 하지 못했고, 부인과의 관계가 틀어졌으며, 자신이 옳았다는 확신도 지킬 수 없었다. 만약 그가 축구에 대한 자신의 열망을 부인이 이해할 수 없다는 사실을 받아들였다면, 또 굳이 이해시키지 않아도 된다는 것을 알았다면 그날의 불필요한 침묵은 피할 수 있었을 것이다.

이해받으려는 욕구에는 상대 역시 나와 같은 기대를 하고 있을 것이라는 막연한 희망이 숨어 있다. 하지만 현실은 다르다. "왜 그렇게 했는데?", "그렇다면 할 수 있다는 걸 증명해 봐"라는 말을 들을 뿐이다. 이런 말을 듣는 순간 당신은 또다시 증명의 무대에 올라선다. 그럴 때는 스스로에게 물어보라. '정말 이 사람 앞에서 증명해야 할까? 증명한다고 상황이 나아질까? 그냥 각자의 생각대로 두면 안 될까?' 이 태도는 특히 초면의 사람을 상대할 때 유용하다. 왜 잘 알지도 못하는 사람에게 자신의 정당함을 설명하려 애써야 하는가. 많은 사람들은 타인을 설득한다고 생각하지만, 사실은 자신을 납득시키고 싶은 것이다. 이 욕망이 스스로를 옭아매는 덫이 된다. 증명하려는 충동을 멈춰라. 조용히 승리하는 법을 사랑하라.

　모두에게 사랑받을 필요는 없다

● 가족이라는 그림자

○　　가족은 가장 가까운 사회 단위이자 자신을 가장 자주 증명해야 하는 관계다. 가족은 서로의 모든 것을 알아야 한다는 전제를 바탕으로 존재한다. 그래서 사생활을 지키는 일은 종종 이기적인 행동으로 비치며 침묵은 거리감을 두는 태도로 오해받는다. 부모나 연장자가 묻는 말에는 반드시 대답해야 하고, 결혼식이나 명절, 장례식 같은 행사에는 빠지지 않아야 한다. 만약 불참한다면 모두가 납득할 만한 이유를 내놓아야 한다.

가족은 옷차림이나 외모, 말투에 대해 서슴없이 의견을 내고, 때로는 비교하며 당신에게 실망한 이유를 설명한다. 또한 서로의 행동을 관찰하고 일탈을 감시하며 해롭지 않은 일에도 개입한다. 당신의 생각과 행동을 이해하지 못하는 가족은 세상에서 가장 상대하기 어렵다. 가족은 암묵적인 합의를 전제로 하고, 당신이 동의하지 않아도 이미 결정된 결론으로 이끌어간다. 가족은 가장 아름다운 인연이면서 동시에 가장 무거운 책임을 요구하는 관계다.

나는 이혼을 앞둔 사람들에게서 종종 이런 말을 들었다. "저는 곧 자유의 몸이 됩니다." 왜 사람들은 이혼을 자유라고 말할까? 그렇다면 결혼은 속박일까?

이유는 간단하다. 결혼한 사람들은 종종 자유롭지 못하다고 느낀다. 끊임없이 자신의 가치를 증명해야 하고, 가족의 기대에 부응하려 애쓰면서도 끝내 완전히 이해받지 못할 수도 있다는 불안 속에 살아가기 때문이다. 이런 부정적인 감정을 덜어낼 수 있다면 부부는 신혼처럼 서로에게 다시 따뜻해질 수 있다.

반면 친구는 자신의 가치를 특별히 증명할 필요가 없는 관계다. 존재 자체로 충분하며 성실함이 관계를 지속시키는 가장 좋은 비법이다. 나는 부모 세대와 이야기를 나눌 때마다 가족을 친구처럼 대해보라고 권한다. 만약 친구가 당신의 테이블에 우유를 엎질렀다면 이렇게 말할 것이다. "괜찮아. 닦으면 돼." 하지만 자녀가 같은 일을 저지르면 달라진다. "너는 왜 항상 이 모양이니?" 사랑이라는 이름으로 가족을 통제하지 말라. 가족도 하나의 인격체이며 존중받아야 할 존재다.

가족 간의 고통은 대부분 존중의 결핍에서 비롯된다. 사생활이 보호되지 않고 자신을 설명해야만 이해받는 구조 속에서 관계는 피로해진다. 사랑의 끈을 너무 세게 당기면 함께 연결된 긴장감도 그만큼 강해진다. 랄프 왈도 에머슨은 에세이《우정 Friendship》에서 이렇게 썼다. "친구란 내가 진심으로 대할 수 있는 사람이다. 그 앞에서는 내 생각을 큰소리로 말할 수 있다."

수많은 결혼 문제와 가족 문제를 상담해 온 경험을 돌아보면 우정의 척도를 가족에게 적용하는 사람은 드물다. 하지만 가족을 친구처럼 대할 수 있다면 세상은 조금 더 행복해질 것이다. 가족에게 바라는 것을 솔직히 말하고, 설명하거나 입증하려 하지 않으면 훨씬 건강한 관계를 만들 수 있다.

 모두에게 사랑받을 필요는 없다

● 불행은 무조건 전염된다

○ 19세기 미국의 작가 리디아 시고니는 이렇게 말했다.

슬픔과 거리를 두라고 아이슬란드의 작가는 말한다. 슬픔
은 영혼의 질병이기 때문이다. 사실 우리의 삶은 고통으로
점철되어 있다. 하지만 마음만은 가장 밝은 면을 바라보아
야 한다. 불안하기만 한 인간의 운명에, 드러나지 않은 좋은
일들이 숨어 있다고 믿어야 한다. 그것이야말로 강력하고
오래가는 운명의 해독제다. 우울한 영혼은 항상 불행을 악
화시키지만 환한 미소는 종종 폭풍을 예고하는 잿빛 안개
를 몰아낸다.

인성에 결함이 있는데도 고치려 하지 않는 사람을 상대하
는 가장 단순한 방법은 그들을 가까이 하지 않는 것이다. 냉정한
말이지만 가장 효율적인 전략이다. 불행에 사로잡혀 사는 사람들
은 상심에서 벗어나지 못하는 경우가 많고, 때로는 그들이 당신
을 자신의 어둠 속으로 끌어들이기도 한다.

당신이 그들의 불행을 대신 짊어질 이유는 없다. 세상이
가혹하다고 한탄하는 사람들보다 성장통을 견디며 운명을 사랑
하는 사람, 어려움 속에서도 스스로의 길을 찾는 사람과 함께하
라. 그들의 끝없는 불행을 위로하는 데 머물지 말고 한 걸음 나아
가라. 특히 당신의 지속적인 도움이 아무런 변화를 일으키지 못

한다면, 그들을 책임져야 할 이유는 더더욱 없다.

그들은 주의를 끌기 위해 불행을 과장하거나 한탄을 반복할 것이다. 이때 반응하면 그들의 문제는 오히려 강화된다. 늘 남의 도움을 바라는 사람 곁에 서성이는 것만으로도 그들은 문제적인 행동을 계속한다. 그들의 행동을 멈추게 하고 싶다면 냉정하게 거리를 두어야 한다. 그래야 그들이 넋두리를 멈추고 스스로 문제를 해결하기 시작한다. 동시에 당신 역시 자신의 삶을 위해 더 유익한 일에 에너지를 쏟을 수 있다.

상실감에 빠져 살아가는 사람들을 관찰해 보면, 그들은 자신에게 닥친 일을 끊임없이 한탄하며 타인을 비난하거나 흠집 내는 데 몰두한다는 사실을 알 수 있다. 긍정적이고 낙관적인 미래보다 최악의 상황을 바라보며 기쁨을 주고받는 말을 서로에게 거의 하지 않는다. 당신이 도우려 해도 그들은 한탄과 비애의 끈만 붙잡고 살아간다. 아무도 자신을 이해하지 못한다고 말하면서도 정작 이해받는 것조차 거부한다. '제발, 부디' 같은 말을 입에 달고 살지만 자신을 위해 무언가를 바꾸려 하지 않는다.

이런 유형의 사람들 중 일부는 인생 전체를 자기 파괴적인 방식으로 살아간다. 그런 사람 곁에 오래 머문다면 당신은 그들의 불행을 함께 짊어지는 어리석음을 범하게 된다. 그들과 어떤 관계이든, 그들의 인생은 끊임없는 불평으로 이어진다. 위장 장애, 신경통, 우중충한 날씨, 추운 겨울, 정치, 경제 불황, 과거의 상처 등 그들에게 좋은 날은 좀처럼 없다. 그들에게서 들을 수 있는 가장 낙관적인 말은 "언젠간 좋아지겠지" 정도일 것이다.

　　모두에게 사랑받을 필요는 없다

이런 행동이 반복되는 이유는 주변 사람들이 그들의 불행에 쉽게 동조하기 때문이다. 당신은 그런 사람이 되어서는 안 된다. 담담하게 거리를 두라. 넋두리가 시작되면 이렇게 말해도 좋다. "힘든 시절을 겪으셨다지만 계속 그 이야기만 하시는군요." 단, 빈정대지 말고 침착하게 말하라. 그저 그들의 끝없는 불평에 동조하지 않는다는 태도만 보여주면 된다. 자연스럽게 하라. 그런데도 그들이 멈추지 않는다면 자리를 떠나라. 누군가의 끝없는 불행담을 듣기엔 인생은 너무 짧다.

불행에 사로잡힌 사람을 돕는 가장 바람직한 방법은 그들이 스스로 일어서도록 돕는 것이다. 그들이 자신을 돌보고 스스로의 삶을 회복하려는 의지를 보일 때 기꺼이 손을 내밀어라. 하지만 왜 자신이 불운할 수밖에 없었는지 끝없이 설명하려 들 때, 그런 탄식에 귀를 기울이지는 마라. 그들의 문제와 정면으로 마주하라. 그래야 타인의 부정적인 감정에 휘말리지 않는다. 실의와 절망에 빠진 사람들은 더 이상 자신을 들어주는 이가 없을 때 비로소 멈춘다. 아이러니하지만 그때서야 그들 또한 자립하기 시작한다.

● 해명하지 않는 연습

○ 다음은 타인을 통제하기 위해 자주 사용되는 표현들이다. "이해되지 않는다", "받아들일 수 없다" 같은 말은 상대를 압박해

자신의 방식대로 행동하도록 유도하는 데 쓰인다. 이런 말들에 걸려들면 당신은 이유를 설명하고 납득시키기 위해 애쓰게 되고 상대의 기준에 맞춰 스스로를 정당화하려 든다.

"왜 그렇게 했는지 이해가 안 되네요."

이 말을 들었다면 당신은 스스로를 해명해야 할 의무가 생긴다. 그들의 논리에서 이해되지 않는 행동은 곧 잘못된 행동이기 때문이다. 이해시키지 못하면 잘못한 사람으로 남게 된다.

"어떻게 그럴 수가 있지?"

이 표현에는 분노와 함께 비난의 전제가 깔려 있다. 상대는 당신이 한 일을 용납할 수 없다고 단정하며 이해할 수 없으니 용서할 수 없다는 논리를 만든다.

"그런 소리는 내가 들어본 적도 없다."

이 말은 불신의 강도를 한층 높인다. 당신의 행동에 충격을 받았다는 듯이 말하지만, 실상은 당신의 판단이 비정상적이며 자신이 옳다는 인식을 강화한다. 결국 당신이 그들의 방식을 따라야 한다는 메시지를 던진다.

"머리도 좋고 집안도 좋은 사람이 어떻게 그런 일(행동, 말)을 할 수 있나?"

이 표현은 죄책감과 아첨이 교묘하게 섞여 있다. 품격이나

　　　모두에게 사랑받을 필요는 없다

배경을 추켜세우는 듯하지만 '그래서 더 실망스럽다'는 뜻을 전달한다. 한 단계 더 나아가 상대를 압박하며 '너 같은 사람이 어떻게 그럴 수 있느냐'라고 도덕적으로 비난하는 것이다.

"당황스럽네. 너는 나를 곤란하게 하고 있어."

이 말에는 '당신은 나를 불편하게 만들었고, 그 책임은 당신에게 있다'는 전제가 숨어 있다. 말하는 사람은 자신의 감정 관리조차 타인의 몫으로 돌린다. 이런 말에 휘말리면 "그럼 어떻게 하면 좋겠냐"는 식으로 끝없는 변명과 해명이 이어진다.

"너 때문에 내가 얼마나 힘든지 너도 알아야 해."

당신으로 인해 자신이 겪는 어려움을 그저 이해하라는 말이다. 이 말을 뒤집으면 상대방도 당신을 이해하고 있지 않다는 의미가 된다. 당신에 대한 기본적인 이해 없이 단지 꾸짖고 있을 뿐이다.

"때가 어느 때인데 그런 일을 하겠다니 내가 어이가 없다."

당신이 하려는 모든 시도나 계획을 멈추게 하기 위해 쓰는 표현이다. 조깅, 독서, 단순한 휴식까지 '지금 그럴 때냐'라는 논리로 막는다. 특히 학생이나 젊은 세대에게는 "하고 싶으면 나중에 대학 가서 해"처럼 현실의 욕구를 미래로 미루게 만든다. 타인의 판단이 당신의 시간을 지배하도록 만드는 말이다.

"고기 한 점 먹는다고 큰일 나냐? 이해를 못하겠네."

당신의 선택이나 신념을 흔들어 자신의 방식에 따르도록 만들려는 표현이다. 상대는 당신의 세계관을 이해하지 못하거나 받아들일 준비가 되어 있지 않다. 예를 들어 채식주의를 그만두게 하거나 다이어트를 포기하게 만들 때 자주 쓰인다. 겉으로는 별일 아니라는 듯한 말투지만 "네가 굳이 그렇게 다를 필요는 없다"는 압박이 숨어 있다. 반대로 이 표현은 다른 목적을 위해 똑같은 방식으로 사용되기도 한다. "어떻게 고기를 먹을 수 있어? 봐, 나도 안 먹고 잘 살잖아." 논리는 같지만 상대를 바꾸려는 의도는 그대로다. 방향만 다를 뿐이다.

"무슨 생각을 하고 사는지 들어나 보자."

당신의 속마음을 끌어내려는 시도이면서 사생활에 대한 고집을 단념하라는 뜻을 내포한다. 단 한 번이라도 생각을 털어놓는 순간 상대는 그 생각이 틀렸다고 집요하게 지적하거나 교정하려 들 수 있다.

"나를 봐서라도 그렇게 해주라."

부탁이나 설득이 통하지 않을 때 마지막으로 꺼내 드는 카드다. 특히 엄마, 연인, 배우자, 자녀처럼 가까운 관계일수록 이 말의 힘은 커진다. 상대는 사랑이나 의리를 들먹이며 당신이 거절하지 못할 사람이라는 점을 이용한다.

 모두에게 사랑받을 필요는 없다

"너 때문에 마음이 상했어."

이 말은 다소 공격적인 압박이다. 상대는 자신의 불쾌감을 내세워 당신을 바꾸려 한다. "네 탓이야"라는 뉘앙스를 숨긴 채 감정의 책임을 은근히 떠넘긴다.

"사과하세요."

이 표현은 당신의 말이나 행동이 의도치 않았더라도 그것을 문제 삼아 통제하려는 수단이다. 진심이 담기지 않은 사과는 어떤 관계도 회복하지 못한다. 사과가 강요의 결과라면 그것은 사과가 아니라 복종이다. 기억하라. 강요된 사과에는 의미가 없다.

위의 표현들은 사회에서 '이해할 수 없다'라는 말을 무기로 사람을 통제할 때 사용되는 전형적인 방식이다. 수천 번의 상담을 거치며 나는 이런 말들로 인해 위축되고 왜곡된 삶을 살았던 사람들의 이야기를 들어왔다. 그들은 친구, 동료, 이웃, 친척이라는 이름 아래에서 끊임없이 압박받았고, 자신이 옳다고 믿던 방향에서 멀어져 있었다. 이해받지 못한다고 해서 자신을 바꿔야 할 이유는 없다. 나를 판단하고 이해할 권한은 언제나 나 자신에게 있다.

● 자존감을 일으키는 20가지 방법

○ 다음은 '이해할 수 없다'라는 폭격이 당신에게 쏟아질 때
그 힘을 효과적으로 무력화할 수 있는 실질적인 전략이다. 또 나
의 자존감을 지키는 방법이기도 하다.

1. 해명하고 싶지 않으면 하지 마라

해명하고 있는 자신이 싫거나 초라하게 느껴진다면 즉시
멈춰라. 우리는 자신의 행동을 타인에게 일일이 설명할 의무가 없
다. 어떤 해명이든 내가 선택한 말이어야 한다. 상대의 기대에 맞
추기 위한 해명은 스스로의 주도권을 넘겨주는 것이다. 매번 요구
가 있을 때마다 그들의 기대에 맞춰 설명하지 않겠다는 의지를
단 한 번이라도 분명히 보여라. 그 순간부터 그들은 더 이상 같은
요구를 반복하지 못할 것이다. 해명은 자유의 행위이지 복종의
행위가 되어서는 안 된다.

2. 오해받는 것을 두려워하지 마라

억지로 이해시키려 애쓰지 마라. 때로는 오해받을 용기를
가져라. 오해는 인간관계에서 피할 수 없는 자연스러운 현상이다.
그것이 당신의 성격이나 관계에 문제가 있음을 뜻하지 않는다. 누
군가 당신을 이해하지 못하겠다고 말하면 그냥 어깨를 으쓱하고
미소를 지어라. 에머슨은《자기신뢰》에서 유명한 말을 남겼다. "위
대하다는 것은 오해받아 왔다는 것이다."

 모두에게 사랑받을 필요는 없다

3. 남이라면 더욱 신경을 꺼라

당신을 잘 알지도 못하는 사람이 입장을 명확히 밝히라며 캐묻는다면 무시하는 연습을 하라. 아무리 당신의 생각을 분명히 밝히더라도 이해하지 못할 사람은 끝내 이해하지 못한다. 해명하지 못한 좌절감이나 수치심으로부터 벗어날 때, 비로소 오해의 두려움에서도 자유로워질 수 있다. 의식적으로 그들의 언어적 폭력을 차단하라. 라디오를 끄듯이 두려움의 채널을 꺼버려라. 그렇게 해야만 가까이서 들려오는 온갖 잡음과 시선에서도 해방될 수 있다. 묵묵히 역량을 키워나가기 위해서는 신경 끄는 법을 알아야 한다.

4. 책임을 상대에게 넘겨라

당신에게 해명을 요구하는 사람이 있다면 이렇게 되물어라. "당신은 어떻게 나를 이해하고 있나요?" 그가 내린 해석이 옳다면 일부는 인정하되 전체를 떠맡지는 마라. 이 방법은 대화의 주도권을 되찾는 가장 단순하면서도 강력한 전략이다. '설명할 사람'이 당신이 아니라 '이해해야 할 사람'이 상대임을 분명히 하는 것이다.

5. 말의 핵심을 반복하게 하라

상대가 당신의 말을 왜곡하거나 일방적으로 몰아가려는 기미가 보인다면 그가 당신의 말을 정확히 이해했는지 확인하라. "제가 한 말을 어떻게 들으셨죠?"라고 되물어라. 그리고 그가 말한 내용을 다시 요약해 들려주며 교차 검증하라. "잠깐만요, 제 얘기를 조금 다르게 이해하신 것 같네요." 이런 과정을 반복하면 상대는 자신의 왜곡을 자각하게 되고 대화의 중심이 당신 쪽으로 돌아온다. 이 단순한 반복이 당신을 방어하고, 그들의 조종 시도를 약화시키는 가장 지적인 기술이다.

6. 급할 것 없다

당신이 무언가를 이뤘다면 굳이 당장 알릴 필요는 없다. 조급함은 자기 확신이 부족하다는 신호다. 한 시간, 혹은 하루만이라도 기다려라. 스스로에게 묻자. "지금 바로 알려야 할 이유가 있을까?" 성과를 천천히 알릴수록 오히려 그 성취는 더 단단해진다. 시간이 흐를수록 자랑이 아닌 자연스러운 이야기로 전할 수 있게 된다. 그럼 어느덧 당신은 꾸준히 자기 길을 찾아가며, 겸손과 자신감이 공존하는 사람처럼 보일 것이다.

7. 불필요한 자리는 떠나라

쓸데없는 잡담, 자랑, 허풍, 변명이 오가는 자리에서 시간을 낭비하고 있다는 느낌이 든다면 양해를 구하고 자리를 떠라. 이유를 장황하게 설명할 필요는 없다. 그저 자리에서 일어나 잠깐 산책을 하거나 바람을 쐬는 것만으로도 훨씬 나아질 것이다. 이런 행동은 회피가 아니라 당신의 시간을 스스로 관리하겠다는 선언이다. 몇 번 반복하다 보면 사람들은 당신을 붙잡지 않는다.

 모두에게 사랑받을 필요는 없다

8. 분노를 적당히 드러내라

누군가 자신의 불행을 당신 탓으로 돌리며 불평을 늘어놓는다면 거침없이 말하라. "지금 그 일을 제 탓으로 생각하고 계시군요." 적당히 감정을 드러내며 선을 긋는 방법이다. 처음엔 반발이 있을지라도 이 한마디로 상황의 중심을 되찾을 수 있다. 이어서 "그런 대화엔 관심이 없으니 잠시 그만하자"라고 덧붙이면 무의식적으로 반복되는 불평의 회로를 끊을 수 있다. 상대의 습관을 바꿀 수는 없더라도 최소한 같은 이야기를 반복해서 듣는 고통에서 벗어날 수는 있다.

9. 행동으로 가르쳐라

당신에게도 일상이 있음을 적극적으로 주장하라. 혼자 있고 싶은 욕구를 길게 설명할 필요가 없다. 책을 읽고 싶다면 책을 펴고, 산책이 필요하다면 나가면 된다. 그들이 당신의 행동을 이해하지 못하거나 사교성이 없다고 평가하더라도 괘념치 마라. 당신이 지키고 싶은 하루가 있다면 반드시 지켜라. 확실한 것은 말보다 확고한 태도가 더 큰 설득력을 가진다는 점이다.

10. 꼬리표는 자연스럽게 받아들여라

사람들이 당신에게 괴짜, 외톨이, 문제아 같은 꼬리표를 붙인다면 화를 내지 말고 담담히 받아들여라. "그럴 수도 있죠"라고 여유롭게 반응하면 꼬리표는 금세 힘을 잃는다. 하지만 억울하다고 분노하거나 수치심을 느끼면 그 꼬리표는 당신의 이름처럼

굳어진다. 타인이 붙인 이름에 반응할수록 그들의 위력은 더욱
커진다. 반응하지 않는 것이 가장 세련된 저항이다.

11. 상대의 기분을 표현하라

누군가 당신을 비난하거나 깎아내릴 때 방어하기보다 그
의 감정을 먼저 짚어라. "지금 많이 화가 나신 것 같아요. 말씀을
계속하시면서 제 기분도 상하게 만드시려는 걸 보니까요." 또는
"제가 실망시켜 화를 내고 계신 거군요. 지금은 제 말을 들을 준
비가 안 되신 것 같아요." 이렇게 말하면 당신이 그를 이해하고 있
음을 보여주는 동시에, 더 이상 위축되지 않겠다는 태도를 명확
히 할 수 있다.

12. 단도직입적으로 말하라

식습관이나 생활 방식 같은 사적인 선택에 대해 누군가
간섭한다면 망설이지 말고 단호하게 말하라. "지금 다이어트 중
이라 아무거나 먹을 수 없습니다", "운동하러 가야 해서요", "괜찮
아요. 저는 이렇게 하기로 했어요." 이런 간결한 표현이 신념을 지
키는 방패가 된다. "미안해요", "어쩌죠" 같은 불필요한 완곡어를
섞으면 대화는 길어지고 결국 상대의 감정을 맞추기 위해 자신
을 굽히게 된다. 신념을 확실히 밝히는 태도는 언제나 존중을 부
른다.

　　　모두에게 사랑받을 필요는 없다

13. 이런 표현도 전략이다

"그럴수록 당신만 불쾌해질 뿐입니다", "그러면 자기 기분만 상할 뿐이에요" 이런 문장은 공격적이지 않으면서도 주도권을 되찾는 표현이다. 죄책감을 차단하고 감정이 격해진 책임을 자연스럽게 상대에게 돌린다.

14. 남의 일은 남의 일이다

친구 중 누군가가 당신의 다른 친구를 싫어한다고 해서 괜히 마음 쓰지 마라. 세상에는 수많은 사람이 있지만 모두 친구가 될 수는 없다. 당신의 친구라고 해서 당신이 좋아하는 또 다른 친구를 반드시 좋아해야 할 이유도 없다. 친구들 간에 사이가 좋지 않아도 그것은 그들 사이의 일일 뿐 당신이 해결해야 할 문제가 아니다.

이 규칙은 당신에게도 적용된다. 친구의 친구에 대한 감정까지 공유해야 할 의무가 없다. 원래의 관계를 잘 유지하기만 해도 충분하다. "왜 그런 애랑 어울려?"라는 말이 들려오더라도 그런 판단은 당신의 선택 기준이 될 수 없다는 점을 잊지 마라.

15. 분명하게 거절하라

논쟁이 감정적으로 번질 조짐이 보이면 분명하게 선을 그어라. "더는 논쟁하지 않겠습니다. 계속 주장하고 싶으시다면 혼자 하세요. 서로 존중이 지켜지지 않는 대화라면 그만하겠습니다." 상대는 순간 당황하겠지만 분명한 태도가 불필요한 소모전을 막는다. 끝까지 예의를 지키되 물러날 땐 확실해야 한다.

16. 증명하려고 하지 마라

직함이 있거나 권위를 가진 사람에게 자신이 옳다는 것을 증명하려 하지 마라. 그들은 자신이 틀렸다는 사실이 드러나는 걸 무엇보다 두려워한다. 당신이 그 사실을 알고 있다 해도 굳이 드러낼 필요는 없다. 오히려 그들이 여전히 주도권을 쥐고 있다고 느끼게 하라. 절차나 논리상 당신이 옳다고 확신해도 정면으로 대립하면 그들은 방어 본능 때문에 공격적으로 나온다. 가장 현명한 방식은 그들이 스스로 당신이 제안한 방향을 떠올린 것처럼 느끼게 만드는 것이다. 특히 승진이나 조직 내 관계가 걸려 있다면 더욱 그렇다. 이것은 비굴함이 아니라 전략이다. 최선의 이익을 위해 효율적으로 행동하라는 뜻이다. 이를 잘 해내기 위해선 언제 침묵하고 언제 목소리를 내야 하는지 파악해야 한다.

17. 하고 싶지 않은 일은 하지 마라

사소한 일이라도 억지로 하지 마라. 사람들의 오해가 두렵고, 분위기를 맞추기 위해서 하기 싫은 일을 계속하는 습관은 자신을 지치게 만든다. 하고 싶지 않으면 하지 않아야 한다. 누군가 이유를 묻는다면 앞서 말한 전략들을 활용하라. 불필요한 모임, 의무감으로 가는 친척 행사, 억지로 하는 대화는 가치가 없다. 당신은 어디에 있을지 스스로 결정할 권리가 있다. 원치 않는 곳에 있을 이유는 없다.

　　　　모두에게 사랑받을 필요는 없다

18. 쉽게 사과하지 마라

무의식적으로 "죄송합니다", "미안해요"를 반복하는 습관을 멈춰라. 당신이 무언가를 했다는 이유만으로, 혹은 누군가 기분 나빠했다는 이유만으로 미안해할 필요는 없다. 그 일에서 배웠다면 그걸로 충분하다. 실제 피해가 있었다면 다시는 반복하지 않겠다고 약속하고 행동으로 증명하라. 하지만 당신을 오해하거나 이해하지 못하는 사람들에게까지 사과할 의무는 없다. 불필요한 사과를 반복하면 '책임은 모두 내가 지겠다'라는 끔찍한 습관이 자리 잡을 수 있다. 언젠가 지하철에서 어떤 여성이 사과하는 것을 본 적이 있다. 분명 지나가던 승객이 그녀의 발을 밟았는데 미안하다는 말은 그녀의 입에서 먼저 나왔다.

19. 인간관계에 연연하지 마라

인간관계를 일일이 계산하며 의미를 해석하려는 습관을 멈춰라. 관계의 동기나 행동 하나하나를 분석하려는 강박은 마음을 갉아먹는다. 때로는 관계를 그냥 흘러가게 두는 것이 가장 현명하다. 지나친 분석은 문제를 개선하는 도구로 쓰이기보다 마음의 족쇄가 될 수 있다. 인간관계에 공을 너무 들이면 모든 관계가 의무로 변한다. 의무가 된 관계에는 즐거움이 사라진다. 자연스럽게 흐르게 두어라. 그래야 관계가 숨 쉴 수 있다.

20. 숨길 필요가 있다면 숨겨라

당신이 무언가를 드러내는 것이 상대에게도 도움이 되지

않고 당신의 일상을 해칠 수 있다면 숨겨라. 그것은 비겁함이 아니라 자기 보호다. 우리는 누구나 사적인 영역을 지킬 권리가 있다. 상대가 그 정보를 알 권리가 없다고 판단된다면 더욱 그렇다. 숨김은 거짓이 아니라 평화를 지키는 기술일 때가 있다.

 모두에게 사랑받을 필요는 없다

우리가 기억해야 할 마음가짐

:

우리는 모두 평범한 인간으로 태어난다.

모든 사람의 이해를 얻으려 애쓰지 마라.

당신이 자신을 증명하려는 순간

이미 타인의 기준 속에 갇히게 된다.

자신을 위한 일을 조용히 이어가라.

성과를 떠벌리지 않고 스스로 만족할 때

비로소 진정한 자유와 충만함이 찾아온다.

자신이 누구인지 분명히 알기 위해서는

때로 사람들로부터 거리를 두어야 한다.

이 의미를 깨닫게 되면 인정받고자 하는

욕구에서 벗어나고 인생이 훨씬 풍요로워진다.

평가받기 위해 애쓰기보다 지금 이 순간을 살아라.

모든 사람이 완전히 이해받으며 살 수 없다는

단순한 진실을 받아들여라.

6장

나를
존중하게
만들어라

Pulling Your Own Strings

모든 사람은 모르는 이에게 더 친절하다.
심지어 자기 자신에게 하는 것보다 더 친절하게 대한다.

당신은 평소에 어떤 대우를 받는가? 누군가에게 계속 이용당하거나 혹은 무시당하는가? 한 인간으로서 별다른 존중을 받지 못하는가? 사람들이 당신과 아무런 상의 없이 계획을 세워놓고는 당신에게 그저 따라오라고 하지는 않은가? 당연히 그렇게 해야 한다는 주변 사람의 기대에 맞춰 하기 싫은 역할을 억지로 하고 있진 않은가?

나는 이에 대해 내담자와 친구들에게서 수많은 한탄과 호소를 들어왔다. 그럴 때마다 나의 반응은 한결같다. "어떻게 대우하라고 가르친 그대로 대우받는 겁니다."

부당한 대우를 받고 있다면 당신의 생각과 행동을 되돌아보라. 혹시 그렇게 하도록 당신이 허락한 것은 아닌가? 계속 그렇게 하도록 격려한 것은 아닌가? 남들에게서 그렇게 대우받는 것이 당신 책임이 아니고 그들 탓이라면 당신은 어떤 일에서든 무기력한 위치에 머물러 있을 수밖에 없다.

스토아 철학자 에픽테토스는 수천 년 전 이미 다음과 같이 통찰했다.

> 모욕은 그들이 주는 것이 아니다. 우리가 모욕이라는 관점으로 그것을 받아들일 때 모욕감이 일어난다. 다시 말해 그 도발을 우리 자신의 의견으로 받아들일 때 모욕감이 생기는 것이다.

이 장에서는 삶에서 가장 중요한 교훈 중 하나를 설파한 고대 철학자의 지혜를 현대에 맞게 적용할 것이다. 하지만 본질적으로 진리는 동일하다. 상처는 타인의 행동에서 비롯되지 않는다. 그들의 행동에 당신이 어떤 반응을 했느냐에서 기인한다. 상처받는 것에 대한 태도와 기대감을 변화시키면 부당한 대우를 끝낼 수 있다. 또한 타인에게 과도하게 이용되는 상황을 막을 수 있다.

● 인내와 멸시의 상관관계

○ 인간관계에서 인내는 때로 상대에게 나를 마음대로 취급하라고 알려주는 방식이 되기도 한다. 만약 당신이 부당한 대우를 받았을 때 그저 인내하고 있고 그것이 꽤 오래되었다면, 당신

 모두에게 사랑받을 필요는 없다

을 그렇게 취급해도 저항하지 않겠다는 메시지를 그들에게 보내는 셈이다.

복잡하게 생각할 필요 없다. 참지 않겠다는 메시지를 보내고 행동하면 상대방은 그 행동을 멈춘다. 그들이 원하는 것은 무기력한 당신의 모습을 확인하고 자기가 원하는 방향으로 당신을 대하는 것이다. 조용히 참기만 하면 그들은 당신을 마음대로 다룰 수 있는 권리를 얻은 것처럼 행동한다. 당신이 계속 그렇게 취급해도 된다는 것을 그들에게 가르친 꼴이기 때문이다.

게일이 그런 사람이었다. 그녀는 가부장적이고 고압적인 남편에게서 지속적으로 학대받은 내담자였다. 그녀는 남편의 언어폭력과 교묘한 통제로 자신이 신발 밑창보다 못한 취급을 당하고 있다고 생각했다. 세 아이의 어머니이기도 했지만 엄마 편을 드는 아이는 없었다. 하루하루를 교수대 위에 매달려 사는 듯했고 우울증으로 괴로워하고 있었다.

게일이 자신의 과거를 이야기했을 때 나는 그녀가 어렸을 때부터 과도하게 이용당하는 상황을 묵묵히 인내하며 살아온 전형적인 모습이었다는 것을 알았다. 부모는 항상 그녀의 생활에 간섭했고 게일은 무엇을 할 때마다 허락을 받아야 했다. 아버지는 매우 엄한 성격이었으며 게일이 결혼하기 전까지 그녀의 인격 형성기 전반을 통제한 사람이었다. 결혼 상대를 만나 새로운 인생을 살게 되었지만 남편은 어느 순간 그녀의 아버지처럼 바뀌어 있었다. 그녀에게는 또 다른 지옥의 시작이었다. 게일이 할 수 있는 것이라곤 식구들에게 욕을 먹거나 지시를 받으며 침묵 속에서 고통을 참아내는 일뿐이었다. 누구도 그녀에게 귀를 기울이지 않았다.

그때 나는 게일에게 이렇게 말했다. "다른 사람의 잘못이 크지만, 사실 당신이 그런 식으로 다루라고 무의식적으로 메시지를 보내왔던 것은 아닐까요?" 게일은 곧 현실을 깨닫기 시작했다. 모든 학대와 멸시를 묵묵히 참아오면서도 한 번도 당당하게 맞서지 않았기 때문에 줄곧 이용당하는 위치에 머물러 왔다는 사실을. 한 번 그 사실을 인식하자 그녀는 문제의 해법을 외부에서 찾기보다 내면에서 찾기 시작했다. 상담은 그녀가 사람을 대하는 데 있어 새로운 방식을 찾아가도록 돕는 쪽으로 진행되었다. 나는 그녀에게 '주먹을 쥐는 법'을 먼저 소개했다. 주먹을 쥐는 법은 다음과 같다.

● 순응도 습관이 된다

○ 배우자가 당신을 학대한다고 가정해 보자. 그는 소리를 지르고 화를 내며 심지어 신체적인 폭력까지 저지를 수도 있다. 그가 저지른 모든 행위는 당신을 괴롭게 만든다. 그런데 당신을 괴롭히는 행동은 결혼 전에 이미 시작되었을 가능성이 높다.

학대가 갑자기 일어난 것처럼 보이지만 사실은 그가 처음 그런 태도를 보였던 순간이 있을 것이다. 그때 당신이 무기력하게 울거나 두려움에 떨며 수동적으로 반응하지 않고 주먹을 쥐었다

 모두에게 사랑받을 필요는 없다

고 상상해 보라. 그리고 그에게 당신의 주먹을 보여주며 이렇게 말하는 것이다. "내가 왜 당신한테 이런 취급을 받아야 하지? 나도 사람으로서 인격이 있어. 당신이든 누구든 아무렇게나 취급한다고 그대로 받아들일 사람이 아니야. 또 이런 짓을 하려거든 그전에 충분히 생각해!" 그리고는 분명하고 차분하게 대화를 이어가는 것이다.

언뜻 비현실적으로 보이겠지만 여기에 핵심이 있다. 학대나 모욕이 처음 발생했을 때 강하게 반응한다면 그 한 번만으로 당신은 상대에게 아주 중요한 것을 가르치게 된다. 다시는 그런 식으로 두고 보지 않겠다는 의지 말이다. 하지만 대부분은 전혀 다른 반응을 보였을 것이다. 울거나 상처받은 표정을 짓거나 수치심과 두려움을 드러냈을 것이다. 그런 반응은 상대에게 당신이 정서적으로 지배당하고 있음을 알려줄 뿐이다.

게일에게 이 이야기를 하자 그녀는 이렇게 말했다. "맞아요. 저는 선생님이 말한 것처럼 행동한 적이 없어요." 처음 게일은 자신의 처지를 변호하려고만 했다. 심리상담사인 나에게 공감을 받고 함께 슬퍼해 주기를 바랐던 것이다.

'주먹을 쥐라'는 말은 폭력을 쓰라는 뜻이 아니다. 참고만 있지 않겠다는 결의를 보여주라는 의미다. 방을 떠나거나 대화를 거부하거나 경찰을 부르는 등 실제 행동으로 경계를 세우라는 뜻이다. 이런 메시지를 분명히 해야 정서적, 신체적으로 괴롭히는 사람들에게 변화를 유도할 수 있다.

게일은 새로운 태도를 갖추고 남편과 아이들을 대할 준

비를 했다. 메시지가 제대로 전달되기 위해서는 시간이 필요했다. 삶의 방해자들은 자신의 힘을 쉽게 내려놓는 것을 꺼려하기 때문이다. 하지만 게일은 굳게 마음을 먹었고 이 싸움에서 물러서지 않기로 결심했다. 아이들이 불손하게 행동하면 그녀는 바로 꾸짖고 집안일을 거들도록 요구했다. 예전처럼 봐주지 않았다. 아이들은 엄마의 태도가 달라졌다는 사실을 금세 알게 되었다. 학교까지 데려다주는 일도 중단하고 스스로 등교하게 했으며, 걷기 싫다거나 대중교통을 타기 싫다며 칭얼대면 다른 외출을 허락하지 않았다. 아이들은 게일이 예전의 게일이 아님을 곧 이해하게 되었다.

남편은 새로운 접근법이 필요했다. 게일의 남편이 자주 쓰는 수법은 그녀에게 화를 내거나 혐오를 드러내는 방식이었다. 특히 다른 사람과 있을 때 그는 이 방법을 잘 사용했고, 그럴 때마다 그녀는 위축되어 말로 다할 수 없는 상처를 받았다. 그녀는 결코 그런 대접을 원하지 않았기에 늘 당황하거나 온순하게 그 상황이 지나가기를 기다리기만 했다. 그래서 그녀의 첫 번째 전략은 남편 앞에 당당히 서서 같이 목소리를 내고 그 자리를 떠나는 것이었다.

처음 그렇게 행동했을 때 남편과 주위 사람들은 충격을 받았다. 조용하고 온순하기만 했던 게일의 이전 모습과는 전혀 달랐기 때문이다. 믿기 힘들 만큼 달라진 모습이었다. 남편의 첫 반응은 전형적이었다. 그는 게일의 죄의식을 자극했다. "애들 보기에 부끄럽지 않아? 엄마가 된 사람이 그런 식으로 얘기하고."

하지만 게일이 당당히 자신의 의견을 주장하기 시작하고 몇 달이 지나자 상황은 달라졌다. 그녀는 가족들에게 전혀 다른 대우를 받게 되었다고 말해주었다. 가족들은 '이기적'이라는 꼬리표를 붙여 그녀의 변화를 막으려 했고, "엄마가 어떻게 그럴 수 있어" 혹은 "애들을 봐서라도 그러면 안 돼"라는 말로 구슬렸지만 게일은 단호했다. 그녀가 가족들의 방해를 계속 무시하자 그들의 방해 시도도 곧 사라졌다.

게일은 자신이 가르친 방식대로 대우받는다는 것을 직접 경험했다. 3년쯤 지난 뒤 그녀는 자신에게 무례하게 굴거나 깔보는 사람이 더 이상 없다고 알려주었다.

● 행동은 최고의 스승이다

○　"우리가 정말 알아야 할 것이 있다. 말은 아무짝에 쓸모가 없다는 사실이다." 수백 년 전 스페인의 작가 페르난도 로자스가 한 말이다. 상대에게 "다시는 그러지 마라"라는 긴 설득을 늘어놓아도 당신과 상대 사이에 실질적 변화는 일어나지 않는다. "맞아. 지난번에 그렇게 얘기했지. 깜빡했어"라는 식의 반응만 되풀이될 뿐이다. 인간관계는 온건한 대화만으로 달라지지 않는다. 대화로 해결하자는 주장은 삶의 방해자들이 즐겨 쓰는 수법인데, 결국 같은 문제가 반복되기 쉽다. 말로만 합의했을 뿐 행동은 예전과 똑같기 때문이다.

다시 합의하고 대화하더라도 당신이 알게 되는 것은 말뿐인 함정에 더 깊이 빠졌다는 사실일 뿐이다. 최선의 해결책은 행동이라는 점을 깨닫기 전까지 우리는 문제 해결을 상당 부분 대화에 의존한다. 예컨대 많은 사람이 심리상담을 통해 긴 이야기를 털어놓지만 남는 것은 말뿐인 경우가 많다.

상담 치료는 새로운 행동을 배우는 과정이다. 단지 상처를 이야기하고 동정과 공감을 얻는 것으로 끝난다면 당신은 이중으로 고통받을 뿐이다. 한편으로는 문제를 일으키는 사람들에게 상처받고, 다른 한편으로는 공감해 준 이들에게서도 상처를 받게 된다. 근본적인 해결책은 그곳에 없기 때문이다.

세상에서 가장 강력한 스승은 행동이다. 단호한 결심을 행동으로 옮기는 일은 수많은 말보다 훨씬 값지다. 어린아이들이 또래에게 괴롭힘을 당하는 장면을 떠올려 보라. 보통 덩치 큰 아이가 작은 아이를 괴롭힌다. 작은 아이들이 애원하고 울며 소리쳐도 괴롭힘을 멈추지 않는 경우가 많다. 그러나 어느 날 작은 아이가 반격으로 주먹을 휘둘렀다면 덩치 큰 아이는 이렇게 생각하게 된다. '덩치도 훨씬 작은 놈이 나랑 싸우다니. 괜히 계속 괴롭히다 망신당할 수 있겠구나. 다른 녀석을 괴롭혀야겠다.'

행동은 나를 괴롭히면 안 된다는 사실을 가르치는 유일한 방법이다. 다시 당할 위험을 감수하더라도 당당히 맞서라. 위험을 감수하지 않으면 비열한 행위를 멈추게 할 수 없다. 방해자들의 감언이설과 약속에 속지 마라. 행동으로 저항하지 않으면 어떤 방식으로든 괴롭힘은 계속된다.

사상가 토마스 칼라일은 이렇게 말했다.

누군가 그런 짓을 하지 않기를 바란다면 그것에 대해 그와 얘기하지 않는 편이 낫다. 얘기를 많이 할수록 그는 그 짓만 하려고 할 것이다.

자신이 어떤 대우를 받고 싶은지 알고 싶다면 자문하기 바란다. 단순한 대화로 원하는 결과를 얻을 수 있을까? 당신이 하는 말에 전혀 귀를 기울이지 않는 판매원에게 괜히 시간만 낭비하고 있는 건 아닌가? 자녀에게 아무리 이야기해도 한 귀로 듣고 한 귀로 흘려버리는 모습이 낯설지 않은가? 말할 땐 가만히 듣던 배우자가 이내 똑같은 행동을 반복하는 걸 본 적은 없는가? 다음은 말이 쓸모가 없어지는 현실적인 장면들이다.

• 아이들과 부모

코린느는 세 명의 자녀를 둔 엄마였다. 그녀는 자신이 육아의 희생양처럼 느껴졌다. 온종일 아이들을 붙잡고 입씨름을 해도 달라지는 것은 전혀 없었다.

어느 여름휴가 때, 코린느의 가족은 해변으로 놀러 갔다. 남편은 모래사장에서 여유롭게 휴식을 즐기고 있었지만 코린느는 그럴 틈이 없었다. 싸우는 아이들을 중재하느라 정신이 없었기 때문이다. 아마 이런 대화는 많은 부모가 익숙하게 들어봤을 것이다.

"엄마, 빌리가 나한테 모래 던져."

"빌리, 동생한테 그러면 안 되지."

"엄마, 빌리가 나 때렸어. 혼내줘."

"빌리, 한 번만 더 그러면 아빠한테 이른다."

"여보, 애들이 말을 안 들어. 당신이 좀 얘기해 봐."

대화는 끝없이 계속된다. 아이들은 계속 엄마에게 상황을 알리며 주의를 끈다. 코린느는 야단치고 소리를 지르지만 달라지는 것은 없다.

마트에서는 막내가 풍선껌을 사달라며 떼를 쓴다. 코린느가 안 된다고 말해도 아이는 엄마가 포기할 때까지 울고 불며 버틴다. 결국 코린느가 항복하는 순간 상황은 종료되지만 메시지는 단순해진다. 엄마 말을 들을 필요가 없고, 떼를 쓰면 원하는 것을 얻을 수 있다는 것. 이것이 아이들이 학습한 메시지다. 코린느는 하루 종일 말로 가르치려 했지만 아이들은 듣지 않았다. 말이 현실로 이어지지 않았기 때문이다.

말이 아니라 행동으로 가르쳐야 한다. 말을 했다면 행동이 따라야 한다. 아이들이 엄마에게 심판 노릇을 요구하면 엄마는 그냥 사라질 수도 있다. 말 그대로 그 자리를 벗어나 자기들끼리 분쟁을 해결하도록 두는 것이다. 자기 방으로 들어가 문을 잠그거나 산책을 나가라. 아이들이 너무 어려서 집에 혼자 둘 수 없는 경우를 제외하곤 "너희 일은 너희가 해결해"라고 말하고 물러나도 된다. 아이들의 불평을 무시하고, 마트에서 떼를 쓸 땐 굴복하지 말라. 사람들이 쳐다봐서 불편하더라도 아이가 부끄러움을 느껴 스스로 멈추도록 둬야 한다.

혼자 남겨지면 아이들은 자기 문제를 해결하는 법을 배운다. 어른의 관심을 얻을 수 없다는 걸 깨닫는 순간 스스로 해결하려는 본능이 생긴다. 어른이 심판을 자처하지 않으면 아이들은 생각하기 시작한다. 이것이 스스로 판단하고 타인에게 의존하지 않는 자립형 인간으로 성장시키는 길이다. 그러나 많은 부모들은 코린느처럼 말로만 훈육하다가 나쁜 결과를 만든다. 행동은 아이들과 통하는 또 다른 언어다.

• 가족 간 여성에 대한 신체적 학대

한편 여성에 대한 신체적 학대는 여전히 빈번하게 일어나고 있다. 심리상담사들이 가족 치료에 많은 시간을 할애하고 있다는 사실이 이를 뒷받침한다. 메리는 남편에게 3년 동안 신체적 폭력을 당해왔다. 멍과 부어 오른 자국이 남았고 때로는 뼈가 부러지기도 했다. 폭력이 끝나면 남편은 진심으로 사과하고 다시는 그러지 않겠다고 맹세하곤 했다. 메리는 많이 울고 수없이 기도했지만 앞으로 달라지리라는 희망 외에는 별다른 행동을 하지 않았다. 남편의 불안정한 성향이 다시 분노로 폭발할 때마다 그녀는 또다시 폭력을 당했다.

메리는 마침내 결심했다. 남편이 메리의 눈을 때려 멍들게 했을 때 그녀는 집을 떠났다. 전화를 남기지도, 행선지를 알리지도 않았기 때문에 남편은 그녀의 위치를 알 수 없었다. 그녀는 두 아이를 데리고 모텔에 머물렀다. 더 이상 육체적 학대를 참지 않겠다는 결단을 보이면서 다시 그런 일이 벌어지면 완전히 떠나겠다는 사실을 알리려는 의도였다.

사흘째 되는 날 메리가 아이들과 집으로 돌아왔을 때 남편은 넋이 나간 상태였다. 그는 한동안 불평했지만 곧 얌전해졌다. 그는 값으로 따질 수 없는 중요한 교훈을 깨닫기 시작한 것이다. 폭력을 행사했을 때 부인과 아이들이 곁을 떠난다는 사실 말이다.

하지만 버릇은 쉽게 고쳐지지 않았다. 남편이 한 번 더 작은 폭력을 행사했을 때 메리는 일주일 동안 다시 집을 떠났다. 필요하다면 완전히 이별할 생각이었고 이번 문제로 그와 대화할 생각은 전혀 없었다. 이번에는 남편도 사태의 심각성을 깨달았다. 메리가 때리는 남편과 사느니 혼자 살겠다는 결심을 굳혔다는 사실을 알게 된 것이다. 결국 다행히 그는 감정을 조절하기 시작했다. 메리는 가정폭력에 대해 행동으로 맞서며 자신이 어떻게 대우받기를 원하는지 남편에게 분명히 알렸다.

위의 사례들은 누군가에게 무언가를 가르치려 할 때 망설이지 말아야 한다는 점을 보여준다. 또한 말만으로는 공허할 뿐이라는 사실을 일깨워준다. 작가 헨리크 입센은 "천 마디의 말은 하나의 행동만큼 깊은 인상을 남기지 못한다"라고 했다. 그러니 정당하게 대우받고 싶다면 행동하라. 말이 소용없을 때는 행동으로 채워 넣어라. 그것이 인생을 살아가는 진짜 무기가 되어준다.

 모두에게 사랑받을 필요는 없다

● 타인에 대한 기대를 버려라

○ 사람들이 계속해서 타인의 통제에 놓이는 이유는 타인에게 비현실적인 기대를 품기 때문이다. 상대가 기대와 다르게 행동하면 우리는 실망하거나 화를 내고 낙담한다. 그러나 그 기대는 가르칠 수 없는 경우가 많고 관여할 성질의 것도 아니다. 비현실적인 바람으로 타인의 뜻에 좌우되는 상황은 술에 취한 사람을 예로 들면 이해하기 쉽다.

여기 술 취한 사람이 있다고 하자. 그가 주정 부리는 상황에서 그에게 냉철하게 행동하라고 말한다면 이는 합당한 기대일까? 취한 사람은 다루기 어렵고 말이 많아지며 균형 있게 걷지 못하는 것이 일반적이다. 취한 사람에게 맨정신을 기대하는 대신, 밤새 주정을 부릴 가능성을 염두에 두고 행동하는 편이 이성적이다. 그렇게 하면 당신의 신경을 거슬리는 상황에서 자유로워질 수 있다. 취한 사람에게 맨정신을 기대하는 것처럼 우리가 타인에게 갖는 비현실적 기대에는 다음과 같은 사례들이 있다.

"우리 와이프는 너무 조용해. 말이 없어서 짜증나."

입이 무거운 사람에게 왜 수다스러움을 기대하는 걸까? 조용한 성격의 배우자에게 반대의 모습을 요구하는 것은 불합리한 기대다.

"우리 아이는 운동에 전혀 관심이 없어. 정말 답답해."

공을 차고 놀고 싶어 하지 않는 아이에게 운동을 강요하는 건 누구에게 이로운 일일까? 당신의 뜻대로 움직이지 않는 아이가 잘못인가, 아니면 운동을 싫어하는 아이에게 억지로 운동을 기대하는 당신의 고집이 문제인가?

"첫째 사위는 늘 늦어. 제시간에 온 적이 없다니까."

이런 불평은 끝없이 이어질 수 있다. 핵심은 당신이 바꿀 수 있느냐의 여부다. 가르칠 수 있다면 알려주고 그렇지 않다면 애초에 그 기대를 내려놓아야 한다. 지각하는 사위 정도라면 알려주고 해결할 수 있을 것이다.

● 단호함은 자유의 다른 이름

○　단호함을 불친절함이나 공격성으로 오해하는 경우가 있는데, 전혀 그렇지 않다. 단호하다는 것은 자신이 누려야 할 권리를 위해 대담하게 행동하고 자신감 있게 의견을 밝히는 태도다.

남들이 'Yes'라고 할 때 'No'라고 말할 수 있어야 하고 불평하지 않으면서도 자신을 변호할 수 있어야 한다. 단호하지 않고는 자신이 원하는 방식으로 존중받을 수 없다. 단호함이 결여되면 타인의 뜻에 휘둘리며 희생적인 위치에 놓이게 된다.

목표를 이루는 사람들은 위협적인 상황에서도 당당하게

자신의 권리를 주장한다. 그들은 내면의 두려움과 싸우는 법을 안다. 겁이 없는 게 아니라 두려움을 느끼면서도 물러서지 않는 법을 아는 것이다. 단호할수록 자유로워지고 단호하지 못할수록 이용당할 가능성은 높아진다.

다음은 상담 과정에서 실제로 들은 사례들로, 단호한 태도로 상황을 바꾼 사람들의 이야기다.

• 찰리는 가게에 들어가 주차미터기에 넣을 동전을 바꾸려 했다. 그러나 점원은 짜증 섞인 말투로 말했다. "여긴 환전소가 아니에요." 찰리는 그에게 다가가 침착하게 말했다. "오늘 일이 잘 풀리지 않으신 것 같네요. 제 부탁이 더 불쾌하게 느껴지셨다면 죄송합니다. 하지만 이번 한 번만 동전을 바꿔주신다면 감사하겠습니다. 그리고 남은 하루가 더 나아지길 바랍니다."

결국 점원은 태도를 바꾸며 동전을 바꿔주었고 사과까지 했다. "죄송합니다. 오늘 일이 너무 꼬여서 그랬어요. 아까 그 말은 잊어주세요." 찰리가 그냥 나왔더라면 동전도 얻지 못하고 기분만 상했을 것이다. 그는 침착하지만 단호한 태도로 상황을 바꿨다. 이후 상담에서 그는 자신이 배운 새로운 태도에 매우 만족한다고 말했다.

• 패티의 남편은 어느 날 또 한 마리의 강아지를 데려왔다. 이미 집에는 두 마리의 개가 있었고, 이번에도 밥을 주고 화장실을 치우며 훈련시키는 일은 고스란히 패티의 몫이 될 게 분명

했다. 부엌이며 가구에 이빨 자국이 나는 걸 참는 것도 그녀의 일이었다.

패티는 예전처럼 불만을 삼키지 않았다. 조용히 그러나 물러서지 않고 말했다. "강아지를 데려온 건 존중하지만, 당신이 혼자 결정한 만큼 책임도 당신이 져야 해. 먹이고, 재우고, 산책시키는 일은 전적으로 당신 몫이야. 나는 하지 않겠어." 남편은 그 말을 진지하게 받아들였고 새로운 강아지를 어떻게 돌볼지, 앞으로 부부가 어떤 방식으로 결정을 함께 내려야 할지를 다시 생각하게 되었다.

• 머레이는 금주를 결심했다. 상담 당시 그는 경미한 알코올중독 증상을 보였고, 스스로 중독에서 벗어나기로 마음먹었다. 그러나 친구들은 그의 결심을 이해하지 못했다. 다음은 클럽에서 있었던 머레이와 친구의 대화다.

"맥주 한 잔만 해."

"마시고 싶지 않아."

"괜찮잖아. 한 잔 정도는."

"아니야."

그러자 친구는 바텐더에게 말했다.

"맥주 한 잔 주세요."

"안 마신다니까."

"이런 곳에 왔으면 한 잔 해야 즐겁지. 내가 사는 거야. 딱 한 잔만 해."

"마시고 싶으면 네가 마셔. 난 한 방울도 안 마셔."

머레이는 자기 파괴적인 음주 습관에서 벗어나기 위해 끝까지 거절했다. 친구들은 이후에도 여러 번 유혹했지만 그는 그때마다 분명하게 거절했다. 결국 친구들은 그런 머레이를 인정했다. 단호함만이 타인에게 '앞으로 나를 이렇게 대해야 한다'는 메시지를 전달한다.

• 아이린과 해럴드 부부는 친구 샘 때문에 고민이 많았다. 샘은 마치 부부의 집을 쉼터나 상담소처럼 드나들었다. 예고도 없이 찾아와 예전에 이혼한 이야기나 자신의 불행을 몇 시간씩 늘어놓곤 했다.

아이린과 해럴드는 처음엔 그의 감정을 생각해 솔직히 말하지 못했다. 손님처럼 찾아오는 친구를 내보내는 것보다 그냥 시간을 조금 내는 게 낫다고 생각했다. 하지만 두 달이 지나자 아이린은 한계에 다다랐다. 마침내 그녀는 샘에게 말했다. "너의 불행한 이야기를 계속 듣고 싶지 않고, 예고 없이 찾아오는 것도 부담스러워."

그 말을 들은 뒤 샘의 태도는 달라졌다. 집에 방문하기 전에 반드시 전화로 의사를 묻고 찾아오는 횟수도 줄었다.

• 토니는 소심한 성격이었다. 물건을 살 때조차 판매원의 기분을 상하게 할까 봐 원치 않는 물건을 사곤 했다. 어느 날 그는 이제 조금 더 당당해지자고 마음먹고 신발을 사러 갔다. 마음

에 드는 신발을 고르고 계산하려던 순간 신발 한쪽에 작은 흠집이 보였다. '그냥 넘어가자'는 생각이 스쳤지만 토니는 용기를 냈다. "잠깐만요. 이건 흠집이 있네요. 다른 걸로 주시겠어요?"

소심했던 토니는 전혀 기대하지 않은 말을 듣게 되었다. "아, 바로 새 걸로 가져다 드리겠습니다." 토니에게는 색다른 경험이었다. 그는 당당해지면 괜한 속앓이를 하지 않아도 되고 그게 생각보다 훨씬 간단한 일이라는 것을 깨달았다.

이 경험은 토니에게 인생의 전환점이 되었다. 그날 이후 그는 일상 전반에서 단호하게 행동하기 시작했다. 직장 상사, 가족, 친구들은 입을 모아 토니가 달라졌다고 말했다. 토니는 타인에게 존중받는다는 것을 느꼈고 무엇보다 자신을 사랑하게 되었다. 당당함과 단호함이 자존감이라는 가장 값진 선물을 가져다준 것이다.

● 불편한 사람에게 웃어줄 필요는 없다

○ 당신을 불편하게 하거나 이용하려 드는 사람들은 언제나 주변에 있다. 이런 사람들의 유형을 미리 알아두면 불필요하게 상처받지 않고 스스로를 지킬 수 있다. 그들은 겉으론 평범해 보이지만 타인을 조종하거나 희생시키는 데 능숙하다. 중요한 건 그들을 바꾸려 하기보다 그들이 더 이상 당신의 에너지를 빼앗지 못하도록 하는 것이다.

 모두에게 사랑받을 필요는 없다

1. 술 취한 사람

술에 취해 제정신이 아닌 사람과 대화할 이유는 없다. 그들은 당신이 한 말을 기억하지 못하고 종종 모욕적인 언행을 일삼는다. 하지만 그런 사람들조차 당신을 깎아내리지 못하게 할 수는 있다. 술에 취해 횡설수설하는 이들에게 어떤 반응도 하지 마라. 그들이 당신에게서 아무런 반응을 얻지 못하면 금세 흥미를 잃고 다른 사람을 찾아간다. 당신이 가만히 있어도 되고 상황이 불쾌하다면 자리를 떠나라.

2. 따분한 사람

지루한 이야기를 억지로 들어주며 고개를 끄덕이는 일만큼 피로한 일은 없다. 따분한 사람은 자신이 당신의 시간을 빼앗고 있다는 사실을 대체로 알고 있다. 그렇다면 정중하지만 분명하게 말해야 한다. "잠깐만요. 지금 혼자서 15분째 아무 관련 없는 이야기를 하고 계세요." 단 한마디면 된다. 상대가 당황할 수는 있지만 그 순간부터 그들은 당신이 편하게 붙잡을 수 있는 사람이 아님을 깨닫는다.

3. 투덜거리는 사람

늘 불평을 늘어놓는 사람은 타인의 공감과 인내를 자양분 삼아 존재감을 유지한다. 그들의 하소연을 들어주면 당신은 어느새 정서적 쓰레기통 역할을 하게 된다. 그때는 이야기를 더는 듣고 싶지 않다고 선을 그어라. 그들의 감정에 휘둘리지 않는다는 사실을 보여주면 그들의 통제력은 약해진다.

4. 남을 괴롭히는 사람

남을 희롱하거나 비꼬는 사람에게는 모호한 반응이 통하지 않는다. 그런 사람은 상대가 움찔할수록 더 큰 재미를 느낀다. 그러니 침착하지만 단호하게 맞서야 한다. 작은 말이라도 흔들림 없는 태도면 충분하다.

5. 손님을 함부로 대하는 사람

억지로 게임을 시키거나 먹고 싶지 않은 음식을 권하며 불편함을 강요하는 주인이 있다. 그런 자리에서 예의 바른 손님으로 남을 필요는 없다. 그들의 호의에는 통제의 욕망이 숨어 있다. 웃으면서 거절해 보라. 친절은 일방이 아니라 쌍방의 의무임을 보여주는 것이다.

6. 말싸움하려는 사람

말싸움을 즐기는 사람은 대화를 가장해 당신을 감정의 함정으로 끌어들인다. 그들의 목적은 이기는 것이 아니라 당신을 화나게 만들어 에너지를 빼앗는 것이다. 가장 좋은 전략은 감정적으로 완전히 분리되는 일이다. 싸움을 피하는 것은 패배가 아니다. 당신이 감정의 주도권을 지키고 있다는 증거다.

7. 허세스럽고 자랑하는 사람

같이 자랑하지 말라. 이런 불필요한 경쟁에서 누가 끝없이 장황하게 떠드는지 관찰하라. 자랑에 동참하지 않고 시큰둥한 표정을 지음으로써 그들에게 정말 중요한 것이 무엇인지 가르쳐줄 수 있다.

8. 충고하기 좋아하는 사람

이유를 길게 설명하며 도덕 강의를 늘어놓는 사람들은 좀처럼 말을 마치지 않는다. 당신이 그들의 방식대로 행동하고, 생각하고, 느끼겠다고 동의하지 않는 한 이야기는 계속 이어진다. 그런 거들먹거리는 태도로는 당신을 움직일 수 없다는 점을 분명히 알려야 한다.

9. 말을 끊는 사람

대화의 흐름을 기다리지 못하고 자꾸 말을 끊는 이들에게는 인내를 가르칠 필요가 있다. 그들이 말을 끊으면 깜짝 놀란 듯 침묵으로 반응해 그들이 무슨 짓을 했는지 깨닫게 하고 때로는 사과를 받아낼 수도 있다. 그래도 계속 끼어든다면 "지금 열 번째로 제 말을 끊으셨어요. 제 말이 끝날 때까지 기다려주실 수 있나요?"라고 말하라. 특별한 악의가 없다면 그도 버릇을 고치려 들 것이다.

10. 충격을 주려는 사람

성적인 농담, 기괴한 이야기나 선정적 이미지를 이용해 당신을 놀라게 하려는 사람이 있다. 이때는 최대한 불쾌감을 드러내지 않아야 한다. 그렇게 해야 그런 행위가 효과가 없다는 것을 알려줄 수 있다. 필요하다면 그 행동이 유치하다고 말해도 좋다.

11. 거짓말하는 사람

당신에게 이득만 바라는 사람을 상대할 때 최선의 전략은 냉담한 태도다. 조용히 무시하라.

12. 분노하는 사람

당신이 한 일로 분노를 표출하는 사람들은 그 분노로 당신을 통제하려 들 수 있다. 이때는 그들의 분노가 당신의 삶을 좌우하지 못한다는 점을 보여주라. 당신의 의지를 분명히 밝혀라. 그래도 변화가 없다면 묵묵히 자신의 역량을 키워라.

13. 협박하기 좋아하는 사람

자기 의견보다 남의 의견을 더 중시하거나 두려움에 쉽게 흔들리면 협박에 약해진다. 이럴 때는 "그래서 뭐?"라는 태도를 견지하라. 협박은 그들이 자주 쓰는 수법이니 겁먹지 않는 모습을 보이면 그 효과는 사라진다.

 모두에게 사랑받을 필요는 없다

14. 고집 부리며 강요하는 사람

완고한 태도로 자기주장을 밀어붙이며 당신을 특정 방향으로 몰고 가려는 사람은 대화로 바뀌지 않는다. 그들은 애원, 감언이설, 위협 등 온갖 방법을 동원해 당신을 설득하려 든다. 이들과 맞서려면 당신도 단단한 고집을 가져야 한다. 귀를 닫고 그들의 요구를 거절하라.

15. 죄책감을 파는 사람

죄책감을 자극해 이익을 얻으려는 사람들은 감정의 약점을 이용한다. "어머니, 요즘엔 이것 없으면 애들 사이에서 무시당해요." 같은 말이 대표적인 수법이다. 넘어가지 않는다는 태도를 보이면 그들은 당신에게서 이익을 얻을 수 없음을 깨닫는다. 그들의 시도가 당신에게 왜 가치가 없는지 말해주라. 다만 그들이 이런 시도를 완전히 멈출 거라고 기대하지는 마라.

16. 우울한 사람

우울한 사람과 오랫동안 함께 있으면 당신의 에너지와 자존감이 빠르게 고갈된다. 그들은 무의식적으로 불운의 동반자를 찾는다. 당신의 쾌활함을 지키고 그들의 불행에 동참하지 않겠다는 뜻을 말하라. 그 반대여도 마찬가지다. 그에게 혼자 슬픔에 젖어 있는 것보다 두 사람이 슬픔에 젖어 있는 것이 왜 좋은지를 물어보라. 시인 엘라 휠러 윌콕스는 〈고독〉이라는 시에서 이렇게 말했다. "웃어라. 온 세상이 너와 함께 웃을 것이다. 울어라. 너 혼자 울 것이다."

17. 탐욕스러운 사람

탐욕은 삶을 좀먹는 가장 강력한 방해자다. 만약 당신이 누군가의 탐욕에 맞춰주며 자신의 원칙과 자유를 희생하고 있다면, 이미 당신은 그들에게 시간, 자유, 돈 등 소중한 것들을 내어준 셈이다. 불법이나 비도덕적인 탐욕은 피하기 쉽지만 한 번 발을 들이는 순간 당신은 사랑하던 모든 것에서 멀어지게 된다. 탐욕은 타인을 이용하며 늘 자신에게 주어진 몫 이상을 요구한다. 게다가 가까운 사람의 탐욕은 훨씬 더 위험하다. 그런 관계일수록 명확하게 자기 원칙을 지켜야 한다.

앞서 언급한 17가지 방해자 유형은 당신이 명확히 선을 긋지 않는 한 언제든 당신의 에너지를 빼앗으려 할 것이다. 하지만 걱정하지 마라. 우리는 생각보다 훨씬 더 많은 것을 통제할 힘을 지니고 있다. 그들의 습관도, 우리의 반응도.

● 기준의 한계점을 만들어라

○ 처음부터 인생이라는 싸움을 피할 수 있는 사람은 없다. 부자든 가난한 사람이든, 젊든 늙든 우리는 모두 각자의 전쟁터에서 싸우며 살아간다. 누구나 약탈자와 맞서야 하며, 스스로를

　　　모두에게 사랑받을 필요는 없다

지키는 방어막이 없으면 언제든 희생자라는 낙인이 예고 없이 찍힌다. 그러나 단순히 제물이 되는 상황을 피하는 데 그치지 않고 자유를 위해 싸움을 선택한 이들도 있다. 그들의 투쟁은 길고도 치열했지만 승리를 위해선 반드시 대가를 치러야 한다는 진리를 보여주었다. 그들은 결코 타협이나 절충안을 선택하지 않았다. 그래서 소설가 존 가드너는 말했다. "쉽게 찾아오는 승리는 없다."

역사 속 위대한 지도자들은 말이 아니라 행동으로 인류가 서로를 어떻게 대해야 하는지를 가르쳤다. 이 책은 개인의 내면적 자유를 이야기하고 있지만 잠시 시선을 사회적 차원으로 옮겨보자. 거대한 희생을 강요하는 세상에서 행동으로 맞섰던 사람들의 철학을 통해 삶의 태도를 배워볼 수 있다.

에이브러햄 링컨은 온건한 토론으로는 노예제도를 끝낼 수 없다는 사실을 알았다. 그는 노예제를 용인하지 않기 위해서는 노예주들에게 단호함으로 맞서야 한다고 믿었고 그것을 행동으로 옮겼다.

마틴 루터 킹은 인종차별 철폐라는 꿈을 이루기 위해 여론을 이끌고 시위를 주도하며, 의회가 법안을 제정할 수 있도록 압력을 가해야 한다는 사실을 알고 있었다.

링컨과 킹은 소수자들의 권리가 짓밟히는 이유가 대화의 부족이 아니라 행동이 없기 때문임을 이해했다. '거기서 기다려! 그 선을 넘어오는 것만은 용납하지 않겠다'는 것은 끝없는 논쟁만 낳는다. 변화를 만드는 것은 언제나 행동이다.

윈스턴 처칠은 전임 수상 체임벌린의 실패를 통해 나치와의 협상은 불가능하다는 사실을 알았다. 그가 본 것은 냉혹한 현실이었다. 나치를 막지 않으면 세상은 그들의 군홧발 아래 짓밟힐 것이었다. 그는 생명의 위험을 무릅쓰고 모든 것을 잃을 각오를 해야 한다고 믿었고 그 믿음을 따랐다.

토머스 제퍼슨과 벤저민 프랭클린 역시 영국이 아메리카 식민지를 결코 독립국으로 인정하지 않으리라는 사실을 알고 있었다. 그들은 오랜 대화를 끊고 독립의 염원을 행동으로 보여주었다.

현대의 미국 여성은 권리는 행동으로 요구해야 한다고 배우고 있다. 실제로 그들의 권리는 행동으로 시작했기 때문에 쟁취할 수 있었다. 오랜 세월 남성의 소유물로 여겨지며 희생을 강요당했던 그들은 더 이상 참지 않겠다고 선언하고 거리로 나섰다. 그들의 외침은 평등을 현실로 만들었다. 미국 원주민들이 얻은 교훈도 같다. 조약과 회담은 근사한 휴지 조각일 뿐이었고 그들이 행동했을 때 권리가 회복되었다.

역사의 흐름에 이런 예는 끝이 없다. 시민 운동가인 랄프 네이더는 소비자를 기만하는 거대 기업의 횡포에 맞섰다. 그가 존경받는 이유는 글이나 연설이 아니라 '직접 행동했다'는 점이다. 그는 사회가 자신을 지지하느냐를 따지지 않았다. 행동만이 변화를 낳는다는 것을 믿었기 때문이다. 그의 등장 이후 시민 운동가들은 행동이야말로 권리를 얻는 가장 강력한 방법임을 깨달았다.

세상의 희생양이 되는 사람들은 몇 가지 공통된 패턴을

가지고 있다. 은퇴했거나 젊은 세대에게 자리를 물려준 노년층은 여전히 사회에 기여할 수 있는 잠재력이 있지만 스스로를 이등 시민으로 격하시킨다. 그렇게 젊은 세대에게 자신을 하찮게 대해도 된다는 신호를 보낸다. 그러나 65세가 넘었다고 열등한 존재가 되는 것은 아니다. 노인 복지와 권리를 요구하며 싸워온 '그레이 팬서Gray Panthers' 같은 단체가 그 증거다.

미국의 소수 종교 단체들 또한 오랜 탄압을 받아왔다. 유대교, 가톨릭, 심지어 개신교 일부 종파까지 역사 속에서 억압을 경험했다. 하지만 그들은 자신들의 신앙을 지키기 위해 행동했고, 그 결과 존중받는 위치에 올랐다. 진리는 하나다. 소중한 것은 언제나 대가를 지불해야 얻는다. 박해를 용인하고 저항하지 않는다면 사회의 제물이 될 수밖에 없다.

소수 인종 집단의 역사 또한 투쟁의 기록이다. 흑인, 아메리카 원주민, 아시아계 미국인, 중남미계 미국인이 이 땅에 정착하기 위해 얼마나 치열한 권리 투쟁을 벌여왔는가. 그 과정에서 얼마나 많은 희생이 있었는가. 이들을 이끌었던 지도자들은 모두 헤아릴 수 없는 위험을 감수한 사람들이었다. 인종적 편견은 여전히 존재하지만 해결책은 말이 아니라 행동 속에 있다. 행동만이 다수자에게 소수자를 어떻게 대해야 하는지를 가르칠 수 있다.

학생도 마찬가지다. 학생의 권리는 행정당국이 형식적으로 운영하는 꼭두각시 자치회를 통해선 결코 보장되지 않는다. 진짜 문제를 해결하려면 직접 행동해야 한다. 위험을 무릅쓰고 움직이는 사람만이 권리를 되찾는다. 토머스 제퍼슨은 영국의 착취로부터 미국의 권리를 되찾기 위해 독립선언서에서 이렇게 말했다. "바꾸거나 폐기하라. 그리고 새로운 정부를 수립하라."

한 집단이 다른 집단에게 가하는 억압은 거대하게 보이지만 개인이 당하는 고통은 훨씬 더 구체적이다. 역사의 기록보다 당신의 삶이 더 현실적이다. 그러니 억압과 해방의 역사를 당신의 일상에 대입해 보라. 누군가 당신을 자신의 뜻대로 통제하려 한다면 그는 노예소유주나 독재자와 다를 바 없다. 존중을 요구하라. 자주성을 외쳐라. 그리고 인내에도 한계가 있다는 사실을 당당히 알려라.

● 타인의 존중을 얻는 20가지 방법

○ 다음은 당신의 권리를 되찾고 세상으로부터 '어떻게 대우받고 싶은지' 가르치기 위한 방법들이다.

1. 존중받지 못할 거라고 미리 단정하지 마라

그동안 부당한 대우를 받은 이유는 그들이 당신을 이용했기 때문만이 아니다. 당신이 그렇게 하도록 허락했기 때문이다. 이 사실을 인정하라. 가장 큰 책임은 자신에게 있다는 자세가 변화를 가져온다. 모든 인간은 태도가 달라져야만 진정한 변화를 시작한다.

 모두에게 사랑받을 필요는 없다

2. 확고한 원칙을 세워라

조용하면서도 효과적으로 대응하려면 원칙이 필요하다. 타협하지 말고 거부하라. 예를 들어 이렇게 정할 수 있다. '술 취한 사람에게 5분 이상 시간을 쓰지 않는다. 그들이 운전하는 차에는 절대 타지 않는다', '내 말을 들으려 하지 않는 사람에게는 더 이상 설명하지 않는다', '앞으로 절대 누군가의 뒤치다꺼리를 하지 않겠다.'

이런 규칙은 당신을 보호하는 최소한의 방어선이다. 그리고 이런 결심만으로 변화가 일어나지 않는다면 주변 사람들이 당신의 원칙을 알도록 행동으로 보여줘야 한다. 예를 들어 매주 일요일에 남편과 그의 친구들을 골프장에 태워주는 일이 싫다면 다른 차편을 이용해 달라고 분명히 말하라. 이런 원칙을 세울 때는 누구와 논의할 필요도 없다. 원칙을 설명하려 들면 불필요한 논쟁만 생길 뿐이다.

3. 행동으로 반응하라

말 대신 행동으로 반응하는 법을 훈련하라. 부당한 대우에는 과감하게 반응하라. 상대가 전혀 예상치 못한 방식으로 행동하면 그들은 깜짝 놀라며 당신을 다시 보게 된다. 누군가 욕설로 당신을 모욕한다면, 침묵하거나 웃어넘기지 말고 단호히 말하라. 언어폭력이 자행된다면 그 상황을 벗어나라. 필요하다면 택시를 타고 바로 그 자리를 떠날 수도 있다. 당신이 달라졌다는 첫 신호는 반드시 명확해야 한다. 그래야 메시지가 흐려지지 않고 그대로 전달된다.

4. 행동할 수 있도록 가르쳐라

누군가 자신의 몫을 하지 않을 때 대신해 주지 마라. 행동으로 가르쳐야 한다. 예를 들어 아들에게 쓰레기를 버리라고 했는데 무시한다면 한 번 주의를 주고, 그래도 하지 않으면 마감 시간을 정하라. 여전히 하지 않는다면 쓰레기통을 그의 방 한가운데 두어라. 말로는 화만 돋울 뿐이다. 당신의 태도가 농담이 아니라는 사실은 오직 행동으로만 전해진다.

5. 남을 탓하지 마라

불쾌한 대우를 받았다고 상대를 비난하지 마라. "그 사람 때문이야", "어쩔 수 없었어" 같은 말은 무력감만 키운다. 대신 이렇게 생각하라. '내가 그렇게 하도록 가르쳤잖아', '그래. 내 실수로 이런 일들이 일어난 거야' 이런 생각이 당신의 답답한 처지를 개선할 수 있다. 남을 탓하면 상황만 악화될 뿐이다.

6. 태평하게 기다리지 마라

'시간이 지나면 나아지겠지' 같은 말만큼 위험한 자기 위안은 없다. 당신을 무시하거나 모욕하는 사람은 시간이 지나도 변하지 않는다. 오히려 더 대담해질 뿐이다. 최선의 대응 시점은 항상 지금 바로다. 행동하지 않으면 그 침묵이 곧 '허락'이 된다.

　모두에게 사랑받을 필요는 없다

7. 위험을 감수하라

단호함에는 언제나 약간의 위험이 따른다. 그러나 그것이 성장의 출발점이다. 당신을 괴롭히는 사람이 있다면 한 번만이라도 용기를 내어 맞서라. 무례한 사람에게 "지금 말씀은 실례 아닌가요?"라고 말하라. 집단이 당신을 희생양으로 삼으려 한다면 더 큰 용기로 자신을 변호하라. 결과가 완벽하지 않더라도 그 한 걸음이 당신을 자유롭게 만든다. 천 리 길도 한 걸음부터다.

8. 단호한 표현을 연습하라

단호한 말투는 연습으로 완성된다. 일상에서 리허설하듯 시도하라. 웨이터에게 잘못된 주문을 바로잡거나, 판매원에게 "이건 마음에 들지 않아요"라고 말해보라. 택시기사, 접수원, 낯선 사람과의 대화에서도 자신 있게 요청하라. 자주 시도할수록 실제 상황에서도 흔들리지 않는다.

9. 자신을 과소평가하지 마라

"난 그런 일엔 서툴러요", "그만한 재주는 없어요" 같은 표현은 당신을 이용해도 된다는 허가증이 된다. 예를 들어 계산이 약하다고 말하는 순간, 당신은 계산 오류를 바로잡을 힘이 없는 사람으로 인식된다. 당신이 스스로를 깎아내리면 세상은 기꺼이 그 기준에 맞춰 당신을 대한다.

10. 하지 않아도 될 일은 거절하라

하기 싫은 일을 억지로 하면서 억울해하지 마라. 거절하라. 잔디 깎기, 빨래, 회식 준비, 심부름 같은 일들은 당신이 '당연히' 해왔기 때문에 계속 맡겨진 것이다. 2주만 손을 떼고 관찰하라. 세상은 무너지지 않는다. 대신 누군가는 그 일을 스스로 해야 함을 배운다.

특히 가족에게 맡길 수 있는 일은 분명히 위임하라. 깨끗한 셔츠를 원한다면 직접 세탁하도록 시켜라. 이는 단순한 분담이 아니라 자립심을 가르치는 일이자, 당신을 희생의 굴레에서 해방시키는 첫걸음이다.

11. 약해지지 마라

이제부터 희생자로 살지 않겠다는 결심은 언제나 저항을 부른다. 당신의 단호함을 시험하려는 사람들은 두 부류로 나뉜다. 한쪽은 분노와 고함으로 압박하고, 다른 한쪽은 선물이나 감언이설로 회유한다. 그러나 그들의 첫 반응은 테스트일 뿐이다. 이때 물러서지 말라. 일관되게 굳건하면 결국 당신이 진심이라는 것을 깨닫는다. 그 순간부터 그들은 당신이 가르친 대로 행동하기 시작한다.

12. 죄책감을 떨쳐라

당신이 변화하려 할 때 죄책감을 불러일으키는 시도에 흔들리지 마라. 상처받은 듯한 표정, 부탁, 선물, 분노 표출 등은 당신에게 죄책감을 유발하려는 고전적 수법이다. 이 유혹에 저항하라. 당신의 희생을 통해 편의를 누려왔던 사람들은 처음엔 당신의 달라진 모습에 어떻게 반응해야 할지 모른다. 이때 확고해질 필요가 있다. 왜 단호해졌는지 설명할 수 있다면 하라. 단, 그들이 기꺼이 귀를 기울일 때 하라. 하지만 그들은 이렇게 말할 것이다. "맞는 말이긴 한데…", "불공평하잖아", "예전엔 안 그러더니 왜 지금 와서 하겠다는 거야?" 그러면 당신의 결심을 다시 이야기하고 앞으로도 태도를 바꾸는 일은 없을 것이라고 말하라.

13. 자기 시간을 가져라

당신의 시간은 누구의 것도 아니다. 사소한 방해에도 흔들린다면 당신의 하루는 남의 것이 된다. 업무 중에도, 가정에서도 자신만의 시간을 확보하라. 책을 읽든, 커피를 마시든, 산책을 하든, 그 시간만큼은 신성하게 지켜야 한다. 누군가 계속 침범한다면 앞서 대화에 끼어드는 사람을 다루는 전략처럼 명확히 경계를 설정하라.

14. 중재자 역할을 하지 마라

모든 분쟁의 중간에 끼어드는 습관을 버려라. 자신의 문제가 아닌데 중간에 끼는 것만큼 고통스럽고 난감한 일이 없다. 특히 어린 자녀들의 싸움엔 끼어들어선 안 된다. 원하지 않는다면, 그리고 잘 마무리할 수 없다면 사람들의 싸움에 끼어들어 어느 한쪽 편을 들거나 심판 노릇을 하지 않겠다는 사실을 알려라.

15. 말의 올가미를 주의하라

사람들은 말로써 당신을 제물로 만들려 한다. "엄마가 해 줄 거예요", "너밖에 없어", "네가 안 도와주면 큰일 나" 같은 말은 전형적으로 조종하려는 언어다. 그들의 단어를 유심히 들어라. 그리고 기록하라. 그들의 패턴을 인식하면 당신은 더 이상 그 말에 걸리지 않는다.

16. 분노를 자제하라

분노를 유발해 당신을 조종하려는 사람들을 상대하기 위해선 당신이 먼저 분노하지 않아야 한다. 자제력을 키워라. 보통은 분노에 사로잡히는 순간 훗날 후회하게 될 말이나 행동을 하게 된다. 자기 통제력을 발휘해야 승리할 수 있다.

아이들은 부모의 분노를 유발하는 데 전문가들이다. 말대꾸를 한다든가 자기 방에 쏙 들어가 나오지 않는 방법 등으로 부모를 자극한다. 이들이 이길 수 있는 이유는 그 상황을 주도하기 때문이다. 분노하지 말고 확고함을 유지하라. 그 상황에 끌려들어가지 않아야 무력감에 사로잡히지 않으며 그들을 올바르게 지도할 수 있다.

17. 나의 지지자를 찾아라

새로운 전략과 태도를 논의할 수 있는 동맹군을 곁에 두어라. 당신의 성공과 실패에 대해 함께 생각을 나눌 수 있는 끈끈한 인간관계를 만들어가라. 그러려면 솔직해져야 한다. 호의적인 친구들과 함께 노력과 감정을 공유하는 일은 당신에게 힘이 될 것이다. 그들은 당신의 지지자들이다.

18. 대안을 고려하라

항상 플랜 B를 갖고 움직여라. 그래야 궁지에 몰리지 않는다. 어떤 상황에서도 다른 길이 있다는 사실을 알고 있을 때 당신은 훨씬 더 침착하게 대응할 수 있다. 대안이 지금은 실현 불가능해 보이더라도 기록해 두라. 종이에 적고 친구와 공유하라. 그 한 장의 메모가 당신의 시야를 넓히고 행동을 가능하게 만든다.

19. 안 된다고 말하라

'안 돼'는 세상에서 가장 짧지만 가장 강력한 말이다. '아마도', '글쎄요', '음…' 같은 말들은 당신의 두려움을 노출시킨다. "안 됩니다", "싫어요", "거절하겠습니다" 같은 말들을 연습하라. 우물거리지 말고 미안해하지 말라. 사람들은 우유부단한 태도보다 확고하게 'No'라고 하는 사람을 더 존중한다.

20. 핵심을 찔러라

불평하는 사람, 허세를 떠는 사람, 말싸움을 하려고 시비를 거는 사람, 거짓말쟁이를 만났을 때 장황하게 대응할 필요는 없다. 짧고 단호하게 핵심을 찔러라. "그건 아까 들었습니다", "지금 저를 방해하고 계세요", "그렇게 말해서 뭐가 달라지나요?" 이런 표현은 예리하지만 교육적이다. 당신이 더 이상 먹잇감이 아니

라는 사실을 알리는 가장 효과적인 방법이다. 차분할수록 그리
고 솔직할수록 누군가의 희생양이 될 가능성은 멀어진다.

:

우리는 타인을 대하는 방식만큼 대우를 받는다.
이 장에서 다룬 방법들을 삶의 기준으로 삼는다면,
더 이상 누구의 희생양이 되지 않고
스스로의 길을 당당히 걸어갈 수 있다.
어떤 사람을 상대하는 일은 결코 쉽지 않다.
그러나 포기하면 통제권은 타인에게 넘어간다.
타협은 곧 자기 주도권의 포기다.
당신이 운명의 줄을 느슨히 쥐는 바로 그 순간,
다른 누군가가 그 줄을 대신 잡아당길 것이다.

7장

왜
나를
대접해야
하는가

Pulling Your Own Strings

당신이 하는 일이 당신이 누구인지를 말해준다면
당신이 하지 않는 일 역시 당신이 누구인지 말해준다.

다음은 조직, 회사, 혹은 업무에 대해 당신이 어떤 태도를 가졌는지 돌아보게 하는 12개의 물음이다. 아래 항목 중 해당되는 문장에 표시해 보고, 일이나 조직에 대한 생각이 어떻게 한 사람의 삶을 소진시키는지 살펴보자.

☐ 일할 때 늘 바쁘게 움직이고 빨리 말한다.

☐ 하루 일을 마친 뒤에도 죄책감이 든 적이 있다.

☐ 개인보다 팀이나 회사가 더 중요하다고 생각한다.

☐ 돈을 벌기 위해 개인적인 시간을 포기한 적이 있다.

☐ 사람들과 어울리는 것보다 위신이나 금전적 보상을 더 중시한다.

☐ 자신이나 가족보다 일에 대한 책임감을 우선한다.

☐ 일과 관련된 문제에서 마음을 비우거나 긴장을 푸는 일이 어렵다.

☐ 당신의 방식대로 일처리를 하지 않는 사람을 보면 불편하다.

☐ 형식적이거나 불필요한 절차를 겪으면 쉽게 짜증이 난다.

☐ 성과가 없으면 불안하고 항상 최선을 다해야 한다고 생각한다.

☐ 지금의 노력이 오직 연금이나 은퇴 후 계획을 위한 것이다.

☐ 업무와 관련된 모임이나 행사가 불쾌하게 느껴진 적이 있다.

위 질문 중 하나라도 해당된다면 당신은 개인적인 만족보다 일을 우선시하는 사람이다. 그러나 살아 있는 존재로서 인간의 가치는 존재 자체에 방점이 찍혀야 한다. 자신의 행복을 희생하면서까지 지켜야 할 일은 세상에 없다. 물질적 집착과 조직에 대한 과도한 헌신은 자신을 잃게 만든다.

자유란 다른 사람의 간섭에서 벗어나는 것만 의미하지 않는다. 물질적인 것, 일, 회사, 제도와 조직으로부터의 독립에서도 비롯된다. 가족이나 친구와의 관계에서는 주체적으로 행동하면서도 일과 조직에서는 아이러니하게도 종속된 태도를 보이는 사람들이 많다. 그들은 늘 업무에 몰두하며 자신을 위한 시간을 잃어버린다. 일과 가정, 회사와 개인의 삶 사이에 균형을 세우지 못

 모두에게 사랑받을 필요는 없다

한 채 항상 경주마처럼 달린다. 업무 외의 것에 에너지를 쏟지 않는다.

이 장을 읽는 당신이 일, 회사, 학교, 연구 과제, 취미 등 어떤 것에도 쫓기듯 지내며 자신만의 시간을 갖지 못하고 있다면 이미 그 일에 지나치게 휘말려 있는 것이다. 당신의 행복보다 그 일을 더 중요하게 여긴다면 스스로 삶의 무게를 한쪽으로 기울이고 있는 셈이다.

● 헌신에도 방향이 있다

○ 헌신은 노예처럼 예속되었다는 뜻이 아니다. 우리는 구속되지 않더라도 조직에 충실할 수 있고 진심으로 일에 몰두할 수 있다. 그러나 인생에서 가장 헌신해야 할 대상이 있다면 그것은 바로 '나 자신'이다. 일과 조직은 바뀔 수 있고 그만둘 수도 있으며 다른 대안을 찾을 수도 있다. 하지만 인생은 단 한 번뿐이다. 헌신이란 말은 종종 오용되어 자신을 덜 중요하게 여기고 조직이라는 이름 아래 자신을 소모하는 태도로 변질되곤 한다.

무엇에 헌신할지는 전적으로 당신에게 달렸다. 가족을 돌보고 사랑하는 일, 혹은 스스로의 행복을 추구하는 일을 삶의 가장 중요한 덕목으로 삼을 수도 있다. 그것은 남에게 설명할 필요조차 없는 개인의 선택이다. 그렇게 자신에게 충실할 때 일도 더 즐겁고 생산적으로 해낼 수 있다.

아무리 탁월한 능력을 가진 관리자라도 그 자리를 영원히 지킬 수는 없다. 하지만 우리는 우리 인생에서 사퇴할 수 없는 삶의 경영자들이다. 회사를 위해 시간을 쏟을 수 있다면, 그만큼 자신의 행복과 건강 그리고 삶의 의미를 위해서도 시간과 에너지를 써야 한다.

헌신을 오해하면 재앙이 된다. 누구나 스트레스와 불안, 피로를 안고 살지만 지나치면 스스로를 병들게 한다. 정말 소중한 일을 알고 있으면서도 일이 우선이라는 이유로 늘 뒤로 미루다 보면, 그 결과의 책임은 자신에게 돌아온다. 그렇게 일만 바라보다 생을 마감한 사람을 두고 사람들은 회사에 헌신한 사람이라 부를지 모르지만, 그것이 진정한 찬사는 아니다.

그렇게 살아가는 것도 헌신적인 삶일 수 있다. 하지만 기억하자. 이윤을 위해서, 회사 일이기 때문에, 나에게 주어진 업무라는 이유만으로 자신의 행복을 소홀히 한다면 희생양의 제단에 스스로 올라가는 꼴이다. 작가 러디어드 키플링은 이렇게 말했다. "세상의 갈등보다 과로가 더 많은 사람을 죽이고 있다."

조직은 당신을 위해 존재하는 것이지 당신이 조직을 위해 존재하는 것은 아니다. 자동차 공장에서 사람을 없애면 무엇이 남을까? 녹슨 기계, 텅 빈 건물, 의미 없는 서류 더미뿐이다. 조직을 움직이는 것은 사람이며 당신도 그중 하나다. 일에 대한 헌신도 삶의 행복을 위한 수단이지 그 반대가 되어서는 안 된다. 진짜 헌신은 자신의 행복을 지키고 사랑하는 사람들과 함께 잘 살아가기 위한 헌신이어야 한다.

 모두에게 사랑받을 필요는 없다

● 경쟁에 중독되지 말 것

○　조직에 자신을 소진시키는 사람들은 대개 경쟁심이 강하다. 그들은 경쟁을 신념처럼 여기며, 만나는 모든 이를 경쟁 상대로 인식한다. 경쟁이 나쁘다고 말하려는 것이 아니다. 다만 한 번쯤 진지하게 생각해 보자. 나를 희생할 만큼 경쟁이 가치 있는 일일까?

조직은 경쟁을 통해 성장한다. 조직은 탁월한 과업을 찬양해 사람들이 경쟁적인 사고방식을 내면화할 수 있도록 한다. 탁월한 성과를 칭송하고 그 성취를 본받게 하며, 구성원 스스로 경쟁적인 사고방식을 내면화하도록 만든다. 승진과 성과급 같은 보상 체계는 사람들로 하여금 타인을 능가하기 위해 자신을 혹사시키게 만드는 강력한 동기가 된다. 언제든 자신의 자리를 다른 누군가에게 빼앗길 수 있다는 불안감 역시 경쟁을 부채질한다.

경쟁은 자본주의 시스템의 핵심 동력이다. 하지만 우리는 극단적인 희생 없이도 조직 안에서 충분히 건전한 경쟁을 할 수 있다. 지나친 경쟁은 삶의 기반을 무너뜨린다. 경쟁에 몰두한 사람은 어느새 가족에게도 그와 같은 방식으로 경쟁에서 이기라는 압박을 가할 수 있다. 경쟁만이 진보라고 믿는 문화는 도시의 현대식 건물, 고속도로, 정교한 디지털 기술 곳곳에 스며 있다. 그러나 그 화려함 뒤에 우리가 어떤 대가를 지불하고 있는지 인본적 관점에서 성찰해야 한다.

자본주의 사회의 경영진은 대부분 극도의 긴장과 스트레

스 속에서 살아간다. 심장병, 위궤양, 고혈압이 비즈니스 세계에서 흔한 병처럼 간주되는 이유다. 반면 노동자들은 가족과 함께할 시간이 부족하다. 그 대신 과음, 흡연, 불면증, 약물 의존이 일상의 질병으로 자리 잡는다.

미국의 작가 피터 아드리안 코헨의 베스트셀러 저서 《하버드 경영대학원의 신조The Gospel According to the Harvard Business School》에는 경쟁의 폐해를 생생하게 기록했다.

4월 8일. 모두가 익숙한 장면이었다. 처음엔 경찰이 왔고 이어서 행정처장이 도착했다. 두어 시간이 지나 사람들이 점심을 먹으려 모일 즈음, 검은색 왜건 트럭이 학교로 들어왔다. 두 사내가 카트를 끌고 내렸다. 그들은 기숙사 건물로 들어갔다가 잠시 뒤 끈으로 단단히 묶인 검은 천을 카트에 실은 채 나왔다. 제임스 힌맨이 하버드 경영대학원에서 어떤 1년을 보냈는지를 여실히 보여주는 결과였다.

올해 들어 세 번째다. 하나님만이 아실 것이다. 경쟁은 미국의 방식이며 유일한 길이라는 말을 우리가 얼마나 많이 들어왔는지, 강의실과 연단에서 얼마나 많이 듣고 그렇게 믿어왔는지 하나님은 아실 것이다. 저 작은 카트가 사라지고 나면 우리는 다시 인생의 밝은 면만을 보게 될 것이다. 잠시 드러났던 문제점, 우리가 무엇을 대가로 치르고 있는지는 모두 잊혀질 것이다. 우리는 경쟁하기 위해 이곳에 왔기 때문이다. 더 빠르고, 더 똑똑해지고, 더 잘 살기를 바라는 욕망을 쫓아 이곳에 왔기 때문이다.

우리는 경쟁이 명백한 낭비라는 것을 잊고 산다. 단 한 사람의 승리가 수백, 수천, 수만 명의 사람을 패배자로 만들고 있다. 이것이 미국 사회가 걷고 있는 길이다. 협력이라는 말은 들어본 적도 없는 것처럼 경쟁만 이야기한다. 과도한 경쟁으로 사람들이 쓰러지고 있어도, 현실을 누구도 직면하려 하지 않는다.

코헨의 에세이가 전달하려는 메시지는 분명하다. 과도한 경쟁에 몰두한다면 그 피해는 당신 자신뿐 아니라 배우자와 자녀에게까지도 미친다는 것이다. 학교는 학생들에게 우수한 학업성적을 요구하며 서로를 경쟁 상대로 몰아넣는다. 그렇게 해서 소수의 승자가 만들어진다. 그러나 그 승자들은 정말 스스로 원해서 그 자리에 오른 것일까? 모두가 진심으로 그들을 최고라고 생각할까? 혹은 그저 타인의 박수갈채를 받기 위해 경쟁을 하는 것은 아닐까? 그것이야말로 불안감과 낮은 자존감을 감추려는 몸부림이 아닐까?

인간의 가치가 '남보다 더 낫다'거나 '최고의 자리를 차지했다'는 데서만 비롯된다면, 그 자리를 잃는 순간 그는 스스로의 존재 의미를 잃게 된다. 더 이상 찬사를 받지 못할 때 자신의 존재가 붕괴하는 것이다. 경쟁은 현대 사회의 자살 문제와 깊게 맞닿아 있다. 경쟁은 우월함을 존재 가치로 생각하는 사람들을 우선적으로 희생시킨다. 실패하는 순간, 평범해지는 순간 그들은 자신을 잃고 무너지기 때문이다.

1967년 이후 8세에서 12세 아동의 자살률이 4백 퍼센트나 치솟았다. 상상해 보라. 어린아이들이 스스로 생을 마감한다는 건 끔찍한 일이다. 그 이유는 자신을 존재 그 자체로 인정받지 못하고 누군가보다 더 잘해야만 가치가 있는 사람이라 믿기 때문이다. 이런 압박은 학교 교실과 리틀 야구팀 그리고 부모의 기대 속에서도 반복된다. 그 안에는 삶이란 무엇인가에 대한 진정한 성찰이 없다.

모든 사람은 자신만의 존재 가치가 있다. 자신의 가치를 타인과 견주지 않고 그것만으로 행복할 수 있어야 한다. 자존감이 강한 사람들은 타인이 무엇을 잘하는지에 관심이 없다. 그들은 자기 삶의 목표에 더 많은 관심을 기울이며 경쟁은 이 과정에서 불필요한 일이라는 것을 알고 있다. 기억하라. 경쟁은 언제나 비교를 전제로 한다. 나의 가치를 외부의 기준으로 잰다면 삶의 주도권은 내 손을 떠난다. 비교 대신 성찰하라. 그래야 진짜 삶의 주인이 될 수 있다.

● 진짜 승리는 탈출이다

○ 경쟁은 양날의 검이다. 삶을 무너뜨리기도 하지만, 잘만 다루면 발전의 동력이 될 수도 있다. 그런데 협력은 그보다 훨씬 강력하다. 협력은 나뿐 아니라 타인의 삶까지 함께 풍요롭게 만든

　　모두에게 사랑받을 필요는 없다

다. 사람들은 서로를 도우려고 할 때 모든 이득을 고려한다.

가령 학교에서 제한된 A학점을 두고 학생들이 경쟁한다면 결과는 뻔하다. 서로 속이고 불안해하며, 수단과 방법을 가리지 않고 보상을 받으려고 할 것이다. 하지만 협력적인 교실에서는 다르다. 함께 목표를 이루는 기쁨을 배우며, 비교 대신 성장의 즐거움을 배운다. 경쟁보다 협력의 교실이 훨씬 건강한 이유다.

오늘날 미국에는 1,200만 명 이상의 알코올중독자가 있다. 항우울제와 진정제를 처방받는 횟수는 매년 1억 건이 넘는다. 체중 조절, 수면이나 각성 유도, 긴장과 통증을 완화하기 위해 2,500만 정의 암페타민이 팔린다. 약물 의존자들, 심리적 중독자들, 수면장애와 무기력의 나라가 되고 있으며 우울증 환자는 천문학적으로 늘었다. 어린아이들조차 심리상담사와 사회복지사를 찾고 있으며 청소년들의 자살과 알코올중독은 더 이상 예외가 아니다.

이 모든 것은 협력과 조화를 잃고 경쟁만을 부추기는 문화의 산물이다. 앨빈 토플러는 《미래의 충격》에서 이미 이 문제를 경고했다. 지금 당장 여기에서 벗어나지 않으면 돌이킬 수 없는 결과를 맞이할 것이라고 했다.

하지만 우리는 여전히 선택할 수 있다. 경쟁의 소용돌이 속에서도 삶을 지켜내는 방법은 있다. 물이 끓는 냄비처럼 뜨거운 상황 속에서도 침착하게 대처할 수 있다면 스스로를 희생하지 않아도 된다. 우리에게는 삶의 일부분이 되어버린 긴장을 늦추는 능력이 필요하다. 삶의 주도권을 되찾기 위해서는 더 이상 스스로를 희생의 무대에 올려놓지 말아야 한다. 이제는 '이기는 경쟁'이 아니라 '벗어나는 선택'을 해야 할 때다.

● 부족함이라는 미학

○　알렉스는 사십대 중반의 나이에 내게 찾아왔다. 그는 두 차례의 위궤양 출혈과 가벼운 심장마비를 겪은 뒤였다. 비즈니스 세계에서 성공한 리더로 불렸지만, 성공의 대가로 결혼 생활은 파탄 났고 건강도 심각한 수준이 되었다. 그럼에도 그는 여전히 자신을 극한까지 몰아붙이고 있었다. 사업상의 이유로 과음을 반복했고 젊은 여성들과 불필요한 관계에 빠져 있었다.

알렉스는 대학 시절부터 탁월한 성취를 얻기 위해 고군분투하던 사람이었다. 학생회에서는 가장 어린 대표였을 만큼 열정적이고 야심찼다. 하지만 오래 대화하지 않아도 금세 알 수 있었다. 그는 겉보기와 달리 패배감에 잠겨 있었다. 자신의 삶을 방치해 온 그는 경쟁에서 뒤처지기 시작하자 불안과 강박이 병적인 수준으로 번졌다. 그는 약물이나 총으로 생을 마감하고 싶다는 충동까지 느꼈다.

나는 에둘러 말하지 않았다. 알렉스에게 지적했다. "비즈니스의 성공을 위해 모든 것을 걸었지만, 정작 그로 인해 삶과 주변을 모두 파괴하고 있다"라고. 그는 자신에게 진짜 가치 있는 것들을 무시하고 오직 일만 생각했다. 유능한 경영자였지만 자신의 행복을 찾아가는 데는 서툰 사람이었다. 사랑받기를 원했지만 자신을 사랑해 주는 사람들을 외면했다. 마음의 평화를 갈망했지만 단 한 순간도 비즈니스 생각을 멈추지 못했다. 좋은 아빠가 되고 싶다고 말했지만 아이들과 하루 10분도 함께하지 못했다. 건강해지고 싶다고 말했지만 심장발작과 위궤양, 고혈압으로 그가 언제까지 살아 있을지 그조차 장담할 수 없었다. 모든 것이 알렉스가 원하는 것과 반대 방향으로 가고 있었다.

나는 알렉스에게 거대한 변화를 요구하지 않았다. 대신 매일 자신을 위해 할 수 있는 사소한 목표를 정하고 실천해 보라고 했다. 그는 그날부터 아무리 중요한 회의가 있어도 정시에 퇴근하기 시작했다. 이는 그가 모든 일에 관여하지 않아도 회사가 돌아간다는 사실을 깨닫게 했다. 그는 퇴근 후 시간을 아이들과 함께 보냈고 그 시간을 마치 법으로 정한 것처럼 지켰다.

얼마 지나지 않아 알렉스의 삶은 달라졌다. 허둥대지 않고 여유를 배웠으며, 자신을 몰아붙이던 태도에서 멀어져 너그럽게 세상을 보게 되었다. 부인과 화해했고 가족 모두 상담치료를 받았다. 알렉스는 천천히 새로운 사고방식과 생활 습관을 익혀갔고 일 중심에서 벗어나 일상의 다른 목표에도 진심을 다하기 시작했다.

상담치료가 끝난 지 2년 후, 그는 몬타나에서 목장을 운영하기 위해 뉴욕을 떠났다. 막대한 연봉을 포기했지만 대신 안정적인 삶과 평온을 얻었다. 동화 같은 이야기가 아니다. 그는 진짜로 자신의 목숨과 가족을 구했다. 그러기 위해 한 번도 생각해 본

적이 없는 가치들을 몸으로 부딪치며 배워야 했다. 그는 깨달았다. 경쟁은 삶의 본질이 아니라는 것을. 그리고 수 세기 동안 철학자들이 설파한 단순한 진리를 체득했다. "때때로 지나친 것은 아니함만보다 못하다."

● 돈은 사람을 사랑하지 않는다

○　물질보다 사람이 더 소중하다는 사실은 대개 쓰라린 경험을 통해서야 깨닫게 된다. 알렉스처럼 삶의 경고를 직접 맞닥뜨려야 비로소 그 의미를 이해하는 경우가 많다. 일과 명예, 돈을 우선시하며 살아온 사람들일수록 이런 깨달음에 도달하기까지 많은 상처를 겪는다.

물질 중심적 사고를 가진 사람들은 대체로 관계에서도 서툴다. 그들은 사람과의 대화를 사소하게 여기고, 일방적으로 말하며 명령을 내리는 데 익숙하다. 목적을 위해 타인을 도구로 삼으려 한다. 그런 태도는 상대의 마음을 멀어지게 만든다. 결국 주변 사람들은 그들로부터 거리를 두고 고립된 그들은 물질에 더욱 의지하게 된다. 그러나 그 의지는 오래가지 못한다. 물질은 사람의 마음을 위로하지 않는다. 사람은 돈을 사랑할 수 있지만, 돈은 사람을 사랑하지 않는다. 성취와 소유에 몰두할수록 남는 것은 외로움과 공허함뿐이다.

삶에서 가장 중요한 것은 살아 있는 존재와의 관계다. 감

　모두에게 사랑받을 필요는 없다

정을 나누고 반응을 주고받는 연결이 없으면 삶에는 행복이 있을 수 없다. 사랑할 사람도, 나를 사랑해 줄 사람도 없다면 재산이 무슨 의미가 있을까. 물질적 풍요, 돈, 지위 상승을 위해 인간관계를 잃고 있다면 자문해 보라. "물질이 정말 나를 행복하게 하는가?"

더 많이 가질수록 삶이 풍요로워진다는 생각은 위험하다. 자수성가한 사람들조차 정작 가장 가난했던 시절을 그리워한다. 돈이 없었지만 사소한 일에도 감사했고, 조건 없이 서로를 믿고 사랑했기 때문이다. 물질적인 풍요는 행복을 보장하지 않는다. 순수한 아이들을 보면 알 수 있다. 아이들은 돈과 장난감이 반드시 필요하지 않다. 아무것도 쥐어주지 않아도 그들은 그냥 그 순간을 즐기며 웃을 줄 안다. 우리도 마찬가지다. 무엇이 진짜 중요한지 다시 정리하면, 우리 역시 아이처럼 단순하게 행복해질 수 있다.

루이스는 이혼 소송 중인 사십 대 중반의 여성이었다. 남편과 재산분할 문제로 다툼을 벌이며 불안과 우울에 시달렸다. 그녀는 집과 자동차, 금융 자산, 보석 등에 가치를 두고 있었으며 이를 처분하는 일로 걱정이 많았다. 남편 역시 마찬가지였다. 두 사람 모두 한 치의 양보도 없이 끝없는 싸움에 매달렸다. 루이스는 심지어 자신의 행복을 희생하더라도 반드시 이기고 싶어 했다.

루이스는 가치관을 바꿀 필요가 있었다. 나는 그녀에게 이혼 소송에서 이기는 것에만 몰두한 나머지 정작 자신의 행복을 잃고 있다는 점을 먼저 지적했다. 이혼 소송에도 대안은 있다. 남편의 전략을 무시하거나 변호사에게 맡기면 된다. 그녀는 승부

욕으로 인해 내면의 평화가 깨졌다는 내 말에 동의했고, 새로운 행동과 생각을 몸에 익히는 것에 찬성했다. 루이스는 변호사에게 모든 권한을 맡기고 세부적인 일에는 더 이상 관여하지 않기로 했다. 남편과 법정에서 논쟁을 벌이지 않는 것에도 동의했다. 대신 새로운 직업을 찾기 위해 학원에 등록하고 생산적인 외부 활동에 몰두했다.

상담치료가 끝날 때쯤 나는 그녀에게 물었다. "만약 소송에서 이겨서 원하는 것을 다 얻게 된다면 행복할까요?" 루이스는 고개를 저었다. 이미 답을 알고 있었기 때문이다. 우리 상담의 목표는 금전적 이득을 취하는 것이 아니라 자기 파괴적인 태도에서 변화를 유도해 자신을 사랑하게 만드는 것이었다. 루이스는 그것을 해냈다. 기억하라. 돈은 사람을 사랑하지 않는다. 재물보다 사람이 더 중요하다.

● 승리자와 패배자의 차이

○ 만약 당신이 테니스 시합에서 졌다면 잃는 것은 무엇일까? 아무것도 없다. 그냥 당신이 상대방만큼 공을 네트 위로 잘 받아넘기지 못했다는 사실만 남을 뿐이다. 하지만 많은 사람들은 게임에서 지기라도 하면 세상을 잃은 것처럼 괴로워한다.

승리만을 강조하는 문화는 운동 경기뿐 아니라 일터와 학교처럼, 레크리에이션으로 간주되어야 할 활동에서도 수많은 패배자를 만들어 낸다. 그런데 이긴다는 것은 본래 어떤 의미일까? 더 빨리 달리고, 더 멀리 던지고, 수싸움에 능하다는 것 이상의 의미가 있을까? 물론 이기는 것은 즐겁다. 하지만 자신의 가치를 증명하기 위해 반드시 이겨야 한다면 삶의 균형은 무너진다. 즐기기 위해 시작한 일이 어느새 인생 전체를 지배하게 되고, 그 결과 분노와 우울, 무력감에 쉽게 빠지게 된다. 역설적이지만 승부에 덜 집착할 때 우리는 오히려 더 자주 이긴다.

상대를 완전히 굴복시켜야만 만족하는 태도는 이미 우리 문화 전반에 깊이 스며 있다. 나는 어린 운동선수들에게 경기에서 이기게 하려고 약물을 투여하는 코치들을 본 적이 있다. 작은 실수 하나로 폭언과 모욕을 견뎌야 하는 선수들도 있었다. 심판에게 뇌물을 건네거나 부적절한 대가를 주고받는 일도 있었다. 모두 '승리'라는 이름 아래 정당화된 행동들이었다.

하지만 그런 방식으로 얻은 승리라면 나는 기꺼이 패배를 택하겠다. 진정으로 게임을 즐기는 사람에게 승리는 필수가 아니다. 패배를 두려워하는 사람들이 승리에 집착한다. 그들에게는 남의 실패가 자신의 행복이고 타인을 이겨야만 존재가 유지된다. 그런 사람은 결국 남의 기준에 지배당하는 패배자일 뿐이다.

이기는 것이 전부가 아니고 유일한 것도 아니다. 인간적인 가치를 대가로 치러 얻은 승리는 진짜 승리가 아니다. 약을 먹고, 비열한 수단을 쓰고, 누군가를 짓밟아야만 얻는 승리는 오래가지 않는다. 진짜 승리자는 자기 자신에게 집중하는 사람이다. 이겼다고 해서 도취되지 않으며 졌다고 분함을 곱씹지 않는다. 이미 끝난 일을 돌이킬 수 없다는 사실을 잘 알고 있기 때문에 담담하게 다음을 준비한다.

무엇을 희생하더라도 이겨야 한다는 생각은 자신을 소모시킨다. 실패와 패배는 누구에게나 찾아오는 자연스러운 과정이다. 다만 가볍게 여기라는 뜻은 아니다. 실패를 반기는 사람은 없다. 단지 실패가 인간의 성장에 필요하다는 점을 이해해야 하며, 승패로 인해 자신의 가치가 결정되지 않는다는 본질적인 성찰이 필요하다. 불굴의 의지로 실패를 딛고 거기서 삶을 배우며 일어선 사람들은 모두 이 사실을 알고 있었다.

● 경쟁심이 극대화될 때

○ 이 장의 서두에서 말한 것처럼 일과 회사, 돈과 성취에 지나치게 헌신하는 사람들은 다양한 방법으로 자신과 사랑하는 주변인들을 희생시킨다. 의학박사 메이어 프라이드만과 레이 로젠만이 《경쟁적 성격과 심장질환Type A Behavior and Your Heart》에서 이런 인간 유형을 과학적으로 분석했다.

경쟁심이 강한 사람들은 굳이 강조할 필요가 없을 때도 강한 억양과 톤을 유지하는 말버릇이 있다. 상대방의 말이 끝이 나기 전에 말하거나, 항상 빨리 움직이고 빨리 걸으며 빨리 먹는다. 늘 성급하기에 다른 사람을 재촉해 일을 서둘러

 모두에게 사랑받을 필요는 없다

마친다. 그들은 교통체증 같은 상황에 쉽게 분노를 표출하며 줄을 서서 기다리는 상황에 처하면 불평불만이 많다. 마트 계산대에서 자주 줄을 옮기는 사람도 이들이다.

이들은 한 번에 한 가지 일에 집중하지 못한다. 예를 들어 남의 이야기를 들으며 서류에 낙서를 한다거나 전화를 거는 식이다. 말참견 없이 타인의 관심사에 귀를 기울이는 경우는 거의 없으며 대화의 주제를 자기 쪽으로 가져오는 경우가 많다. 아무것도 하지 않는 것을 죄악시하며 긴장을 풀고 느긋하게 있는 상황을 못 견딘다. 항상 걱정과 생각에 사로잡혀 있기에 여유로운 상황은 그들에게 자연스러운 것이 아니다. 그들은 스케줄과 달력에 따라 움직인다. 자신과 마찬가지로 경쟁심이 강한 사람을 만나면 강한 적대감을 느낀다. 주먹을 꽉 쥐는 경우가 많고 신경질적으로 웃으며 손동작과 같은 비언어적 몸짓이 아주 단호하다.

프라이드먼과 로젠만은 이런 성향을 가진 사람들의 90퍼센트 이상이 심장질환, 고혈압 그리고 각종 스트레스성 질환에 시달린다고 밝혔다. 경쟁은 과식, 흡연, 수면 부족만큼이나 위험한 질병의 원인이 될 수 있다는 것이다.

사람보다 조직과 돈을 더 중시하는 태도는 필연적으로 파괴적인 결과를 낳는다. 그 결과는 병으로, 고립으로, 또 삶의 의미 상실로 이어진다. 다음 여섯 가지는 스스로를 소모시키는 대표적인 유형이다. 당신이 여기에 조금이라도 해당된다면 지금이 멈추어야 할 때다.

1. 지나치게 긴장하는 사람

과도하게 긴장하는 사람은 여유가 없다. 늘 마음이 조급하고 더 많이 해야 한다는 압박에 시달린다. 만족을 모르고 쉬지 않는다. 목표 달성에 긴장이 꼭 필요하지는 않다. 긴장은 또 다른 긴장을 낳고 심리적으로나 육체적으로나 더 큰 부담을 준다.

2. 1등에 대한 강박이 심한 사람

항상 남보다 한 걸음이라도 앞서야 마음이 놓이는 사람이 있다. 이들에게는 충분하다는 개념이 없다. 자신의 가치는 다른 사람과 비교해 그 일을 얼마나 잘 하느냐에 달렸다고 생각한다.

3. 시간에 쫓기는 사람

시계와 달력에 맞춰 하루를 살아간다. 늘 마감시한이 머릿속을 짓누르고 계획에서 조금만 어긋나도 불안해진다. 일정이 빡빡할수록 신경이 날카로워지며 가족이나 자신을 위한 시간은 점점 줄어든다. 하루를 통제하는 듯 보이지만 사실상 시간에게 쫓기며 사는 사람이다.

4. 성급한 사람

느린 것을 참지 못하고, 자기 속도에 맞추지 않으면 금세 짜증이 난다. 일이 원하는 대로 진행되지 않으면 상대를 탓한다.

교통체증, 말이 느린 사람, 자유분방한 아이, 비효율적으로 보이는 동료를 견디지 못한다. 속도를 미덕으로 착각한다.

5. 결론부터 듣고 싶은 사람

말투가 거칠고, 상대의 말을 중간에 끊는 버릇이 있다. "그래서 결론이 뭐예요?" "아, 무슨 말인지 알겠어요" 같은 말로 대화한다. 상대가 말할 틈을 주지 않고 모든 대화를 자기 방식대로 재단한다. 그래서 정작 중요한 맥락은 놓치고 인간적인 소통도 단절된다.

6. 일 욕심이 많은 사람

앞서 말한 유형의 전형이다. 일, 직업, 돈을 사람보다 우선시하고 자신에게 단 한순간의 여유도 허락하지 않는다.

이 여섯 가지 유형 중 어느 하나라도 자신에게서 발견된다면 삶의 균형이 무너지고 있을 수 있다. 관계는 서서히 메말라가고 몸과 마음은 긴장에 갇혀 조금씩 닳아간다.

● 일은 나를 지켜주지 않는다

○ 비즈니스 조직은 이윤이라는 한 가지 목적을 위해 존재한다. 자본을 투자한 사람에게 수익을 돌려주고, 노동력을 제공한

사람에게 그에 상응하는 보수를 지급한다. 자선을 베풀기 위해 존재하지 않으며, 인간의 행복을 위해 설계된 곳도 아니다.

따라서 당신이 조직을 위해 큰 희생을 치르고 있다면 그것은 조직이 원해서가 아니라 당신이 그 일이 일어나도록 방치했기 때문이다. 만약 회사가 당신의 헌신에 감동해서 보상으로 여러 혜택을 당신에게 제공하고 있다고 생각한다면 근거 없는 환상이다. 조직은 다분히 계산적인 관점에서 사람을 관리한다. 필요할 때 사람을 쓰고 더 저렴하게 대체할 수 있다면 언제든 교체한다. 그것이 시스템의 본질이다.

이는 냉소적인 관점이 아니라 현실 그 자체다. 우리는 어떤 조직의 임금 근로자가 되는 순간 암묵적으로 이에 동의한다. 연금, 성과급, 주식 배당 같은 제도가 존재하지만 그것이 인간적인 관심의 증거는 아니다. 그 제도들은 이윤을 극대화하기 위한 관리 장치일 뿐이다. 조직은 그렇게 돌아가도록 만들어졌기에 그 구조 안에서 움직인다. 분노할 필요도, 맹목적으로 헌신할 이유도 없다. 우리는 기계가 아니라 살아 숨 쉬고 움직이는 사람이다.

만약 평생 동안 한 기업에 몸담으며 충성했다면 그 대가로 받는 황금시계나 연금은 거래의 결과일 뿐이다. 누구도 빚을 지지 않았다. 당신은 노동을 제공했고, 조직은 임금을 지불했다. 하지만 개인의 삶과 가족까지 희생하며 헌신했다면 이야기가 달라진다. 그것은 과도한 소모다.

조직은 당신이 얼마나 희생하는지 관심을 기울이지 않는다. 조직의 관심사는 언제나 같다. 이윤, 성장, 존속이다. 그러니 명심하라. 조직은 당신의 삶을 대신 살아주지 않는다.

● 인생은 오직 나를 위해 바쳐라

○　다음은 조직에서 자신을 소모시키는 사람들에게서 공통
적으로 나타나는 특징이다. 혹시 당신에게도 이런 모습이 있는지
확인해 보자.

1. 조직을 인격체로 착각한다

조직을 친구나 연인처럼 대하는 사람들은 위험하다. 회사
가 당신의 도움을 필요로 하는 인격체처럼 생각하거나, 내가 없
으면 제대로 안 돌아간다고 여기면 이미 경계가 무너진다. 조직의
대표는 이런 사람을 가장 좋아한다. 그의 시간을 빼앗아도 거절
하지 않는다는 걸 알기 때문이다. 만약 조직에 인간적 성격이 있
다고 믿는다면 스스로 질문해 보라.

'내가 떠나도 이 조직은 존속할 수 있는가?', '조직이 내일
이라도 죽을 수 있는 존재인가?', '조직이 화를 내거나 눈물 흘릴
수 있을까?' 바보 같은 질문처럼 느껴지는가? 그렇다면 내려야 할
답은 단 하나다. 회사는 감정을 가진 존재가 아니다. 당신의 재능
을 활용해 이윤을 창출하고 그에 대한 대가를 지급하는 구조일
뿐이다. 거기에 인생을 걸 만큼의 이유는 없다.

2. 충성을 미덕으로 여긴다

조직을 위해 평생 헌신하겠다는 다짐은 듣기엔 멋지지만 사실 현실에서는 불합리하다. 더 나은 조건이 주어지면 우리는 십중팔구 직장을 옮기기 때문이다.

배신자라는 낙인이 싫어 직장을 옮기지 않겠다면 당신은 바보다. 프로 스포츠 세계를 보라. 팀을 위해 최선을 다하는 선수들도 더 좋은 조건이 제시되면 다른 팀으로 이적한다. 그렇다고 이전 팀에 대한 공헌이 사라지는 것은 아니다. 충성은 계약이 유지되는 동안에만 유효하다.

직장도 마찬가지다. 새로운 기회가 왔는데 배신이라는 낙인이 두려워 머무른다면 어리석은 선택이다. 반대로 생각해 보라. 조직은 당신과 더 나은 조건의 인재를 두고 그런 문제로 고민하지 않는다.

3. 규칙과 절차를 절대시한다

많은 조직에서 규칙과 절차가 사람보다 우선시되곤 한다. 대표적인 예가 대학이다. 대학 역시 기업처럼 실수가 용납되지 않으며, 생존과 이윤을 목표로 한다. 다만 대학의 특징은 '위원회'라는 이름 아래 끝없는 회의를 반복한다는 점이다.

커리큘럼을 연구하는 위원회가 있고 커리큘럼 폐지를 연구하는 위원회도 있다. 또 새로운 커리큘럼의 실현 가능성을 연구하는 위원회도 있다. 이렇게 늘어난 회의는 본질적인 문제 해결보다는 절차 자체를 위한 절차로 이어진다.

 모두에게 사랑받을 필요는 없다

만약 낙타와 말을 함께 사육하는 방안을 논의하는 위원회가 생긴다면 그들은 하루 종일 장엄하고 진지하게 토론할 것이다. 건물 설계, 예산 배정, 부속기관 설치, 진급과 평가 기준 등 논의가 끝도 없다. 정상적이고 상식적인 사람이라면 20분 만에 결정할 일을 이들은 20주 동안 논의한다.

회의에 참석한 사람들은 점점 그 구조에 길들여지고 절차를 사랑하게 된다. 참석해서 하는 일이라곤 회의록을 수없이 되풀이하면서 읽고, 이미 했던 말을 반복하고, 규칙 위반을 문제 삼으면서 다시 회의에 부치는 아주 사소한 일들뿐이면서도 말이다.

실천하는 사람들은 이와 다르다. 그들에게 말은 곧 실행이다. 상한 음식은 버린다는 단순한 상식으로 움직이는 사람들일 뿐, 그것을 놓고 앞으로 무슨 일이 일어날지 왈가왈부하는 사람들이 아니다.

하버드대학교 총장을 지낸 게일 데인 파커는 한 월간잡지에 1969년 처음 교수회의에 참석했던 경험을 이렇게 묘사했다.

점수를 내기보다 시간 끄는 것이 목적인 농구 시합을 보는 것 같았다. 교수 한 사람이 연단을 오르내리며 끊임없이 질문을 했다. 반면 의장은 진리라는 로고가 박힌 빨간 깃발 아래 말없이 앉아 있었다.

6년 동안 대학에서 교수로 일하면서 나는 절차가 얼마나 비생산적으로 작동하는지 똑똑히 봤다. 교수회의에 참석하면 중요하지도 않은 안건이 끝없는 논쟁으로 이어지고, 그 결과 실현 가능성을 검토할 임시위원회가 만들어진다. 위원회가 결론을 도출할 때까지는 꼬박 2년이 걸린다. 그쯤 되면 다시 소비적인 논쟁이 이어지고 내뱉을 말들을 검증할 또 다른 위원회가 구성된다. 작은 일 하나를 결정하기 위해 수많은 사람이 모여 세부적인 절차를 따라야 한다. 금방 해결될 것처럼 보이던 일이 한없이 뒤로 밀려난다.

절차에 집착하는 사람들은 무의미한 과정을 밟으면서도 자신이 중요한 일을 하고 있다는 착각 속에 산다. 그리고 그 모든 과정을 민주적인 의사결정이라는 말로 포장한다. 노스다코타 주의 한 상원의원이 남긴 풍자적인 연설은 이 현실을 정확히 꿰뚫는다.

우리가 지금 당장 해야 하는 일은 투표로 배심원단을 선출할 때까지 모든 활동을 연기하는 것입니다. 아울러 배심원단은 과거 위원회의 활동 목록을 편찬할 전문가를 고용할 수 있도록 위원회에 권한을 위임할 것을 약속하십시오. 그 위원회의 목적은 새로운 정책들을 펼칠 때 그동안 펼쳐왔던 모든 정책이 어떤 방향으로 흘러갔는지 조사하는 것입니다.

당신이 이런 활동에 참여하고 있다면, 이런 무의미한 일에 짜증이 난다면 조직의 희생양이 되었다는 증거다. 위와 같은 애매한 말은 인류가 의회를 구성하고 위원회를 만들고 회의를 하는

     모두에게 사랑받을 필요는 없다

한 계속된다. 이런 상황에서 벗어나는 가장 현명한 방법은 참여하지 않는 것이다. 어쩔 수 없이 참석해야 한다면 침묵하라. 괜한 분노를 쏟기보다 자신의 일과 시간을 지키는 데 집중하라. 가능하다면 이런 자리에 부딪히는 횟수를 줄이는 것이 좋다.

엔지니어, 교사, 치과의사, 운전기사, 정원사 등 직업이 무엇이든 절차와 규칙은 늘 있다. 민주주의, 진보, 효율성 향상이라는 이름으로 우리에게 부과되는 일이기 때문이다. 하지만 그 이면에는 책임 회피와 시간 끌기가 있다. 그 속살을 꿰뚫어볼 수 있다면 당신은 그 구조의 희생자가 되지 않고 묵묵히 자신의 능력을 키우는 사람으로 남을 수 있다.

4. 관료주의에 매혹당한다

조직이 커질수록 실무자와 결정권자 사이의 거리는 멀어진다. 시스템이 커질수록 그 안에 또 다른 시스템이 생겨난다. 미국 정부가 전형적인 예다. 처處, 회會, 부部, 청廳으로 나뉜 그 아래에는 수많은 하위 부서가 있다. 각 부서마다 의장과 위원장, 위원이 있으며 권한을 행사할 수 있는 관료들이 따로 존재한다.

관료조직은 문제가 일어나 파면되는 상황을 극도로 싫어한다. 책임이 따르는 상황을 회피하기 위해 이들은 확실한 답을 내리지 않는다. 민원인들의 민원 처리보다 인사권을 행사하는 윗사람의 책망을 듣지 않는 것이 더 중요하기 때문이다.

그들의 말은 장황하며 핵심이 없다. '예, 아니오'로만 반응할 수 있는 답변에도 "단정적으로 말씀드리긴 어렵습니다. 고려해야 할 수많은 변수가 있습니다", "정확히 알 수는 없지만 만일의 가능성을 완전히 배제할 수 없습니다"처럼 말한다.

확정적인 답변을 하지 않기 위해 그들은 서류를 이 부서에서 다른 부서로 넘긴다. 나는 차량 등록을 갱신하기 위해 하루를 꼬박 관청에서 보낸 사람을 본 적이 있다. 공공기관의 문턱을 밟아본 사람이라면 누구나 그 경험이 얼마나 답답한지 안다. 명칭은 달라져도 행태는 일관적이다. 관료들은 느림과 회피의 기술로 무장해 있다. 시민이 기대하는 신속한 행정은 그들 세계에선 가장 사소한 문제다.

5. 전문 용어의 함정에 빠진다

관료들이 쓰는 언어에는 공통된 특징이 있다. 직접적인 행동과 거리를 두며 실제 역할을 모호하게 표현한다. 말은 많지만 의미는 희미하고 책임은 어디에도 닿지 않는다.

일부 심리학자들은 사람을 연구한다는 이유로 인간을 분류하고 낙인찍는 단어를 사용한다. 조울증, 사이코패스, 반사회적 인격 장애, 조현병, 전전두엽 장애와 같은 이름으로 사람을 분류하는 것이다. 이런 분류가 연구에 도움이 될 수는 있지만, 동시에 사람을 병리적 범주로 고정시켜 인간성을 지워버린다.

한 번 꼬리표가 붙으면 그 사람은 더 이상 보통 사람이 될 수 없다. 한 아이를 자폐아라고 부르고 자폐증은 치료가 불가능하다고 단정한다면 그 아이를 향한 희망은 처음부터 포기하는 것이다. 베리 카우프만의 저서 《사랑의 프로그램 썬 라이즈: 자폐

 모두에게 사랑받을 필요는 없다

증 발달장애 치료의 작은 기적》은 이 통념을 깨뜨린 이야기다. 자폐증 진단을 받은 아들 라운의 부모는 의사의 말에 따르지 않고 끝까지 아이를 믿었다. 그리고 헌신적인 노력 끝에 아들을 깊은 혼수상태에서 이끌어냈다. 그리고 자폐증이라고 진단한 의사들에게 아들을 데리고 가자, 의사들은 한결같이 오진이었다고 말했다. 자폐증은 치료가 될 수 없다고 여겨졌기 때문이다. 이렇게 모순된 변명은 자신들의 이론을 지키려는 전문가들의 전형적인 방어논리다.

사람이 아니라 행동에 꼬리표를 붙이는 것이 훨씬 안전하고 현실적이다. 우울증 대신 '침대에서 누워 지내는 행동', 벙어리 대신 '말을 하지 못하는 상태'처럼 표현하면 된다. 하지만 실제로 그렇게 말하는 전문가는 거의 없다.

법률 용어 역시 사람을 옭아매는 데 탁월한 언어다. 법률가들도 법이 평균적인 교육을 받은 사람들은 쉽게 이해할 수 없는 언어로 쓰였다는 것을 인정한다. 계약서, 보험 약관, 임대계약서를 작성하려면 특별히 훈련된 사람이 필요하다. 법률 용어를 쉽게 하려는 모든 시도는 법 로비스트들의 저항을 받았다. 이혼 절차나 무과실 보험지급 조항 같은 것들을 단순화시키려던 노력은 법률가들의 법에 의해 제지되었으며, 그런 일을 할 사람은 자신들뿐이라는 사실만 확인시켰다.

정부 관료들 또한 모호한 표현을 남발하는 전문가다. 이들은 애매모호함으로 시민을 통제한다. 군대는 고전적 사례에 해당한다. 미 국방성은 일반인이 이해할 수 없을 정도로 복잡한 표현을 창조하는 데 능숙하다. 만일의 사태에 대비한다는 명목 아래 수많은 문서와 보고서가 만들어지지만, 그 내용은 서로 뒤엉켜 누구도 명확히 파악할 수 없다.

미국 보건복지부의 관리 필립 브러턴은 수년간 이런 언어 체계를 분석한 끝에 '관료들이 의미 없는 말을 그럴듯하게 보이게 만드는 공식'을 발견했다고 했다. 1976년 2월 9일 타임지는 이 공식을 공개했는데, 30개의 단어를 조합해 문장을 만들어내면 아무 의미도 없지만 있어 보이는 표현이 완성된다는 것이다.

0. 통합적인	0. 관리	0. 선택 사항
1. 종합적인	1. 조직의	1. 유연성
2. 체계적인	2. 관찰된	2. 능력
3. 병렬적인	3. 상호 간	3. 이동성
4. 기능적인	4. 디지털의	4. 프로그래밍
5. 호응하는	5. 병참의	5. 개념
6. 선택적인	6. 과도기의	6. 시간 변화
7. 동시적인	7. 증가하는	7. 예상치
8. 양립하는	8. 3세대의	8. 하드웨어
9. 균형적인	9. 정책의	9. 만약의 사태

기사를 작성한 파쿠하슨은 관료들이 단순한 사실을 모호하게 표현하는 방법을 다음처럼 설명한다. "세 자릿수만 생각하

 모두에게 사랑받을 필요는 없다

면 된다. 그리고 세로줄에서 해당 번호를 찾아 그 단어를 입력하면 끝이다. 예컨대 '7, 3, 6' 숫자를 조합하면 '동시적인 상호 간 시간 변화'라는 말이 만들어진다. 실제로 이런 표현은 정부 보고서에 등장할 수 있다. 그런데 그 말을 정확히 이해하는 사람은 아무도 없다. 더 심각한 것은 아무도 이해하려 하지 않는다는 것이다."

이런 식의 언어 사용은 거의 모든 조직에서 일어난다. 대기업, 의료계, 법조계, 보험사, 회계법인, 공공기관 등 모두 자신들만의 전문 용어 체계가 있다. 그들은 그 언어를 통해 자신들의 권위와 독점권을 유지한다. 이런 얼토당토 않는 말의 함정에 빠지지 않는 방법은 두 가지다. 하나는, 가능하면 그들과의 접촉을 최소화하는 것. 다른 하나는, 그들의 언어가 어떻게 작동하는지 이해하고 속지 않는 것이다. 그들의 말에 휘말리지 말라. 모호함은 그들의 무기다. 당신이 해야 할 일은 전문 용어의 화려한 포장에 속지 말고 그 안의 공허를 꿰뚫어보는 것이다.

6. 시스템의 모순을 받아들인다

관료주의는 가능하면 직접적인 언어를 쓰지 않는다. 관료 사회는 논리만으로 움직이지 않는다. 그들은 법과 절차에 의존하고 선례를 중시하며 말이 되지 않는 상황에서도 선례를 고수하는 경우가 많다. 아래 두 사례는 실제로 일어난 일이다.

조는 우유배달부였다. 어느 날 그는 배달 트럭을 도난당했다. 트럭이 유일한 생계수단이었던 그로서는 절망스런 상황이었다. 다행히 도난 차량과 용의자는 곧 발견되었고 조는 트럭을 되찾으려고 경찰서를 찾았다. 그런데 그곳에서 그는 자신의 트럭이 증거물로 지정되어 무려 3개월 동안 보관되어야 한다는 통보를 받았다.

트럭을 되찾기 위해 여러 부서를 오가며 설명을 해도 돌아오는 답은 한결같았다. 트럭을 당장 돌려받는 유일한 방법은 도난 신고를 철회해서 용의자의 혐의를 풀어주는 것뿐이었다. 도난 사실을 계속 주장하면 트럭은 증거물로서 3개월간 꼼짝없이 경찰서에 묶여 있어야 했다. 결국 조는 생계를 위해 도난 신고를 철회했고 용의자는 풀려났다. 그는 관료적 절차의 비정상성으로 인해 이중의 곤란을 겪은 셈이었다. 그가 만난 공무원들은 계속 어쩔 수 없다는 식으로 말했고, 조는 더 깊은 혼란에 빠지기 전에 포기할 수밖에 없었다.

다음 사례는 낸시의 이야기다. 낸시의 남편은 갑작스럽게 사망했다. 낸시는 부부 공동 재산뿐 아니라 자신의 명의 통장도 당장 사용할 수 없었다. 이유는 재산 분쟁이 법정 절차에 묶여 있었기 때문이다. 판결이 나려면 무려 4년을 기다려야 한다고 했고 관료들은 미안하다는 말만 되풀이할 뿐이었다. 그녀의 은행 계좌와 공동 재산은 모두 동결되었고, 관료들이 어떻게 처리할지 논의하는 데 4년이라는 시간이 걸린다고 설명했다. 시간을 앞당기려면 상당한 수임료를 요구하는 변호사들에게 의뢰할 수밖에 없었고, 낸시는 급전이 필요해 그 선택을 할 수밖에 없었다.

이런 경우 시민의 권리를 지키고 돕는 것이 법의 본래 역할이어야 하지만, 현실에서는 오히려 법 절차를 피해갈 방안을

 모두에게 사랑받을 필요는 없다

고민해야 할 지경에 이르는 일이 벌어진다.

● 일에 휘둘리지 않는 13가지 방법

○ 작가 발자크는 관료제를 '작은 이익에 매달린 사람들로 가득한 거대한 조직'이라고 말했다. 이 말은 지금의 회사나 다른 조직에도 그대로 통한다. 그 속에서 희생당하지 않으려면 전략적으로 대응할 줄 알아야 한다. 다음은 조직이나 일터에서 당신의 시간과 에너지를 끝없이 요구하고 책임을 떠넘길 때 스스로를 지키기 위한 현실적인 방법들이다. 이 원칙들을 기억한다면 과로에서 벗어나고 어떤 집단의 흐름에도 휘둘리지 않을 것이다.

1. 가치의 기준을 새로 세워라

가장 먼저 바꿔야 할 것은 가치관이다. 회사나 조직을 자신보다 우선시하는 생각을 버려라. 일 때문에 자기 시간을 포기하는 것은 자발적으로 자신을 소모시키는 일이다. 정말 자신을 위해 해야 할 일이 무엇인지부터 명확히 하라. 체면이나 안전 대신 자기 인생의 주도권을 선택할 때 자유로워질 수 있다. 당신이 헌신해야 할 첫 번째 대상은 당신 자신이어야 한다.

2. 사람들과 삶의 균형을 점검하라

가족이나 가까운 사람들과 당신의 일에 대해 이야기하라.

그들이 당신의 일하는 방식과 책임감을 어떻게 느끼는지, 무엇을 아쉬워하는지 들어보라. 당신이 이루고 싶은 목표를 적어보고 이유를 설명하라. 그 과정에서 자신이 진짜로 성취를 향해 가는지, 아니면 단지 소모되고 있는지를 확인할 수 있다. 하루 중 단 30분이라도 나를 위해 산다면 지친 긴장 대신 진짜 행복이 찾아온다.

3. 나를 위한 시간을 확보하라

혼자서 머물 수 있는 시간, 정말 의미 있는 일을 할 수 있는 시간을 차츰 늘려야 한다. 처음엔 업무와 의도적으로 거리를 둬야 한다. 아이들과 보내는 시간, 배우자와의 저녁, 잊고 지낸 사람과의 대화 등 최소한의 시간을 확보해 보자. 그렇게 해야 규칙적이고 건강한 습관으로 자리 잡을 수 있다.

4. 일과 거리를 둬라

조직의 압박에서 벗어나 긴장을 푸는 연습을 하라. 이건 누군가에게 선언할 일이 아니라 자신의 마음을 다잡는 일이다. 회의나 업무 감독에 쓰는 시간을 줄이고 퇴근 후에는 '생각도 퇴근'시켜라. 내일의 업무를 미리 떠올리거나 오늘의 실수를 곱씹지 말라. 명상처럼 짧게라도 머리를 비우고 가족과 나누는 대화에 집중하라. 휴가 때는 아예 일 생각을 놓고 어린아이처럼 즐겨라.

지나간 일에 후회하지 말고 오지도 않은 일에 불안해하지 말라. 성공적인 커리어를 만드는 가장 좋은 방법은 정기적으로 일에 대한 집착에서 벗어나는 것이다. 그 여유 속에서 유연한 사고와 새로운 아이디어가 생겨난다.

5. 은퇴를 목표로 삼지 마라

인생에서 은퇴라는 단어를 지워라. 직장을 그만두더라도 우리는 여전히 생산적이고 의미 있는 일을 할 수 있다. 미래를 걱정하기보다 지금 이 시간을 어떻게 살아갈지를 고민하라.

언젠가 일을 그만둘 날은 오겠지만, 그 이후의 삶을 단순히 화초를 가꾸고 반려동물을 돌보는 일로만 상상하지 마라. 그런 여유가 의미 없다는 뜻이 아니라 그것만으로는 당신이 가진 잠재력을 다 펼칠 수 없다는 의미다. 나이는 걸림돌이 아니다. 마음먹기에 따라 인생의 어느 시점에서도 새롭게 시작할 수 있다.

지금 다니는 직장을 연금이나 안정감 때문에 버티고 있다면, 그것이 정말 원하는 삶인지 돌아보라. 나중의 행복을 위해 오늘의 시간을 희생하지 마라. 미래는 약속되지 않았다. 지금 살아 있는 이 순간이 가장 중요하다.

6. 싫다면 떠나라

조직이 마음에 들지 않거나, 일하는 방식이 납득되지 않는다면 과감히 떠나라. 위험을 피하려는 마음이 당신을 더 깊은 피로로 끌고 들어간다. 만족감과 책임감을 함께 느끼고 싶다면 새로운 환경을 선택할 용기가 필요하다. 어디를 가도 비슷하다는 생각은 핑계다. 변화를 두려워하지 말라. 위험을 감수하는 결정이야말로 자신을 조직의 소모품으로 만들지 않는 유일한 길이다.

7. 시간은 유한하다는 것을 기억하라

영원히 살 수는 없다. 남은 인생이 6개월뿐이라고 생각해보라. 그 시간 동안 무엇을 하고 싶을까? 그 질문이 지금의 삶을 바꿀 것이다. 해야 할 일을 미루고 진짜 원하는 일을 외면하는 이유는 시간이 무한하다고 착각하기 때문이다. 하지만 인생은 언제든 짧아질 수 있다. "지금 아니면 언제 할까?"라는 감각으로 살아가라. 당장 무엇이라도 시작하게 될 것이다.

8. 불행을 정당화하지 마라

'책임이 있으니까', '지금은 어쩔 수 없으니까' 같은 말로 원치 않는 일을 합리화하지 말라. 조직은 당신에게 돈을 지불한 만큼만 요구해야 한다. 그 이상을 기대하거나 요구하는 건 착각이다. 조직에 빚을 진 게 아니다. 당신은 이미 충분히 역할을 다하고 있다. 행복하지 않다면 떠날 자유가 있다. 직업은 선택할 수 있지만 자신을 희생할 이유는 없다.

9. 경쟁심을 줄여라

앞에서 말한 경쟁형 인간의 습관에서 벗어나라. 더 빨리, 더 많이, 더 잘하려는 마음을 조금씩 내려놓는 것만으로도 삶이 달라진다. 천천히 지금 이 순간을 즐기는 느긋함이 필요하다.

10. 명예에 현혹되지 마라

승진, 훈장, 공로패, 더 큰 책상, 개인 사무실 같은 것들은

 모두에게 사랑받을 필요는 없다

노력의 결과처럼 보이지만 사회가 만들어 놓은 상징에 불과하다. 자신의 가치는 내면에서 온다는 사실을 기억한다면 이런 것들을 더 많이 모으려다 좌절하는 실수를 범하지 않는다. 내면이 평화로운 사람은 어떤 직함도, 보상도 부럽지 않다. 자신의 삶을 남을 위해 철저히 소모했을 때 주어지는 것임을 알기 때문이다.

11. 무의미한 모임은 과감히 끊어라

그럴 만한 가치가 없다고 느껴지는 모임에는 참여하지 마라. 회원이 되어줄 것을 권유받으면 정중히 거절하라. 어쩔 수 없이 가입했다면 적극적인 활동을 하지 말라. 필요 없는 모임 하나를 비우는 것만으로도 하루가 가벼워진다. 인생의 잡음을 줄이는 일은 언제나 창조적이다.

12. 모든 걸 잘하려 하지 마라

모든 분야에서 완벽하려는 마음은 자신을 소진시킨다. 할 수 있는 일 안에서 즐거움을 찾아라. 그저 그림을 그린다는 사실에 만족하라. 화가처럼 그리지 못한다고 우울해할 이유가 없다. 완벽해야 한다는 강박에서 벗어나 편안한 마음으로 임할 때 자신만의 강점이 선명해진다. 그리고 그건 타인과의 경쟁이 아니라 오로지 나와의 협력에서 생겨난다.

13. 스케줄의 노예가 되지 마라

시계와 일정표에 삶을 맞추지 마라. 하고 싶은 일을 하고 싶은 순간에 하라. 해야 해서 하는 일이 아니라 하고 싶어서 하는 일에 집중하라. 일정표에 모든 일을 빼곡히 적는 건 효율적으로 보이지만 실은 또 다른 강박이다. 잠시 계획을 내려놓고 흐름에 맡겨라. 자유롭게 살아야 창의력도 평온도 돌아온다.

     모두에게 사랑받을 필요는 없다

우리가 기억해야 할 마음가짐

:

직업은 생계만을 위한 수단이 아니다.

우리의 정체성을 형성하고

삶의 기쁨과 만족을 불어넣는 원천이다.

하지만 동시에 우리를 가장 지치게 만들 수도 있다.

이제 육체적 과로로 쓰러지는 사람은 비교적 드물지만

여전히 수많은 사람이 일에 대한 불안과

책임감으로 스스로를 소모하고

결국 삶의 의미를 잃어버린다.

만약 지금 당신이

조직 속에서 자신을 갉아먹고 있다면

그 이유가 충성심이든 제도의 모순이든 멈춰야 한다.

인생은 단 한 번뿐이다.

인간이 만든 체계에 자신을 맡길 이유는 없다.

삶의 태도를 분명히 세우는 것.

그것만이 소모의 굴레에서 벗어나는 첫걸음이다.

8장

현실을
직시하라

Pulling Your Own Strings

세상에 존재하는 모든 것은
당신의 의견과 상관없이 존재한다.

● 현실과 감정은 다르다

○   사람들이 세상을 힘들게 느끼는 이유는 현실 그 자체보다 현실을 바라보는 믿음과 태도 때문이다. 인정하기 싫겠지만 당신도 그런 사람일 수 있다. 우리가 매일 쓰는 단어와 문장이 그 증거다. '날씨가 정말 별로야'라는 표현을 보자. 흔히 쓰이는 단순한 사실처럼 들리지만, 현실을 그대로 투영한 말은 아니다. 그날 날씨가 별로라는 생각은 판단일 뿐이다. 비가 오는 날이 싫을 수는 있지만 농부에게는 좋을 수도 있다. 날씨 그 자체는 좋고 나쁨이 없다. 세상은 우리의 감정과 무관하게 흘러간다.

문제는 현실과 판단을 혼동할 때 생긴다. 비가 왔다고 해서 하루가 엉망이 되어야 하는 이유는 없지 않은가? 하지만 날씨가 별로라서 하루도 별로일 것 같다고 믿으면, 현실과 판단이 동일하다는 믿음을 가지고 살아간다면 당신의 삶은 스스로 불행의 굴레를 만든다. 갈등은 세상이 내 기대와 다르게 흘러갈 때 일어난다. 그렇기에 자유로워지려면 세상을 있는 그대로 직시하는 길밖에 없다. 다음은 1899년 스테판 크레인이 쓴 시 〈전쟁은 친절하다War is Kind〉에서 발췌한 대목이다.

> 한 남자가 우주에게 말했다.
> "우주여, 내가 여기에 존재합니다."
> 우주가 대답했다.
> "그렇다고 해서 내가 너에게 무언가를 해줘야 할 의무가 생기진 않는다."

이것이 바로 현실의 본질이다. 세상은 우리에게 빚진 것이 없다. 우리의 삶에 관심도 없다. 세상을 향한 희망은 삶을 더 힘들게 만들 뿐이다. 우리의 기대나 주장과 무관하게 세상은 제 갈 길을 간다. 이 말이 세상의 불의에 맞서지 말라는 뜻은 아니다. 변화는 진보와 성장의 핵심이다. 다만 이미 지나간 일이라면 받아들이고 거기서 배우면 된다. 좋고 나쁨의 판단에 묶여 있지 말라. 바꿀 수 없는 일에 화를 내거나 상심하는 대신 앞으로 바꿀 수 있는 방향에 집중하라.

세상을 원망하거나 좌절하며 자신의 현실을 계속 한탄하는 사람들이 있다. 그들은 다음과 같이 말하며 운명의 제물처럼 살아간다.

     모두에게 사랑받을 필요는 없다

"어떻게 이런 일이 있을 수가 있어."

일어나서는 안 되는 일이 일어났을 때 현실을 거부하는 표현이다. 현실이 기대와 다르다고 화낼수록 운명의 사슬에 묶인다. 대신 이렇게 바꿔서 말해보라. "일이 터지고 말았네. 멈출 수 있는 방법을 찾아봐야지. 그리고 다시는 이런 일이 반복되지 않게 하겠어."

"세상은 잔인한 곳이야."

세상을 있는 그대로 받아들이지 않고 잔인하다고 판단하는 사람들은 세상 그 자체가 잔인하지 않다는 사실을 잊고 있다. 잔인하다는 말은 세상이 내 뜻대로 움직이지 않을 때 내뱉는 비난의 표현일 뿐이다. 세상을 향해 무언가를 바라고, 그 바람이 좌절될 때 분노할 수도 있다. 하지만 세상은 그것과는 상관없이 움직인다.

조금 더 현실적인 태도는 이렇다. '세상에는 내가 바꾸고 싶은 일들이 있어. 그것들을 위해 노력할 거야. 하지만 세상에는 내가 싫어도 어쩔 수 없는 일들도 있어. 나는 그게 달라질 거라고 기대하지 않아. 그런 기대는 언제나 나를 분노하게 할 테니.'

"그는 난폭하고 이기적이야."

'난폭', '이기적'이라는 단어는 사람의 행동에 실망했을 때 쓰는 표현이다. 실제로 사람들은 상상도 하지 못할 행동을 하기도 하고 때로는 분명히 비난받을 일도 한다.

당신의 권리나 타인의 권리를 침해하는 행위는 용납하지 말아야 한다. 가능한 모든 방법을 동원해 그런 행동을 멈추게 해야 한다. 하지만 그런 사람에게 꼬리표를 붙이고 분노에 사로잡혀 시간을 낭비하지는 마라. 그런 사람들이 존재한다는 이유로 흥분할 필요도 없다. 무엇보다 중요한 것은 그런 식으로 판단해 버리면 사람 전체에 대한 희망을 포기하게 된다는 점이다. 사람이 아니라 행동에 꼬리표를 붙여라. 사람은 바뀔 수 있다. 누구도 단 하나의 틀로 규정될 수 없다.

'그는 지금 자기만 생각하는 행동을 하고 있어.' 이렇게 생각하라. 이런 사고방식은 낯설지만 불쾌한 행동을 마주했을 때 사람보다 행동에 초점을 두는 편이 훨씬 효과적이다.

"세상에나, 그렇게 끔찍한 일이."

대부분의 '끔찍한 일'은 사실 현실이 아니라 마음속에서 만들어진다. 이런 표현 역시 사건 자체보다 그에 대한 인간의 판단일 뿐이다. 마음에 들지 않는 일이 벌어졌을 때 '끔찍하다'는 말을 붙이고 그 사건을 마음에 담아두는 것이다. 강도, 파산, 사고처럼 누구에게나 일어날 수 있는 불행이 있다 해도 세상은 그것을 평가하지 않는다. 인간만이 그 일에서 교훈을 얻을 수 있을 뿐이다.

당신이 어떤 사건에 붙이는 이름이 자신을 지켜주는 쪽으로 작용한다면 그 명명은 유익하다. 하지만 어떤 이름은 부정적인 감정을 키워 당신을 불행에 가두기도 한다. 그런 판단은 현재

 모두에게 사랑받을 필요는 없다

를 누리지 못하게 하고 자기 파괴적인 행동을 합리화하는 데 쓰이기 쉽다.

현실에 대한 판단은 우리의 행복을 지켜야 한다. 예를 들어 '아름답다'는 표현도 현실에 대한 판단이지만 그것은 현재를 즐기게 만든다. 꽃이 아름답다, 향기가 좋다는 말처럼 긍정적인 인식은 우리를 살아 있게 한다. '좋다, 흥미롭다, 순수하다, 우아하다, 정교하다, 사랑스럽다, 짜릿하다' 같은 수많은 표현들이 그렇다. 이런 판단은 우리를 무기력하게 만들지 않는다. 신이나 운명, 세상, 다른 사람을 탓하지 않게 하고 우리를 성장과 변화의 길로 이끈다.

● 관점이 모든 것을 바꾼다

○ 세상을 잘 살펴보라. 세상이 어떻게 움직이는지, 현실을 이루는 요소들이 어떻게 작동하는지 관찰하라. 무엇을 보든 그것이 당신을 휘두르지 않게 하라. 세상은 예측 가능한 방식으로 돌아가지만 어떻게 반응할지는 당신의 선택이다. 참된 삶을 살아가는 사람들은 무의미한 싸움을 하지 않는다. 평화를 사랑하면서 순리에 따라 지금 이 순간을 살아간다.

세상은 즐기려고 할 때 비로소 흥미로워진다. 사막에 있다고 생각해 보자. 그곳은 뜨겁고 모래투성이다. 그 상황을 불평한다고 달라질 것은 없다. 하지만 새로운 눈으로 주위를 둘러보겠다고 마음을 바꾸는 순간 사막은 전혀 다른 얼굴을 드러낸다. 열기가 피부로 스며들고, 햇빛을 피해 허둥지둥 달리는 도마뱀, 선인장의 꽃, 날아가는 매의 울음소리까지 보이기 시작한다. 불평 대신 관찰을 택하면 사막은 견디기만 하는 곳이 아니라 경험할 가치가 있는 공간이 된다.

폭풍우도 마찬가지다. 몸을 숨기고 그 상황을 저주할 수도 있지만 그 순간을 느끼기로 선택하면 세상은 다시 변한다. 물비린내 속에 섞인 흙냄새, 천둥의 울림, 빗방울이 사물과 부딪혀 만들어내는 소리까지 모든 것이 폭풍우가 주는 독특한 체험이다. 폭풍이 지나고 하늘이 맑아질 때, 바람이 구름 사이를 헤집는 모습까지도 삶의 일부로 느낄 수 있다. 파티, 모임, 혼자 있는 밤, 발레 공연, 축구 경기, 식사 자리 등 우리가 겪는 모든 현실은 선택의 결과다. 같은 상황도 어떤 시선으로 보느냐에 따라 완전히 달라진다.

화를 내거나 불평한다고 달라지는 것은 아무것도 없다. 그렇다면 왜 분노 속에 스스로를 가두는가? 같은 현실에서도 선택을 바꾸면 경험이 달라진다. 헨리 데이비드 소로는 월든 호수에서의 경험을 이렇게 기록했다. "해가 뜨는 것을 물리적으로 도와줄 수는 없다. 하지만 해가 뜨는 현장에 있다는 것은 대단한 경험이 아니겠는가."

이것이 현실에 휘둘리지 않는 사람의 태도다. 지금 있는 곳에서 주어진 순간을 즐겨라. 마음을 가라앉히고, 현실을 탓하거나 저주하는 대신 그 안의 아름다움을 찾아라. '내 인생은 왜 이렇게 재수 없을까' 같은 생각을 버려라. 매일의 현실은 당신의 의견에 관심이 없다. 수요일은 당신을 피곤하게 만드는 날이 아니라 그저 수요일일 뿐이다.

● 세상의 판단을 진실로 착각하지 마라

○ 아서 코난 도일의 《셜록 홈즈의 모험》에서 셜록 홈즈는 왓슨 박사에게 이렇게 말한다.

> 왓슨, 내 경험에 따르면 말이야. 런던에서 가장 가난하고 비열한 뒷골목이라고 해서 아름답고 정감 넘치는 시골보다 더 많은 범죄가 일어나는 것은 아니라네.

이 말은 기본적인 진실을 담고 있다. 죄라는 것은 우리가 그것을 죄라고 판단할 때 비로소 존재한다는 것이다. 다시 말해 당신이 죄를 저지르고 있다고 믿고 있을 때 죄를 짓는 것이다.

사람마다 무엇이 옳고 그른지에 대한 기준이 있다. 현실을 잘 판단하면 살아가는 데 도움이 되지만 잘못된 판단은 우리를 망치기도 한다. 다음의 세 가지는 우리가 현실을 왜곡해 스스로를 괴롭히는 대표적인 판단 체계다.

1. 선과 악

흑과 백이 있는 것처럼 세상의 모든 일을 선과 악으로 구분하려 한다면 불필요한 좌절과 고통을 반복하게 될 것이다. '선'과 '악'의 기준은 대부분 개인적인 선호에 불과하다. 내가 좋아하면 선, 동의하지 않으면 악이 된다.

이런 사고는 새로운 사람을 만났을 때 '다르다'가 아니라 '틀렸다'라고 받아들이게 만든다. 그리고 그에 대한 분노와 혐오를 정당화한다. 길 위의 장애물, 제품의 결함, 비효율적인 절차까지도 당신에게는 '악'이 될 수 있다. 그렇게 되면 세상은 온통 나쁜 일로 가득 차 보이게 되고 비관과 우울을 합리화하게 된다.

반대로 누군가 당신을 악하다고 판단할 수도 있다. 그 역시 특별한 근거 없는 개인적 판단일 뿐인데 그로 인해 당신은 억울하게 몰릴 수도 있다.

많은 사람이 세상을 선악의 잣대로 재단하려는 이유는 단순하다. 세상을 충분히 이해하기보다 복잡한 현실을 빠르게 분류하고 잊어버리기 위해서다. '이상한 냄새가 나는데.' 여기서 이상한 냄새란 무엇을 뜻할까? 단지 싫은 냄새일 수 있고 아니면 먹기에 적합하지 않다고 몸이 당신에게 보내는 경고일 수도 있다. 실제로는 냄새 자체가 악한 것이 아니다.

이는 고양이가 새를 사냥하기 때문에 고양이에게 나쁘다고 말하는 것과 같다. 고양이가 새를 사냥하는 것은 본성에 따른 자연스러운 행위다. 고양이는 착한 고양이가 어떻게 행동해야 하는지 모른다. 선악의 개념은 동물에게 적용되지 않는다. 사냥을

　모두에게 사랑받을 필요는 없다

나쁘다고 판단한다고 해서 고양이가 달라지지는 않는다.

선과 악이라는 이분법으로 세상을 나누는 대신 '건전/불건전, 합법/불법, 효과적/비효과적, 효율적/비효율적' 같은 현실적인 기준으로 판단하라. 그것이 세상을 더 깊이 이해할 수 있고 우리 삶에 더 많은 의미를 지닌다.

2. 옳고 그름

'이건 옳고 저건 틀렸다'는 말은 인간이 만들어 낸 개념이다. 하지만 현실에서는 이런 판단이 별다른 도움이 되지 않는다. 누군가 도덕이나 규범을 내세워 당신이 틀렸다고 단정한다면 그는 당신이 '옳다'고 여겨지는 행동을 할 때까지 간섭할 것이다.

문제는 그 옳은 행동이란 대다수의 사람이 따르는 행동일 뿐이라는 점이다. '옳다'와 '그름'이라는 절대적 기준에 의해 결정되는 경우는 거의 없다. 누군가에게 옳은 행동이 다른 이에게는 틀린 일이 되기도 한다. 또한 시대와 환경에 따라 옳고 그름의 기준은 계속 달라진다. 실재하는 것이라고는 인간의 판단뿐이다.

어리석은 전쟁에 죽음을 각오하고 참전하는 이유도 그것이 '옳은 일'이라는 믿음 때문이다. 하지만 전쟁이 끝나면 양쪽은 악수를 나누고 모든 일이 마무리된다. 국가, 조직, 학교에 대한 충성은 언제나 옳다고 여겨지며 반대 의견을 내면 틀렸다고 간주된다. 가족을 위해 헌신하는 일도, 진실을 말하는 일도 늘 옳다고 여겨진다. 반대로 하품, 재채기, 얼굴을 찡그리거나 코를 후비는 행동은 나쁘다고 말한다. 왜일까? 사람들의 판단이 그 행동에 가치를 부여했기 때문이다. 그 행동 자체에 옳음과 그름이 본질적으로 내재되지는 않았다.

행동을 옳고 그름으로 판단하지 말고 그 행동이 효과적인가, 비효과적인가로 판단하라. 당신이 진정으로 바라는 결과를 얻는 데 도움이 되는지 따져보는 것이다.

틀렸다고 하면서 당신을 비난하려는 사람을 알아보는 간단한 방법이 있다. 그에게 이렇게 말해보라. "제가 한 행동을 '틀렸다', '옳지 않다'는 말을 빼고 그냥 사실대로 묘사해 보세요." 그 말을 하지 못한다면, 그는 옳음과 그름의 개념을 잘못 이해하고 있거나 당신을 그저 몰아세우려는 사람일 가능성이 크다.

3. 아름다움과 추함

아름다움과 추함을 사람에게 적용하면 굉장히 비현실적이면서 동시에 잔인하다. 누구도 남보다 본질적으로 더 아름답거나 더 추하지 않다. 그저 다를 뿐이다. 큰 코, 작은 키, 비만, 마른 몸, 검은 피부, 흰 피부 같은 것들이 단점으로 여겨지는 이유는 하나다. 사람들이 그렇게 평가하기로 했기 때문이다.

아름답다는 말이 문제가 되는 건 그것이 곧 선택의 기준이 될 때다. 그 기준에 맞지 않는 사람은 자연스레 배제된다. 누군가를 '아름답다' 혹은 '추하다'라는 기준으로 위계화하려 한다면 스스로도 편견의 일부가 된다. 그 기준에 동의하지 마라. 혹시라도 자신 안에 그런 믿음이 남아 있다면 당장 버려라.

소설가 마크 트웨인은 "사람은 얼굴을 붉힐 줄 알고, 붉힐 필요가 있는 유일한 동물이다"라고 말했다. 얼굴을 붉힌다는 것은 판단을 감정으로 드러낸다는 뜻이다. 동물은 판단하지 않기 때문에 세상을 있는 그대로 받아들인다. 동물의 행동처럼 현실을 불필요한 평가 없이 바라볼 수 있다면, 잘못된 신념으로 스스로를 상처 입히는 일은 줄어들 것이다.

● 진짜 가치 vs 가짜 가치

○ 재미 삼아 다음의 목록을 보자. 모두 실제로 존재하지 않는 가치 판단이다. 하지만 대부분의 사람은 이런 판단 없이는 인간의 실존을 설명할 수 없다고 생각한다. 당신도 동의하는가?

재앙	좋은 날
엄청난 행운	성공적인 경력
시민들의 요구	아름다운 사람
실수	끔찍한 장면
대부분	옳은 방향
악취	착한 소년
최고급 와인	어리석은 사람들
영원히	억울한 죽음
완벽한 사람	위대한 인간

도덕적인	나쁜 태도
정상적인 태도	설득력 있는
보증할 수 있는	슬픈 게임
형편없는 옷	품질 낮은 빵
멋진 헤어스타일	속 좁은 성격
끔찍한 언어	역겨운 전시회
부적절한 문법	하지 말아야 했던 일

이런 표현이 실생활에서 쓰이지 않는다는 뜻이 아니다. 단지 이 가치들은 현실 그 자체가 아니라 판단에 불과하다는 사실을 기억하라는 것이다. 그 판단이 자기 파괴와 비하로 이어지지 않는다면 계속 써도 괜찮다. 하지만 이런 기준이 조금이라도 당신의 희생을 요구하거나 스스로를 깎아내리게 만든다면 경계해야 한다. 현실에 뿌리를 두고 자신을 지탱할 수 있는 새로운 신념을 구축하라. 그것이야말로 진짜 가치다.

● 텅 빈 마음을 유지하라

○ 건강한 몸을 위해 운동과 휴식이 필요한 것처럼 마음의 건강도 꾸준한 관리가 필요하다. 마음을 조용히 진정시키는 법을 배워야, 분석하고 계산하고 과거를 곱씹는 습관에서 벗어날 수

　　모두에게 사랑받을 필요는 없다

있다. 이것이야말로 자기 비하와 과도한 판단에서 자신을 지키기 위해 가장 필요한 기술이다.

생각이 지나치면 병이 된다. 불면증에 시달리는 사람들의 공통점은 생각을 멈추지 못하는 것이다. 머리를 비우고 있는 그대로의 자신을 체험하기만 해도 현실은 한결 가볍고 즐거워진다.

당신이 경험한 일 중 가장 아름다웠던 순간을 떠올려 보라. 그때 왜 특별했을까? 그 경험 속에서 당신은 앞으로 무슨 일이 일어날지 어떤 생각도 하지 않았을 것이다. 진정한 몰입의 순간에는 어떤 판단도, 분석도 없다.

몸을 돌보기 위해 어떻게 해야 하는지 아는 것처럼 우리는 시끄러운 마음을 쉬게 하는 법도 배워야 한다. 최근 명상이 주목받는 이유도 마음의 휴식을 갈망하는 현대인의 욕구 때문이다. 명상은 소수에게만 전해 내려오는 비법이 아니며, 뛰어난 스승을 모시고 돈과 시간을 들여야 배울 수 있는 특별한 수련도 아니다. 이완과 침묵을 통해 긴장과 스트레스, 마음을 짓누르는 불안에서 벗어나는 매우 단순한 과정이다. 잡념이 사라질 때까지 한 색깔에 집중하거나 의미 없는 음절을 천천히 되뇌는 것으로도 충분하다. 말 그대로 명상하는 동안 어떤 생각조차 일어나지 않는 '텅 빈 마음'을 단련하는 것이다. 처음에는 15초도 어렵지만 익숙해지면 20분도 가능하다. 이런 마음 수련법은 규칙적인 운동만큼 중요하다. 시간과 장소에 구애받지 않고 언제든 할 수 있으며 우리의 내면을 다시 현실과 연결해 준다.

● 생각하지 않아야 생각대로 된다

○　학습이란 생각하지 않고 자연스럽게 움직이는 법을 배우는 과정이다. 반복을 통해 몸이 익숙해지고, 분석하거나 계산하느라 멈칫하지 않고 곧바로 행동할 수 있게 만드는 과정이 학습이다. 한 번 몸에 익은 일을 계속 생각하면서 하려 하면 오히려 작업에 방해되어 흐름이 끊기고 결과가 어긋난다.

운전을 생각하면 이해하기 쉽다. 처음 배울 때는 모든 동작을 하나하나 의식해야 하지만, 몸에 익으면 어느 순간부터는 생각하지 않아도 손과 발이 알아서 움직인다. 방향을 틀 때는 발을 가속 페달에서 브레이크 쪽으로 천천히 움직이며 차가 움직일 방향으로 핸들을 부드럽게 돌린다. 차가 방향을 완전히 바꾸게 되면 손을 돌려 핸들을 제자리로 되돌리고 다시 가속 페달을 밟을 것이다.

만약 일일이 생각하면서 운전한다면 모든 동작을 통합시키지 못할 것이다. 초보들은 차가 인도 위로 돌진할 것 같은 걱정을 하면서 운전한다. 또 차의 방향, 차선, 속도, 신호에 대해 계속 생각한다. 생각하지 않고 해내는 법을 익히지 않았다는 측면에서 이들은 능숙한 운전자가 아니다.

야구, 테니스, 탁구처럼 순간 반응이 필요한 모든 스포츠도 마찬가지다. 훌륭한 선수들은 테니스 동작에 대해 생각하면서 공을 치지 않는다. 몸이 이미 알고 있기 때문에 알아서 움직이며 백핸드, 발리 같은 동작을 능숙히 구사한다. 테니스를 일컬어

멘탈 게임이라고도 하는데, 나는 도전자와 챔피언의 시합에서 도전자가 초반 리드를 잡던 게임을 여러 번 보았다. 도전자의 초반 승세는 마음속에 이기겠다는 생각도, 지겠다는 걱정도 없기 때문에 일어난다. 하지만 점수가 쌓이고 승리가 눈앞으로 다가오면 '이겨야 한다'라는 생각이 개입한다. 그럴수록 몸에 힘이 들어가고 동작은 부자연스러워진다. 결국 평정심을 잃으면서 승부의 추는 다시 챔피언에게 기운다. 이기려면, 승리에 대해 생각하지 않아야 한다.

위대한 선수들은 망설이지 않는다. 그들은 수천 번의 반복 끝에 모든 동작이 자동으로 이루어지도록 훈련했다. 집중이란 바로 이 상태다. 게임에서의 집중은 자동적으로 이루어진다는 면에서 분석, 판단이라기보다 명상에 가까운 몰입이라 할 수 있다. 프로농구 선수 릭 베리가 자유투 성공률 90% 이상을 기록할 수 있었던 이유도 매 순간 움직임을 계산했기 때문이 아니다. 조여 오는 압박감이나 그 밖의 다른 일에 대해 전혀 생각하지 않았기 때문이다. 미식축구의 전설 조니 유니타스 역시 패스를 던질 때 팔의 각도, 다리, 손가락의 위치를 계산하지 않았다. 그저 몸이 아는 대로 움직였다. 그들은 실패를 염려하지 않는다. 우리가 종이를 구겨 쓰레기통에 던질 때처럼 고민하지 않고 경기에 임할 뿐이다.

이런 평정심은 스포츠뿐 아니라 인생에도 그대로 적용된다. 만약 서투른 백핸드로 친 공이 무심코 네트를 넘어가 승리를 거머쥐었다면 우리 몸이 이미 테니스하는 법을 알고 있다는 뜻이다. 생각하지 않을 때 우리는 가장 능숙한 자신이 된다.

한편 생각이 몸의 자연스러움을 방해할 때면 문제가 생긴다. 예를 들어 14세 발기부전 환자라는 말을 들으면 어딘가 이상할 것이다. 발기부전은 보통 40세 이상의 남성에게서 나타난다. 그런데 어린 나이에 갑자기 문제가 생기면 원인은 대부분 심리와 관계된다. 걱정, 근심, 선입견, 갈등 같은 여러 가지 생각이 몸의 자연스러운 반응을 막기 때문이다. 의사들은 이런 문제를 치료할 때 역설적으로 성행위에 대해 걱정하거나 생각하는 것을 멈추도록 하는 데 초점을 맞춘다. 시끄럽고 산란한 마음은 몸을 경직시키며, 반대로 잡념을 버리고 평정을 유지하면 몸은 제 기능을 되찾는다.

육체적인 질병 또한 깊이 생각하지 않을 때 완화된다고 잘 알려졌다. 약물을 사용하지 않고 명상과 적절한 운동만으로 '고통-긴장-더 많은 고통-더 많은 긴장'으로 이어지는 만성 허리 통증의 사이클을 끊을 수 있다. 감기 역시 그렇다. 증상을 자꾸 의식하고 불평할수록 감기는 오래간다. 그러나 더 중요한 일이 생기면 우리는 감기를 잊고 몸은 스스로 회복을 시작한다.

나의 내담자였던 하워드가 낙하산 활강을 하러 갔을 때의 이야기다. 그는 심한 감기 증상을 안고 집에서 출발했다. 콧물과 기침이 멈추지 않았고 코 막힘까지 심했다. 공항에 도착했을 때 그는 갑자기 활강에 대한 기대에 사로잡혔다. 주의사항을 듣고 낙하하는 법을 복습했고, 비행기 안에서 점프 카운트를 세는 순간까지 그는 오직 낙하에 몰입했다. 두 시간의 흥분이 끝난 뒤 집으로 돌아가는 차 안에서야 다시 콧물이 흐르기 시작했다. 감기 자체는 사라지지 않았지만 그의 집중이 몸의 치유력을 방해하지 않았던 것이다.

또 다른 내담자는 만성 설사로 고통받았다. 그는 자신의 문제를 심리적인 것으로 간주했다. 내키지 않는 일을 해야 할 때마다 증상이 심해졌기 때문이다. 그의 하루는 화장실을 중심으로 계획되어야 했고 차를 타고 먼 거리를 이동한다는 것은 공포스러운 일이었다. 설사를 의식할수록 긴장도는 높아졌고 증상은 더 악화되었는데, 그는 설사와 싸우지 않고 평정심을 유지하는 법을 몇 달 동안 배운 후에야 비로소 회복할 수 있었다.

생각이 문제를 만드는 경우 '아무 생각하지 않기'는 가장 강력한 치료법이 된다. 물론 의학적 치료를 완전히 대체할 수는 없다. 하지만 마음속 불안과 갈등이 병을 악화시킨다면 생각을 잠시 멈추는 것만으로도 충분한 회복을 기대할 수 있다.

● 단순함으로 복귀하라

○ 과식이나 다이어트에 대한 지나친 생각도 우리를 희생양으로 만든다. 우리의 몸은 스스로 정상 체중을 유지하는 법을 잘 알고 있다. 만약 당신이 과체중이라면 원인은 신체적 결함이 아니라 마음의 불안이다. 음식을 숭배하지 않고, 배고프지 않을 때 먹는 것을 멈출 줄 안다면 특별한 다이어트는 필요 없다.

우리 몸은 적은 양의 음식으로도 만족할 수 있으며 그것으로 배고픔은 사라진다. 그런데 우리는 음식에 대한 갈망으로 끊임없이 먹는다. '남기면 아깝잖아', '이건 정말 신선한 고기야', '지금 안 먹으면 금방 배고파질 거야' 같은 변명을 하며 자신을 설득한다. 심지어 배가 불러도 '조금만 더'라는 생각으로 숟가락을 놓지 않는다. 그러나 현실은 과식 때문에 몸을 힘들게 하고 있다는 사실만 남을 뿐이다.

살을 빼는 가장 효과적인 방법은 접시에 먹을 만큼 음식을 담는 것이다. 한 입 먹을 때마다 아직도 배가 고픈지 자문해보라. 배고프지 않다면 식사를 멈춰라. 몸은 폭식보다 절제를 더 좋아한다. 식탐에서 벗어나고 싶다면 과식하지 못하도록 몸이 보내는 신호에 귀를 기울여라. 바지 허리가 끼고, 위가 더부룩하고, 계단을 오를 때 숨이 찬다면 그게 몸이 보내는 신호다. 필요한 양보다 더 먹고 있다는 뜻이다.

음식 앞에서는 복잡하게 생각하지 마라. '오늘만 먹자', '딱 한 입만 더', '다이어트는 내일부터', '이것만 먹고' 같은 말은 전부 함정이다. 굳이 칼로리와 성분표를 계산하는 일도 마찬가지다. 생각이 많아질수록 더 먹게 된다. 단순하게 생각하라. 배고프지 않다면 숟가락을 내려놓아라. 단순한 이 한 가지 행동이 내면의 자기 파괴적인 대식가를 물리치고, 육체적으로 건강한 새로운 사람을 불러온다.

 모두에게 사랑받을 필요는 없다

● 불행은 오는 것이 아니라
내가 찾아간 것이다

○ 말을 더듬는 버릇도 평정심을 유지하면 고칠 수 있는 전형적인 사례다. 신체적인 증상으로 나타나지만 대부분의 원인은 신체가 아니라 마음에 있다. 부자연스러운 대화가 되지 않을까 지나치게 걱정하고 긴장하는 탓에 말을 더듬는 것이다.

셀던은 평생을 말을 더듬고 살아왔다. 그는 어렸을 때부터 의사소통에 대한 두려움을 안고 있었다. 셀던의 말에 따르면 부모님이 완벽주의자라서 그가 어렸을 때부터 아주 사소한 실수나 잘못도 용납하지 않았다고 한다. 부모의 끊임없는 지적 속에서 자란 그는 점점 말을 더듬게 되었고, 이 버릇은 부모가 어떻게 해볼 수도 없는 수준으로 굳어졌다.

마흔두 살이 된 지금도 그는 여전히 말을 더듬었다. 말을 더듬으면서 생각이 많아졌고, 대화를 하기 전에 '이번에도 자연스럽게 말하지 못할 거야'라는 생각에 사로잡혔다. 그러면 실제로 말이 나오지 않았다. 그래서 치료의 첫 단계는 말하기 전에 생각을 멈추는 것이었다. 몸이 떨리면 떨리는 대로 두고 다른 사람이 무엇을 말하는지는 신경 쓰지 않기로 했다. 잘못했다거나 실패했다는 자기 판단을 내리지 않고 그냥 말을 더듬게 두는 것이다. 셀던은 단지 말을 하겠다는 의도만 남기고, 어떻게 말해야 옳은지는 더 이상 고민하지 않는 법을 배웠다.

입에서 어떤 일이 일어나도 신경 쓰지 않으려 하자 놀라운 변화가 시작되었다. 말을 더듬어도 개의치 않는 태도가 오히려 그 버릇을 없앤 것이다. 평정심을 되찾은 그는 마침내 어릴 때부터 이어져 온 자기 비하에서 벗어날 수 있었다.

삶의 모든 국면이 그렇다. 생각에 생각을 거듭하고 훈련하고 교정하는 과정을 거치며 우리는 행동과 요령을 몸에 익힌다. 그리고 어떻게 해야겠다는 생각의 간섭으로부터 자유로워지면서 모든 것이 자연스럽게 이루어진다. 마음을 편안하게 하는 것이 일일이 신경 쓰는 것보다 훨씬 좋은 능력을 발휘하게 만든다. 숙련된 교사들은 경험으로 안다. 충분히 익히면 학생들은 어느 순간 자연스럽게 해낼 수 있다는 사실을.

내적이든 외적이든 스트레스가 생기면 마음은 하고 싶은 바람과 반대로 움직이게 된다. 그래서 스트레스를 '분열된 자아'라고 부르는 것이다. 영국의 소설가 찰스 킹슬리는 지나치게 생각하는 행위야말로 인간 불행의 근본 원인이라고 하며 이렇게 말했다.

비참해지고 싶다면 자신에 대해 끊임없이 생각하라. 무엇을 원하는지, 좋아하는 사람들이 당신에게 해주길 바라는 것이 무엇인지, 사람들이 당신을 어떻게 평가하길 바라는지 계속 생각하라. 그러면 남는 것은 아무것도 없을 것이다. 손을 대는 일마다 망치고 스스로를 불행에 빠뜨릴 것이다. 신이 주신 모든 것을 잃어버리고 당신이 선택한 대로 비참해질 것이다.

 모두에게 사랑받을 필요는 없다

다시 말하지만 어떻게 살지는 우리의 선택에 달려 있다. 마음은 우리가 현실을 즐기지 못하도록 방해하지만 우리는 그런 마음을 선택하지 않을 능력이 있다.

● 현실 감각을 깨우는 11가지 방법

○ 세상에 대한 우리의 신념이 어떠하든 현실은 그 자체로 존재한다. 세상에 대한 신념이 무엇으로 구성되어 있는지, 그중 어떤 신념이 나를 해치는지 알게 된다면 우리는 그것을 바꿀 수 있다. 그렇게 할 때 현상을 함부로 평가하고 해석하며 낙담하느라 인생을 낭비하지 않고, 있는 그대로의 현실을 받아들일 수 있다. 아래는 '현실 전문가'가 되기 위한 11가지 방법이다.

1. 자신의 통제력을 믿어라

스스로 행동을 통제할 능력이 자신에게 있음을 확신하라. 행동은 자신의 것이며, 그 결과 역시 자신의 책임이다. 자멸적인 행동을 하지 않도록 하는 것 또한 당신의 몫이다. 능력이 부족하거나 환경이 나를 억누르고 있다고 생각한다면 아무것도 바뀌지 않는다. 문제를 해결하기 위해서는 '상황의 노예가 되지 않고 행동을 선택하겠다'는 태도가 필요하다.

2. 현실 감각을 길러라

정해진 날을 택해 '현실을 있는 그대로' 바라보는 훈련을
하라. 흘려보내지 말고 눈앞의 사소한 것들까지 인식하라. 무엇을
하기 위해서가 아니라 경험하기 위해서다. 차 안에 있다면 교통의
흐름, 앞차의 번호판, 차 안의 사람, 창밖 풍경의 변화를 의식해 보
라. 구름의 형태, 바람의 방향, 건물의 구조 등 보고 듣는 모든 것
에 유념하라. 이런 연습은 지루함을 없앨 뿐만 아니라 궁극적으
로 삶의 모든 순간을 음미할 만한 대상으로 만들어준다.

3. 언어 습관을 바꿔라

현실에 대해 이야기하는 방식을 바꿔라. 현실이 아니라 믿
음에 기반한 말을 얼마나 많이 하는지 확인하라. "최악이군", "안
좋은 날씨야", "그 사람은 쓸모없어" 같은 말들은 현실이 아니라
판단이다. 이런 말을 습관적으로 내뱉는다면 당신은 스스로를 파
괴하는 신념 속에 살고 있는 것이다. 언어 습관을 바꾸면 사고방
식이 달라지며 현실을 있는 그대로 받아들이는 힘이 생긴다. 불
필요한 분노와 부정적인 감정에서 벗어나는 가장 쉬운 방법이다.

4. 아무 때나 분노하지 마라

누군가의 말이나 행동이 마음에 들지 않는다고 해서 즉
각 화를 내지 마라. 그가 당신이 보는 세상을 똑같이 보지 못한다
고 해서 분노할 이유는 없다. 현실은 누구에게나 다르게 느껴지
기 마련이다. 분노하는 시간이 줄어들수록 당신은 더 단단해지고

　모두에게 사랑받을 필요는 없다

자신만의 길을 걸을 수 있다. 무언가에 화가 난다면 빠르게 극복하는 연습을 하라. 금세 벗어날 수 있을 때 이미 끝난 일에 사로잡히는 습관에서도 벗어나게 된다.

5. 당신의 관점을 믿어라

자신만의 시선을 가져라. 다른 사람과는 다른 방식으로 세상을 보는 훈련을 하라. 당신의 선택 때문에 누군가 화를 낸다면 그렇게 내버려 둬라. 그들은 자신이 만든 선택 속에서 불행에 허우적거리는 것이다. 하지만 우리는 매 순간을 즐기기로 의식적으로 선택할 수 있다. 그리고 그 선택이 몸에 배면 언젠가는 자연스러운 무의식이 된다. 월트 휘트만의 유명한 시 구절을 기억하자. "빛과 어둠의 모든 순간이 나에게는 기적이었다. 세상의 작은 공간 하나하나가 기적이었다."

6. 평가하고 분석하지 마라

세상을 끊임없이 평가하고 해석하고 분석하려는 습관을 버려라. 대신 직접 경험하고 즐겨라. 주어진 현실을 사랑하라. 우리는 어릴 때부터 점수와 평가에 익숙해져 있다. 학생들은 선생님에게 높은 점수를 받을 때 자신의 가치가 높아진다고 생각한다. 하지만 현실에서 등급 매기기는 아무 의미가 없다. 세상만사는 우열 관계로 존재하지 않기 때문이다.

'이번 생은 틀렸어. 난 낙제야' 같은 말을 입에 달고 산다면 당신은 평생 자기 인생에 점수를 매기며 살아가게 된다. 점수는 잊어라. A학점을 받지 못할까 봐 새로운 일을 시도하지 않는다면 인생에서 가장 값진 경험들을 놓치게 된다. 한때는 모든 과제에 A를 받는 것이 가치 있다고 믿으며 살아왔을 것이다. 이제 그 시간은 지났다. 학교 이후의 삶은 평가받는 시간이 아니라 경험하고 즐기며 배우는 시간이다.

7. 인간관계를 새로 정의하라

인간관계는 고정되어 있지 않다. 매 순간의 결정으로 달라진다. 그러므로 지금까지 맺어온 관계를 새롭게 바라볼 필요가 있다. 인간관계는 '불변의 가치'가 아니라 지금 이 순간 누군가와 함께 있는 경험 그 자체다.

우정이든 사랑이든 관계의 영원함을 믿고 싶겠지만 어느 한쪽이 세상을 떠나거나, 관계를 이어가기 싫어하는 순간 그 관계는 끝난다. 영원하지 않다고 해서 심란할 이유는 없다. 지금 이 순간의 관계가 충실하고 풍요롭다면 그걸로 괜찮다.

8. 다름을 인정하라

세상에는 속물, 괴짜, 허세꾼, 비굴한 사람, 아첨하는 사람 등 다양한 부류의 사람이 있다. 그들을 이해할 수 없다고, 못된 사람이라고 단정하지 말고 그대로 인정하라. 그들 역시 당신을 못마땅하게 여길 수 있다. 또 그들 대부분은 자신이 원해서 그런 모습이 된 것이 아닐 수도 있다. 사람마다 살아온 환경과 세계관은 다르다. 다름을 받아들이고 그들의 존재로 불쾌감에 휘둘리지 마라.

　모두에게 사랑받을 필요는 없다

9. 사람을 소유하려 하지 마라

함께 산다고 해서, 직장 후배나 가족이라고 해서 그들이 당신의 소유물인 것은 아니다. 자녀, 배우자, 친구, 동료가 당신을 위해 무언가를 해야 한다는 착각에서 벗어나라. 그들은 결코 당신의 소유가 아니다.

설득하거나 협박해도 당신이 생각하는 방식을 타인에게 주입할 수는 없다. 이를 이해해야 많은 인간관계의 갈등에서 벗어날 수 있다. 그들에게는 그들만의 인생이 있다. 젊은이들을 지도하고 그들의 앞길에 도움을 주겠다면 그렇게 하라. 하지만 그들의 선택을 통제하려 해서는 안 된다. 이 사실에 화가 나더라도 현실은 바뀌지 않는다.

10. 함부로 가르치지도, 가르침을 받지도 마라

누군가 당신의 행동을 교정하려 든다면 거부하라. 동시에 당신도 타인을 바꾸려 하지 마라. 당신이 정의하는 '옳은 행동'처럼 그들도 자신만의 정의에 따라 '옳은 행동'을 하고 있다고 생각하라.

다른 사람의 언어를 계속 바로잡거나 사소한 오류를 지적하는 습관은 타인을 제물로 삼는 폭력적인 태도다. 누군가의 말을 고치려 할 때마다 당신은 그에게 '어떤 행동을 하기 전에 나에게 확인받아야 한다'라는 메시지를 보내고 있다는 사실을 깨달아야 한다.

만약 누군가 당신의 말을 지속적으로 고친다면 이렇게 말하라. "또 제 말을 고치시네요. 제가 어떻게 말해야 하는지 당신은 이미 알고 있다는 뜻인가요?", "방금 제 말을 이해하셨나요? 언어가 존재하는 이유가 뭘까요? 서로 소통하기 위해서일까요, 아니면 하루 종일 옳고 그름을 따지기 위해서일까요?" 이런 말은 상대의 간섭을 받기 싫으며 당신을 함부로 평가하지 말라는 의사를 전달한다.

어린 시절 '옳고 그름'을 지나치게 지적받은 아이들은, 나중에 자신을 방어하기 위해 입을 닫아버린다. 나는 부모들이 아이와의 의사소통에 관심을 가지고 아이의 올바른 행동을 이끌어내려 했지만 실제로는 저항에 부딪치는 것을 많이 봐왔다. 선한 의도에서 시작했어도 결과적으로는 아이가 스스로 생각하고 말할 기회를 빼앗았기 때문이다.

11. 평정심을 유지하라

아무리 바쁜 하루를 보냈어도 조용한 마음 상태를 유지할 수 있도록 훈련하라. 명상이나 산책 같은 행위로 잡념을 몰아내고 몸과 마음의 긴장을 늦춰라. 세상을 분석하고 평가하려 하지 말고 있는 그대로 경험하라. 평정심을 유지할 때 우리는 현실의 본질을 명확히 보고 삶의 전문가로 성장할 수 있다.

우리가 기억해야 할 마음가짐

:

현실을 있는 그대로 받아들여야 한다.
세상을 온전히 경험하려는 철학적 태도야말로
어떤 조언보다 자유에 이르는 가장 확실한 열쇠다.
주어진 현실을 저주하지 말고,
행복을 위해 스스로의 기회를 파괴하지 말라.
눈앞의 현실 속에서 진가를 발견하라.
그것이 완전한 자기 성취로 나아가는 첫걸음이자
마지막 발걸음이다.

9장

행복은
나다운
순간에만
온다

Pulling Your Own Strings

행복에 이르는 길은 없다.
지금 걷는 길 자체가 행복이다.

우리는 매 순간 선택한다. 어떤 일을 할지, 어떻게 느낄지 정하는 것은 언제나 우리 자신이다. 이 장에서 가장 중요한 단어는 '선택'이다. 운명 앞에서 어떤 악조건에 처했을지라도 감정적으로 반응하는 대신 성장하고 배우는 쪽을 선택할 수 있기 때문이다. 병원 침상에 누워 있든, 감옥 안이든, 뉴욕의 슬럼가이든, 지루한 직장이든 환경 자체가 중요한 것이 아니다. 우리는 매번 선택을 하면서 지금을 좋아하게 될 수도 있고, 원한다면 더 많은 것을 얻을 수 있는 곳으로 옮길 수도 있다.

● 행복은 창의적인 것이다

○ 나는 '창의적'이라는 말을 예술적 재능이나 문화적 감각으

로 쓰지 않는다. 여기서 쓰는 창의적이라는 단어는 스스로 행동하는 능력과 같다. 음악, 문학, 미술, 과학처럼 거창한 영역이 아니라 매일의 선택에서 스스로 사고하고 움직이는 힘을 의미한다.

당신이 어떤 일을 할 때 다른 사람의 의견이나 매뉴얼을 따르지 않고 자신의 판단으로 행동했다면 그것이 바로 창의적 행동이다. 창의적으로 행동하는 사람은 어떤 조건에서도 잘 적응하며 환경의 피해자가 되지 않는다. 그들은 스스로에게 묻는다. "어떻게 해야 여기서 최선의 경험을 만들어 낼 수 있을까? 무엇을 보고, 어떻게 생각하고, 어떻게 느껴야 배움을 얻고 성취를 이룰 수 있을까?" 이 태도가 바로 환경을 이겨내고 스스로를 성장시키는 힘이다.

분위기가 처지는 파티는 창의성의 부재가 낳은 전형적인 사례다. 대화는 영양가 없이 벽지 색깔이나 잔디 위의 강아지 똥 같은 무의미한 화제에 초점이 맞춰진다. 사람들은 따분함을 억누르며 자리를 지킨다. 반면 창의적으로 행동하는 사람은 상황을 바꾸려고 방법을 강구한다. 그에게는 다양한 선택지가 있으며 기분을 좋게 만드는 대안이 있다.

예를 들어 다른 사람들이 모두 앉아 있다면 혼자 일어서서 새로운 제안을 한다. 늦은 밤이더라도 산책을 하자거나 댄스 음악에 맞추어 춤을 추자고 권유할 것이다. 각자 좋아하는 향기를 꼽아보자고 할 수도 있다. 그는 상황의 노예가 아니라 환경을 재구성하는 사람인 것이다.

 모두에게 사랑받을 필요는 없다

● 남 탓에서 탈피하라

○ 지루한 도시, 심심한 장소, 끔찍한 과거를 탓하며 사는 사람들이 있다. 그러나 창의적으로 행동하는 사람은 어떤 장소, 어떤 경험에서도 배움을 찾는다. 좋지 않은 기억조차 시간이 지나면 의미가 되고 싫은 곳이라 해도 그 감정이 아무것도 바꾸지 못한다는 사실을 알기 때문이다.

"뉴욕에 사니까 좋으세요?"라는 질문을 자주 받는다. 대답은 간단하다. "좋아요." 뉴욕에 산다면 뉴욕이 좋아질 수 있다. 비스마르크, 버밍햄, 베데스타에 가더라도 그곳이 좋아질 수 있다. 지리적 위치는 단순한 장소이며 단지 다른 곳과 확연히 구분되는 특징을 갖고 있는 한 조각의 땅이다. 8장에서 언급했듯 좋고 싫은 장소가 따로 있는 것이 아니라 판단이 있을 뿐이다.

당신은 지금 살고 있는 집, 지금 참석한 파티, 다니는 회사를 좋아할 수 있다. 왜냐하면 그 자리를 선택한 주체는 바로 당신이기 때문이다. 지금 있는 곳이 마음에 들지 않는다고 불평만 한다면 무슨 보상을 받는가? 만약 도무지 빠져나올 수 없는 곳에 있다면, 예를 들어 감옥이나 지루한 위원회 같은 곳에 있다면 나가기 힘들다는 이유로 그곳을 싫어해야 할 이유는 없다.

불평 대신 창의적으로 행동하라. 지금 이 순간을 변화시키는 것은 환경이 아니라 당신의 태도다. 스스로를 제물로 만들지 말고 현실 속에서 자신에게 더 많은 기회를 주도록 노력하라.

● 경험이라는 인생 수업

○　　사람들은 대부분 인생을 한 번의 경험으로 생각하고 그것의 좋고 나쁨을 전체의 가치로 평가하려 한다. 이런 사람들은 단한 번의 불운만으로도 인생 전체를 불행하다고 단정 짓는다.

하지만 인생은 단 한 번으로 끝나는 경험이 아니다. 삶은 끊임없이 변화하며 매일이 그 연속에 있다. 오늘 하루는 매 순간 새로운 경험으로 채워지며 지금 이 순간의 삶은 같은 방식으로 반복되지 않는다. 이를 깨달으면 헤아릴 수 없는 순간의 연속이 인생이라는 사실을 알 수 있다.

인생을 한 번의 경험이라고 판단하려는 사람은 좀처럼 행복하지 않다. 늘 과거를 되돌아보며 잘 살고 있는지 평가하느라 현재를 놓치기 때문이다. 그런 태도는 현실을 등지게 하며 지금을 헛되이 흘려보내게 만든다. 이런 사람은 타인이 행복한 이유를 운이 좋아서라고 생각하고 자신의 불행을 팔자로 여긴다. 삶을 통제할 수 없다고 믿기 때문에 능동적으로 움직이지 않는다.

반면 인생을 연속된 경험이라고 여기는 사람은 다르다. 삶을 스스로 바꿀 수 있다고 믿으며 변화를 두려워하지 않는다. 낡은 방식을 고집하지 않고 새로운 방식을 기꺼이 수용한다. 나에게도 그런 인식의 전환점이 있었다. 수십 년 전, 연구실 조교로 시험 감독을 하던 날이었다. 교실 뒤 칠판에는 이렇게 적혀 있었다. '성공은 여정이다. 목적지가 아니다.'

시험 감독을 하던 45분 동안 나는 이 문구를 마음 깊이

　　모두에게 사랑받을 필요는 없다

새겼다. 그동안 나는 인생을 일련의 목적지, 일련의 사건으로 바라보았다. 내가 경험하고 이룬 일, 즉 졸업, 학위, 결혼, 아내의 임신, 승진 같은 일들을 모두 목적지라고만 생각했다. 그 모든 사건을 여정이라고 생각하지 않고 정거장에서 다음 정거장으로 이동하는 정도로 생각했던 것이다.

그 자리에서 나는 결심했다. 인생을 결과로만 평가하지 않겠다고. 그 대신 인생을 끝없이 이어지는 여행으로 생각하고 매 순간을 즐기겠다고. 칠판에 적힌 문구는 중요한 교훈이 되었다. 삶은 성취의 관점에서 하찮거나 혹은 기념비적이라고 평가해서는 안 된다. 그렇게 살아가면 항상 다음 목적지를 찾아 헤매며 한 순간도 자신의 삶에 만족할 수 없다. 무엇을 이루든 곧바로 다음 목표를 계획하게 되며 자신이 얼마나 성공적인 삶을 살아가는지, 또 얼마나 행복한지 가늠하는 새로운 잣대를 만들게 된다.

길을 걸으며 마주치는 모든 장면이 곧 인생이다. 여행길에 피어 있는 수많은 꽃을 즐겨라. 해돋이, 아이들의 웃음, 빗방울, 새 소리를 감상하고 만끽하라. 인생은 한 번에 하나의 순간만을 즐기는 것이다. 인생을 여행으로 바라보라. 행복은 저 멀리 있는 목표가 아니다. 지금 걷는 이 길 자체가 행복이다.

● 핑계와 변명의 오류

○　　창의적으로 행동한다는 것은 주어진 환경 속에서 어떤 태

도를 선택하느냐의 문제다. 이 바람직한 태도는 순조롭게 일이 풀릴 때보다 난관에 직면했을 때 발전시킬 수 있다.

난관에 부딪쳤을 때는 한 단계 나아가기보다 대부분 물러서거나 포기한다. 하지만 희생자가 되지 않겠다는 각오를 다지면 불운을 새로운 기회로 바꿀 수 있다. 주어진 조건을 최대한 활용하고 기회가 보이지 않을 때조차 긍정적인 태도를 유지해야 한다. 침울한 기분은 잠재적인 가능성을 놓치게 한다.

어린 시절 우리는 인생을 크게 비관하지 않았다. 그 시절에는 모두가 난관이 닥쳐도 재빨리 이로운 방향으로 전환시키는 데 전문가들이었다. 눈보라가 닥쳐 소풍이 취소되더라도 온종일 낙담하지 않는다. 대신 눈사람을 만들고, 눈싸움을 하고, 눈썰매를 타는 등 할 수 있는 오락거리를 찾고 집 앞의 눈을 치워 용돈을 벌기도 한다. 불평하지 않고 상황을 놀이로 전환하는 것이다.

한때 우리는 모두 그런 창의성을 지니고 있었다. 어떤 상황에서도 즉흥적으로 즐길 수 있었다. 그러나 우리는 자라면서 조금씩 이런 특성을 잃었다. 일이 뜻대로 풀리지 않으면 쉽게 포기하고 한 번의 실패로 모든 것을 잃었다고 생각한다.

난관을 딛고 다시 일어서려면 사람들이 흔히 내뱉는 변명을 경계해야 한다. 그 변명들은 당신을 포기하게 만들고 아무것도 하지 못하도록 만든다. 그 변명을 받아들여 아무것도 할 수 없다고 생각하면 상황이 나아지기만을 기다리는 방법밖에 없다. 다음은 일상적으로 쓰는 변명의 사례들이다.

"곧 연락드리겠습니다."

가장 기본적인 변명이다. 표면적으로는 기다려 달라는 뜻이지만 '이 대화는 여기서 끝내죠'라는 의미에 가깝다. 당신을 조용히 물러나게 하려는 말이다. 이런 변명에는 목표를 달성하기 위한 다음 단계를 스스로 만들어야 한다. 상급자를 찾아가거나, 정식으로 이의를 제기하거나, 구체적인 기한을 명확히 요구하라. 기다릴 수 없다는 태도를 분명히 해야 한다.

"저희 잘못이 아닌데 어떻게 하라는 말씀입니까?"

곤란한 상황에서 자신의 책임을 회피하고 문제를 당신에게 떠넘기려는 말이다. '내 탓이 아니니 나설 이유가 없다'는 뜻이다. 하지만 이런 말에 물러서면 상황은 나아지지 않는다. 당신이 원하는 것은 책임 추궁이 아니라 해결책이라는 것을 분명히 하라.

"전산 오류입니다."

이는 현대판 만능 변명이다. 컴퓨터가 등장한 이후 사람들은 거의 모든 실수를 '시스템 문제' 탓으로 돌렸다. 그러나 사람들은 컴퓨터를 다룰 수 있는 사람이 그 오류를 쉽게 수정할 수 있다는 사실을 잊곤 한다. 컴퓨터의 속성을 가리키는 유명한 속담에 '쓰레기를 입력하면 쓰레기가 나온다'라는 말이 있다. 결국 전산 오류란 누군가의 실수다. 당신이 갑자기 몽둥이로 맞았다면 몽둥이가 실수한 것이 아니듯 말이다. 컴퓨터가 당신에게 쓰레기를 쏟아내고 있다면 컴퓨터에 쓰레기를 집어넣은 사람을 찾아라.

이 세 가지 변명은 형태만 다를 뿐 모두 당신을 무력하게 만들려는 말이다. 난관이 나타날 때를 경계하고 준비해 두라. 변명을 받아들이지 않고 창의적으로 대응하라. 변명은 현실을 가리는 연막일 뿐이다. 연막이 걷히면 언제나 해결책이 보인다.

● 행복의 제1법칙, 유연함

○ 창의적으로 행동하려면 경직된 사고방식에서 벗어나라. 한 가지 일엔 항상 하나의 옳은 방법만 존재한다고 믿는 사람은 창의성은 물론이고 순발력도 잃게 된다. 특정한 상황엔 반드시 특정한 해법이 있어야 한다고 생각하면 상황이 바뀌는 순간 스스로를 희생양으로 만들 뿐이다. 열린 마음을 가져라. 같은 목적을 달성하는 데는 수많은 길이 있다는 사실을 명심하라. 특정 방식을 선호하더라도 언제든 방향을 바꿀 수 있는 유연성을 가져야 한다.

내담자 스튜어트는 26세의 젊은 회계사였다. 능력은 뛰어났지만 부인과 동료들과의 관계는 점점 악화되고 있었다. 상담했을 때 그는 어떤 일이든지 적당히 하는 것을 용납하지 않는 사람으로 보였다. 그가 일상적으로 쓰는 어휘는 '적절한, 올바른, 최선의, 상세한, 정확한' 같은 단어였고, 부인과 아이들이 쉴 새 없이 잘못을 저지르고 있다는 사실을 나에게 납득시키려고 했다. 그는 아들의 숙제를 도와주며 틀린 방식으로 숙제를 한다는 이유로 짜증을 냈고, 부인이 가계부를 쓸 때 날짜를 기입하지 않자 거의 분노에 가까운 반응을 보였다. 가족들은 점점 지쳐갔고 그의 완벽주의 앞에서 숨이 막혔다.

심리상담은 부인의 문제를 지적하는 방향이 아니라 스튜어트의 완강함을 되돌아보는 방향으로 진행했다. 그는 자신이 얼마나 한 가지 원칙만을 고집하며 주변 사람들에게 그것을 강요해 왔는지 곧 깨달았다. 놀랍게도 그는 게임에서도 예외가 아니었다. 크로켓, 모노폴리, 보드게임을 할 때도 규정집을 읽고 숙지하는 사람이었다. 늘 규칙을 고집해 아이들의 놀이에 찬물을 끼얹기 일쑤였다. 적절하게 규칙을 따라 재미있게 노는 것은 인정할 수 있었지만 규칙을 따르지 않고 심지어는 규칙을 만들어가며 노는 것은 제대로 된 놀이가 아니라고 생각했다.

스튜어트의 과제는 엄격한 정답 강박에서 벗어나는 것이었다. 완고한 사람들이 흔히 그렇듯 처음엔 고집을 버릴 수 없었지만 수개월이 지나자 그도 차츰 느슨해지기 시작했다. 가족과 스스로에게 더 많은 선택과 자유를 주었고, 업무에서도 자신의 방식만 고집하지 않았다. 하지만 다섯 달의 심리상담 후에도 그는 여전히 자기 방식이 맞다는 믿음을 버리지 못했다. 그때 나는 니체의 말을 인용했다.

이것이 나의 방법이다.

당신의 방법은 무엇인가?

정해진 방법 같은 것은 애당초 존재하지 않는다.

창의적으로 살고 싶다면 이 말을 삶의 좌우명으로 삼아
야 한다. 한 가지 방식만을 고집하는 사람과 직업적으로 얽혀 있
다면 그 관계를 끝내는 것도 용기 있는 선택이다. 새로운 정보와
증거가 나왔는데도 전략을 바꾸지 않으려는 변호사, 새로운 증상
이 발견되었는데도 맹장에 문제가 있다고 주장하며 예정대로 수
술을 강행하는 외과의사 등 이런 사람들의 완고함은 언제나 누
군가를 희생시킨다.

고집스러운 자세는 전문가가 가져야 할 태도가 아니다. 잠
재적인 재앙을 일으킬 수 있는 이런 태도는 반드시 고쳐야 한다.
미국 의료 분야에서는 창의성이라곤 찾아볼 수 없는 완고함이
매우 빈번하게 일어난다. 보도에 따르면 미국에서는 불필요한 외
과수술이 습관적으로 시행되고 있다고 한다. 그 폐해가 얼마나
심각했던지 이미 1976년에 수술을 조심하라는 광고가 등장했다.
광고 문구는 이렇다.

"수술하지 않아도 됩니다. 메스를 대지 않으면 흉터도 남
지 않습니다. 두 번째 의사의 의견을 들어보세요. 수술이 필요 없
을 수도 있습니다. 첫 번째 의사의 의견만 신뢰하지 마세요. 저희
블루 크로스 블루 쉴드에서는 두 번째 의사의 소견을 들을 수 있
습니다." 이 광고는 환자들이 두 번째 의사의 의견을 믿지 않고,
첫 번째 의사의 결정을 그대로 따르는 경향이 있다는 사실을 근
거 자료로 제시했다. 광고의 마지막 문장은 이렇게 끝난다. "첫 번
째 의사에게는 비밀로 하겠습니다."

왜 보험회사가 두 번째 의사를 찾아가라고 하면서 첫 번

　　　　모두에게 사랑받을 필요는 없다

째 의사에게는 비밀로 하겠다고 했을까? 일부 의사들이 자기 생각만을 고집하고 다른 의사들의 의견을 불편하게 여기기 때문이다. 분명한 것은 의사들이 두 번째, 세 번째 의견을 들어야 한다는 것 그리고 항상 오진 가능성을 열어 두어야 한다는 점이다. 하지만 현실에서는 의료 종사자들의 편협한 시각 때문에 환자들이 제대로 보호받지 못하고 있다.

완고함은 교육계에도 만연하다. 수학, 과학 실험, 연구 보고서에는 한 가지 원칙만 있다고 믿는 교사들이 많다. 보고서 양식을 엄격히 적용하는 대학 교수들도 부지기수다. 우리는 학교에서 오랜 시간을 보냈기 때문에 이런 논리를 받아들이고 있다. 그렇지 않으면 낙제하기 때문이다. 하지만 이제 그럴 이유가 없다. 자녀에게 한 가지 방식만을 고집하는 편협함은 내려놓아야 한다.

어떤 일을 하는 데 특정한 방식만 있다고 가르치는 것은 너무나 많은 사람을 희생시킨다. 창의적인 작가는 자신만의 언어를 표현하기 위해 문법책을 들춰보지 않는다. 위대한 예술가들은 하나의 방식으로 그림을 그리고 조각하지 않는다. 위대함이란 언제나 독창성에서 비롯된다. 그들의 작품에는 다른 누군가를 연상시키는 흔적이 없다. 어떤 일을 하든 수만 가지 방법이 존재한다. 그 순간 가장 적절한 방법을 선택하는 것이 전부다.

서머싯 몸은 소설 《인간의 굴레》에서 고집스러운 성격에 대해 이렇게 말했다. "모든 약한 인간들이 그러하듯이, 그는 마음을 바꾸지 않는다는 점을 극단적으로 강조했다."

편협한 세계관으로 살아가는 희생자와 방해자들은 다른

사람의 성장을 막을 뿐 아니라 자신의 성장까지 가로막는다.

● 인내는 약점이 아니라 힘이다

○　패배하는 사람들은 두려움, 분노, 좌절감 등에서 기인하는 정서적 마비 상태에 빠질 때 체념한다. 반대로 자기 삶의 주도권을 지키는 사람들은 감정의 소용돌이에 빠지지 않고 끝까지 버틴다. 즉 희생당하지 않기 위해 필요한 덕목이 바로 인내심이다.

교묘하게 상대를 흔드는 사람들은 오래 끌면 상대가 지쳐 포기한다는 사실을 안다. 많은 소송이 이런 식으로 진행된다. 가해자 편에 선 변호사들은 1~2년만 지나면 그만두자고 소송을 포기하는 사람이 많다는 것을 너무 잘 알고 있다. 법의 기본 원칙이 정의 실현이라고 해도 현실의 법정은 종종 사람의 의지를 시험하는 장이 되곤 한다. 결국 싸움을 계속할지 더 큰 손해를 피할지 결정하는 것은 우리의 몫이다. 다만 상상력이 있다면 굳이 깊이 개입하지 않고 대응할 수 있는 많은 방법을 생각할 수 있다. 재정적 여유가 있다면 대신 싸워줄 사람을 고용할 수도 있다.

포기하지 않겠다는 의지는 어떻게 싸울 것인가를 선택하는 선언이며, 동시에 승리할 때까지 싸우겠다는 신호를 전달하는 방법이다. 준비되지 않은 상태에서 분노에 휩쓸려 행동하면 얻는 것보다 잃는 것이 많다. 인생은 허세가 통하지 않는 포커 게임과 같다. 작가 랄프 사렐의 책《고객의 불만을 어떻게 돈으로 바꿀 것인가?How I Turn Ordinary Complaints into Thousands of Dollars》는 이 사실을 잘 보여준다. 그는 수많은 까다로운 고객을 상대하면서 어떤 상황에서도 침착하게 대응하는 법을 말했다. 그의 메시지는 단순하다. "포기하지 않겠다는 의지만 있다면 문제는 반드시 해결된다."

가장 중요한 원칙은 분노나 악의, 불안 같은 부정적인 감정에 휘말리지 않는 것이다. 그리고 남이 정한 규칙에 맞추지 말고 자신이 정한 원칙으로 상황을 판단하는 것이다. 사렐은 벨보이, 극장 지배인, 임대주, 은행원 등 수많은 사람과의 충돌을 이야기했다. 그의 결론은 명확하다. "기다림을 즐길 순 없지만, 끝까지 참아내면 거의 언제나 원하는 목표를 달성할 수 있다. 때로는 처음의 기대를 넘어서는 일도 가능하다."

권력자나 공격적인 상대는 인내심이 강한 사람을 감당하지 못한다. 그런 사람을 만나는 일이 드물기 때문이다. 처음부터 약해 보이는 상대를 선택해 괴롭히는 편이 더 쉽다는 것을 알고 있기 때문이다. 하지만 단단히 버티는 사람 앞에서는 그들조차 움츠러든다.

대부분의 사람은 거대한 조직이나 권위 있는 인물을 혼자서 상대하게 되면 양처럼 순해진다. 저들을 어떻게 이기냐는 생각으로 시작도 하기 전에 자신을 희생시킨다. 하지만 주도적이고 창의적으로 사는 사람은 다르다. 가능성이 있다면 시도할 만하다고 생각한다. 첫 장애물만 넘으면 그다음은 훨씬 수월해진다. 대부분의 사람들은 첫 번째 장벽에서 멈추기 때문이다. 그 문턱만 넘으면 그 뒤로는 놀랄 만큼 방해하는 요소가 없다.

황소 고집으로 버티라는 뜻이 아니다. 필요한 것은 완고함이 아니라 단단함이다. 만만하게 물러서지 않겠다는 단순하고 솔직한 자세만 있으면 된다. 괴로움과 비탄 속에 젖어 있지 않고 원하는 결과를 얻기 위해 필요한 행동을 하는 태도 말이다. 성직자 헨리 워드 비처가 말했다. "인내와 고집의 차이란, 인내는 강한 의지에서 비롯되고 고집은 지독한 편견에서 나온다는 것이다."

아이들은 이 원리를 본능적으로 안다. 끈질기게 조르면 결국 부모가 들어줄 수밖에 없다는 것을. '계속 졸라대면 엄마가 안 해줄 수가 없다'는 것이다. 아이의 전략에 넘어가는 부모들은 아이에게 잘못된 신호를 가르쳐주고 있다는 사실을 모른다. 이런 일이 일어나는 이유는 아이들의 모든 요구를 습관적으로 거절하고 권위를 세우려 하기 때문이다. 반복된 거절을 경험한 아이는 한 번 포기하면 두 번 다시 기회가 없다는 것을 배우고, 그 결과 더 집요해진다.

기관이나 관청 같은 곳도 부모처럼 행동하려 한다. 불평하고 불만을 가진 사람 앞에서 권력을 과시하고 의지를 꺾으려 한다. 그래서 이런 상대를 대할 때는 끈질긴 아이 같은 전략이 필요하다. 범법 행위만 없다면 포기하지 말고 요구를 반복하라. 반대로 그런 사람에게 휘둘리고 싶지 않다면 권위적인 태도를 먼저 버려야 한다.

만약 세상과 맞서야 한다면 '나는 쉽게 포기하지 않는 사람이다'라는 인상을 남겨라. 거대 기업의 옆구리에 박힌 가시처럼

 모두에게 사랑받을 필요는 없다

물러서지 않는 존재가 되라. 한 발만 물러나도 당신은 약자의 자리에 서게 된다. 19세기 정치가 토마스 포웰 벅스톤은 이렇게 말했다.

> 나에겐 신념이 있다. 대단한 일을 하지는 못했지만 지금까지 내가 이룩한 작은 성취들은 모두 이것 때문이다. 평범한 재능과 범상치 않은 인내, 이것만 있으면 모든 것을 성취할 수 있다.

● 행동이 해답을 준다

○ 창의적으로 살아가려면 무엇보다 습관적인 무기력에서 벗어나는 법을 배워야 한다. 생각만으로는 아무것도 바뀌지 않는다. 행동만이 답이다. 행동만이 무력감에서 빠져나오는 유일한 길이다. 행동은 무기력뿐 아니라 우울, 불안, 스트레스, 두려움, 걱정, 죄책감에서 벗어나는 가장 즉각적이고 확실한 처방이다. 움직이는 동안 우울해지기란 거의 불가능하다. 몸을 움직이거나 무언가를 만들어내는 동안에는 의기소침해질 틈이 없다. 늘어져 있거나 자기연민에 빠지는 것도 어렵다. 무슨 일이든 시작하라. 그냥 행동하는 것만으로도 온전히 제 역할을 하는 사람처럼 될 수 있다.

우울증 때문에 행동이 줄어드는 것이 아니다. 행동의 결핍이 우울증으로 이어지는 것이다. 우리는 종종 아무것도 하지 않기를 스스로 선택한다. 그러나 행동은 타인이나 자의적으로 휘둘리는 상황을 피하는 가장 효과적인 방법이다. 불평하지 않고 내가 가진 문제점을 개선하기 위해 무언가를 하기로 결심했을 때, 비로소 자신을 둘러싼 모든 것이 변화의 길로 들어선다.

'맞는 말이지만 그렇다고 내가 무엇을 할 수 있을까?'라는 의문이 떠올랐다면 답은 간단하다. 아무것도 하지 않는 것보다 어떤 일이라도 하는 것이 더 낫다.

줄리아는 하루 종일 우울감에 빠져 살던 환자였다. 그녀는 우울증을 가장 가까운 동맹군처럼 여기며 자신의 무기력을 방어했다. 내가 조금이라도 활동적으로 변해보자고 하면 늘 이렇게 말했다. "노력해도 말짱 도루묵이에요", "괜한 소리 마세요. 제 문제는 그것보다 심각해요. 그냥 움직이기만 한다고 달라질 리가 없어요."

줄리아는 자신의 문제를 더 깊이 분석해 주기를 바라는 것 같았다. 우울증이 깊다고 해결책까지 복잡해지지는 않지만 그녀는 그 사실을 모르는 듯했다. 그녀는 자기연민에 익숙해져 있었다. 67세의 나이였던 그녀는 늙어간다는 사실을 그저 받아들이고 있었다. 하루 절반은 침대에 누워 있었고, 자녀에게 불평하며, 건강을 과도하게 걱정하는 노파로 늙어가고 있었다.

나는 반복해서 말했다. "행동이 가장 좋은 치료입니다." 그러나 줄리아는 여전히 움직이길 거부했다. 아무리 설득해도 스스로 움직이지 않으면 아무도 도와줄 수 없다. 그녀는 자기 선택에 의해 고통받고 있다는 사실을 깨달아야 했다. 자신 외에 병을 낫게 해줄 수 있는 사람은 없으며 누구도 그녀의 우울증에 동참해주지 않는다는 현실을 직시해야 했다.

변화는 줄리아 스스로가 우울증에서 벗어나려 하지 않는다는 사실을 인정한 후에야 일어났다. 그녀는 처음으로 움직이기 시작했다. 바깥에 나가보거나 하루 일과를 정해보는 수준이었다. 하지만 금세 다시 무기력에 빠져 원래 상태로 돌아가곤 했다. 그녀는 무엇을 해야 하는지 도통 모르겠다고 했다. 그래서 나는 아주 작고 당장 할 수 있는 행동들부터 알려주었다.

집 주변을 활기차게 걷는다.	시나 단편 소설을 써본다.
친구와 공놀이를 한다.	아르바이트에 도전한다.
동네 도서관에 가서 직원에게 말을 걸어본다.	화초 가꾸기와 같이 집에서 할 수 있는 일을 만든다.
낯선 사람과 통성명을 한다.	마을 신문을 발행한다.
요가 수업을 듣는다.	어떤 상품이든 판매해 본다.
춤을 배운다.	보드게임, 카드게임을 배운다.
성인 교육 과정에 등록한다.	상처 난 동물을 돌본다.
자원봉사에 참여한다.	편지 10통을 쓴다.
공항에서 사람들을 관찰한다.	유급 육아에 도전한다.
이웃들과 게임을 즐긴다.	독신자 클럽에 가입한다.
수영을 배운다.	지역 문학회에 참석한다.

영화 10편을 보고 별점을 준다.	박물관, 전시회를 관람한다.
스무 명을 집에 초대한다.	안 가본 도시에 방문한다.
자서전을 쓴다.	아픈 아이들을 돌본다.

조금만 생각해 보면 누구나 무기력에서 벗어날 수 있는 활동 리스트를 만들어 낼 수 있다. 줄리아는 결국 메시지를 받아 들였다. 왜 아무것도 할 수 없는지 한탄하기보다 무언가를 하기 시작했고, 우울함에 잠긴 일상이 눈에 띄게 달라지는 것을 느꼈다. 근 3년 동안 항우울제에 의존하던 생활에서도 서서히 벗어났다. 가끔 예전의 무기력한 상태로 돌아가기도 했지만 그녀의 말투는 완전히 달라져 있었다. 예전에는 "팔자지, 늙으면 다 우울해지는 거야"라고 말하던 그녀가 이제는 "신세 타령만 할 수는 없어. 자꾸 움직여야 건강해지지"라고 말하는 것이다. 우울에서 벗어나는 비결은 마법이 아니다. 행동하는 것으로도 가능하다.

행동하는 사람은 쉽게 희생되지 않는다. 행동하는 사람일 수록 불공정이나 부당함을 그냥 두지 않고 바로잡으려는 경향이 강하다. 반면 아무것도 하지 않는 사람들은 불만이 있어도 그저 한숨만 쉬며 머리만 긁적일 뿐이다. 오래된 속담은 이 진리를 잘 말해준다. "제대로 된 길에 있더라도 가만히 앉아만 있으면 차에 치인다."

   모두에게 사랑받을 필요는 없다

● 체념은 삶을 멈추게 한다

○　다음 두 문장은 창의적으로 행동하지 못하는 사람들의 전형적인 사고방식을 보여준다. 그들은 난관에 부딪치면 색다른 방법을 찾아 문제를 해결하기보다 변명으로 물러선다.

"내가 할 수 있는 일이 아니야."

이 말은 스스로에게 내리는 일종의 패배 선언이다. 그렇게 믿는 한 그 운명에서 절대 벗어나지 못한다. 할 수 있는 일은 분명히 있다. 자기 삶을 지키고 싶다면 경험하고 부딪치면서 계속 대안을 찾아야 한다. "뭘 해야 할지 모르겠지만, 앉아서 당하고 있을 바엔 뭐라도 해보겠어." 이 태도로 접근해야 문제와 씨름이라도 할 수 있으며 무기력에서 벗어나 새로운 습관을 만들 수 있다. 완벽한 해답은 행동 전에 주어지지 않는다. 행동하면서 답을 찾아가는 것이 삶의 진짜 전략이다. 여러 시도를 하다 보면 효과적인 방법이 나온다. 아무것도 할 수 없다고 자포자기하면 그런 기회조차 주어지지 않는다.

"세상 일이 다 그렇지 뭐."

이런 표현은 체념의 언어다. 세상에는 고정된 문제와 정해진 해법이 있다고 믿는 순간 변화시킬 힘은 사라진다. 하지만 세상을 힘들게 만드는 대부분의 조건은 사람이 만든 것이다. 그러므로 어떤 식으로든 바꿀 수 있다. '세상 일이 다 그렇지 뭐'라는 표현은 그 가능성을 부인하는 것이다.

만약 당신이 마트 계산대에서 한 시간째 줄을 서 있다면 어떤 생각이 떠오르는가? '세상사가 다 그렇지. 할 수 있는 일이 뭐가 있겠어'라고 체념한다면 스스로를 상황의 피해자로 만드는 셈이다. 하지만 이렇게 생각을 바꿔보라. '잠깐만, 여기서 한 시간이나 낭비할 수는 없어. 다른 방법을 찾아봐야겠어.' 그럼 이때부터 이미 다른 선택지가 열린다. 매니저에게 찾아가 계속 기다릴 수는 없으니 그에게 계산을 해달라고 요청할 수도 있다. 혹은 새로운 계산대를 열지 않으면 손님을 다 잃을 수 있으니 계산대를 추가해 달라고 말할 수도 있다. 그래도 해결되지 않으면 본사에 항의 메일을 보낼 수도 있으며, 아예 다른 마트로 갈 수도 있다.

체념하면 어떤 아이디어도 떠오르지 않는다. 태도를 바꾸면 생각이 바뀌고, 생각이 바뀌면 행동이 달라진다. 그리고 그 행동이 당신이 원하는 결과로 이끌어준다.

● 원하는 행복을 이루는 10가지 방법

○ 다음에 소개하는 사례들은 내가 상담했던 내담자, 가까운 친구들, 문학작품 속 인물들 그리고 나 자신의 경험에서 비롯된 것이다. 이 사례들은 체념하지 않고 원하는 바를 이루려는 당신에게 현실이 어떻게 돌아가는지 보여줄 것이다. 또한 창의적인 행동에서 비롯된 진정한 행복을 알려줄 것이다.

 모두에게 사랑받을 필요는 없다

1. 직장을 구할 때 나만의 방법을 찾아라

실업률이 높은 오늘날에도 여전히 수많은 사람들이 좁은 관점으로 일자리를 바라보며 전통적인 구직 방식에 매달린다. 사람들은 이력서를 제출하고, 공고가 뜨면 전화나 온라인으로 지원하고 수많은 경쟁자들과 함께 한정된 자리를 놓고 다툰다. 직장을 얻는 최고의 방법 같은 것은 없다. 단지 대부분의 사람이 몰려가는 전형적인 경로만 있을 뿐이다. 그리고 그 길 위에서 사람들은 자신의 개성과 가능성을 드러낼 기회를 놓친다.

산드라는 그 전형적인 길에서 완전히 막혀버린 사람이었다. 홍보직을 희망한 그녀는 수백 통의 이력서를 보냈지만 성사된 면접이 극소수에 불과했고 조금이라도 관심을 보여주는 회사는 한 군데도 없었다. 구직 시장에서 자신을 어떻게 효과적으로 홍보해야 하는지 뚜렷한 아이디어가 없었다.

나는 직업을 얻는 것도 직장에서 일할 때와 마찬가지로 구체적인 기술이 필요하다고 설명했다. 구직과 고용에 대한 전통적인 편견을 버리고, 목표를 재평가하며, 목표 달성을 위해 어떤 새로운 방식을 시도할 것인지 생각해 보라고 했다.

그해 11월 산드라는 한 백화점 홍보 부서에 내년 3월 말쯤 결원이 생길 예정이라는 정보를 알게 되었다. 문제는 담당자가 2월에 퇴직 예정이라 아직 공식 공고가 나지 않았다는 점이었다. 그녀는 이렇게 말했다. "지금 지원하면 퇴직 예정인 담당자가 기분 나빠하지 않을까요?" 나는 대답했다. "그런 '착한 이미지'는 지금 바로 쓰레기통에 버리세요. 상황을 다시 보세요. 당신은 누군가의 기분을 맞추러 가는 게 아니라 자신의 기회를 만들러 가는 겁니다." 고민 끝에 그녀는 위험을 감수하기로 했다. 백화점 홍보 담당자를 직접 만나 지원하고 싶다고 말한 것이다. 담당자는 매우 놀랐지만 아무런 응답을 하지 않았다고 한다.

산드라는 그다음 상담 때 이 이야기를 하며 너무 과감하게 나간 탓에 기회를 놓친 것 같다고 했다. 하지만 그녀는 포기하지 않았다. 인사 담당자를 다시 만나서 이력서를 보여주고 홍보 업무뿐만 아니라 굳은 결의까지 있다는 모습을 보여주었다. 마지막으로 산드라가 시도한 방법은 완전히 창의적인 방법이었다. 백화점 대표에게 이력서 대신 회사 이미지를 개선하는 방안과 내년도 홍보 계획 기획안을 보낸 것이다.

결과는 놀라웠다. 산드라는 처음 기대했던 것보다 더 많은 연봉을 받고 홍보 부서에 채용되었다. 직장을 구할 때 전형적인 경로를 따라가지 않으면서도 자신의 개성을 증명하고 창의적인 접근으로 원하는 결과를 얻을 수 있음을 입증한 것이다.

2. 취업만이 능사가 아니다

회사에 고용되지 않고도 충분히 자신의 일을 만들어가며 생계를 유지하는 방법은 많다. 대부분의 사람들이 일에 휘둘리는 이유는 단순하다. 돈을 버는 법을 회사 밖에서 배운 적이 없기 때문이다. 월급만이 생계의 유일한 수단이라 믿는다면 그 생각부터 바꿔야 한다. 특히 지금 직장이 불만스럽거나, 다른 사람의 계획에 의해 움직이는 것이 싫다면 직장에 대한 고정관념을 버려야

     모두에게 사랑받을 필요는 없다

한다. 수많은 대안을 나열하고 위험 요소를 평가해 보라. 그리고 '혹시 실패하면…', '일이 잘못되면…'이라며 망설였던 것 중 최선의 대안을 선택해 보라. 누구도 해 보기 전까지는 결과를 장담할 수 없다. 할 수 없겠다는 생각은 잘못된 예측이다. 된다는 믿음이 구체적인 길을 만들어준다.

일에 희생당하지 않는 가장 강력한 기술은 자신의 아이디어를 세상에 파는 마케팅 감각이다. 좋은 아이디어는 언제든 돈이 된다. 아이디어가 시장성이 있다는 것이 증명되면 부업이었던 것이 본업이 될 수도 있다. 다음은 그런 창의적인 전환을 통해 자신만의 일을 만든 사람들의 실제 사례다.

- 마릴린은 매듭공예에 관심이 많았다. 처음엔 단순한 취미였다. 그런데 그녀의 친구들이 정식으로 주문하고 돈을 지불하기 시작하자 사업화의 가능성이 엿보았다. 1년이 지난 후 그녀의 취미는 완전한 직업이 되었으며 상당한 수입을 가져다주었다.

- 루이스는 그림 실력이 뛰어나 티셔츠에 직접 그림을 그려 선물하곤 했다. 친구들은 생일이나 특별한 날이 오면 그녀의 티셔츠를 주문했고, 결국 그녀는 사업화하기로 결심했다. 친구들이 기꺼이 첫 고객이 되어주었고 홍보도 맡았다. 6개월 만에 티셔츠로만 월 2만 달러의 수입을 올리면서 그녀는 계산원 일을 그만두고 가게를 차렸다.

• 조엘은 공장에서 일하면서 틈틈이 테니스를 즐겼다. 실력이 좋아지자 친구들에게 무료로 레슨을 해주기 시작했고, 한 친구의 조언에 따라 토요일 아침 그룹 레슨을 열었다. 3개월 후 그는 회사를 그만두고 전문 테니스 강사가 되었으며 고객은 수백 명으로 늘어났다. 그는 더 이상 일과 삶을 분리하지 않았다. 그의 취미가 곧 직업이 되었고 수입도 두 배로 뛰었다.

• 벤은 제2차 세계대전 때 의가사 제대를 한 뒤 하루 종일 침대에 의지하며 생활해야 했다. 하지만 그는 여생을 이렇게 살 수 없다고 결심했다. 스무 개 이상의 신문을 구독하고 흥미로운 기사를 주제별로 분류해 그것을 기업과 개인에게 보내는 뉴스 클리핑 서비스를 시작했다. 원하면 계속 보낼 테니 구독료를 지급해 달라는 제안서도 함께 동봉해 각종 기업에 뿌렸다. 고정 고객이 모이기 시작하면서 벤의 사업은 거대한 기업으로 발전했다. 그는 창의적인 행동으로 역경을 기회로 바꾼 백만장자가 되었다.

• 사라는 실직한 바이올린리스트였다. 하지만 그녀는 연주를 멈추지 않았다. 뉴욕 번화가의 한 극장 앞에서 행인과 관객을 위해 연주했고, 단 2주 만에 바이올린 케이스 안에는 이전 직장에서 6개월 동안 번 월급보다 많은 돈이 쌓였다.

이처럼 창의적인 행동을 하는 사람들은 뜻대로 되지 않을 때 좌절하지 않는다. 대신 새로운 길을 찾아내고 지금보다 나은 상황을 직접 만들어낸다. 혹시 당신이 비관적인 성격의 소유자라면 위와 같은 접근은 다른 사람에게나 맞지 당신에게는 적당하지 않다고 생각할 것이다. 하지만 그 말은 변명일 뿐이다. 당신에게도 맞는 방법이 있다. 다만 방법을 찾기 위해서는 위험을 감수할 용기가 필요하다. 자기 의심을 내려놓고 먼저 해보라. 행동이 생각보다 훨씬 많은 답을 줄 것이다.

만약 당신이 하고 싶은 일을 하는 데 자격증이나 허가가 필요하다면, 혹은 제약이 너무 많다면 규칙을 다른 관점에서 다시 생각해 보라. 모든 규칙에는 예외가 있기 마련이다. 예컨대 심리학계에 많은 영향력을 끼친 인물 중에는 전공자가 아닌 이들도 많다. 저널리스트 출신으로 성인 발달 연구서를 쓴 게일 시히, 집단 감수성 훈련의 창시자 베르너 에르하드가 대표적이다.

다른 분야에서도 비전공자들이 역량을 뽐내는 사례가 많다. 민주당 의장이었던 래리 오브라인은 프로농구 NBA의 수장이었다. 물리학 교수가 소설을 써서 베스트셀러에 오르고, 변호사가 방송 진행을 하기도 한다. 당신이 무언가를 하고자 한다면 '당연히 자격이 있어야 한다', '모두가 그렇게 했다' 같은 원칙에 매여 있을 필요가 없다. 언젠가는 성공할 것이라는 기대와 함께 자기만의 방식을 따르면 마침내 해낼 것이다. 그렇게 하지 않고 어쩔 수 없다는 핑계로 스스로를 가두면 그 자리가 감옥이 된다.

3. 의문이 든다면 직접 말하라

고든은 대학 등록금을 조금 늦게 납입했다는 이유로 연체료 25달러를 부과받았다. 연체료야 내면 그만이었지만 그는 다른 식으로 접근해 보고 싶었다. 그는 행정실에 찾아가 고액의 등록금을 마련해야 하는 학생들의 형편은 생각하지 않고 연체료를 부과하는 대학 당국의 처사가 가혹하다고 호소했다. 결과는 놀라웠다. 행정실은 그의 주장을 받아들였고 연체료 납입이 즉시 취소되었다.

4. 해결해 줄 수 있는 사람을 찾아라

닉은 한 모텔에서 200달러 상당의 여행자 수표를 도난당했다. 문제는 그 수표가 3년 전 독일의 한 은행에서 구입한 것이라 일련번호를 알 수 없었다는 점이다. 그는 수표 발행 회사에 메일을 보냈지만 컴퓨터가 쓴 자동 답장이 돌아왔다. 일련번호를 모르면 변상할 수 없다는 내용이었다. 분명히 컴퓨터는 자신의 편지를 제대로 읽지 않았을 것이다. 그는 다시 회사 대표에게 신용카드로 구매한 정황과 자신의 상황을 설명하는 메일을 보냈다. '죄송하지만 방침에 따라…'와 같은 말은 듣고 싶지 않다는 점을 분명히 해두었다. 일주일 후 닉은 사과 편지와 함께 200달러의 여행자 수표를 받았다.

5. 끔찍한 경험도 경력이 된다

유진은 교통법규 위반 혐의로 법정에 출두했다. 그는 하루 종일 대기하며 무관심한 공무원들에게 끌려 다녔고, 충분히 해명했음에도 끝내 유죄선고를 받았다. 그는 이 과정이 너무 불공평

하다고 생각되어 고민하기 시작했다. '이 불쾌한 경험을 어떻게 긍정적으로 바꿀까?'

그는 그날의 경험을 기사로 작성해 팔아보자고 생각했다. 잡지사 한 곳이 그가 쓴 수기 형식의 기사를 1,500달러에 샀고 3회에 걸쳐 연재도 했다. 이후 여러 잡지사에서 원고 청탁이 이어졌다. 법정에서 보낸 하루가 그를 자유기고가라는 새로운 경력으로 이끈 것이다. 창의적으로 행동하는 사람은 불운을 한탄하지 않는다. 그들은 늘 묻는다. "이 상황에서 얻을 수 있는 건 뭐지?"

6. 새로운 시선으로 움직여라

웨슬리가 공항에 도착했을 때 눈보라로 인해 모든 항공편이 6시간 동안 취소되었다는 사실을 알게 되었다. 주변을 돌아보자 모두 화가 난 상태였고 항공사와 날씨를 탓하고 있었다. 그는 다음 날 다른 도시로 가야 했지만 내일 아침까지 이곳에서 꼼짝하지 못할 것이라는 사실을 알았다.

그는 이 상황에서 색다른 경험을 해보고 싶었다. 웨슬리는 근처에 앉아 있던 여성에게 다가가 말을 걸었다. 그녀의 이름은 페니였고 웨슬리처럼 공항에 갇힌 처지였다. 둘은 공항 레스토랑에서 함께 저녁을 먹고 터미널을 걸으며 이야기를 나누었다. 이후 둘은 가까운 친구 사이가 되었고 3년 후 부부의 결실을 맺었다. 대부분의 사람이 같은 상황에서 화를 내거나 불평했지만 웨슬리는 그 시간 동안 새로운 인연을 만들었다.

7. 주어진 것만 하지 않는다

엘리자베스는 대학에 입학하고 얼마 지나지 않아 깨달았다. 대부분의 과제가 자신의 꿈과는 아무 상관이 없다는 사실을. 그녀는 해양학자가 되고 싶었지만 학교가 요구하는 과제들은 교수의 기분을 맞추기 위한 형식적인 일이었다. 그녀는 학교 심리상담사의 도움을 받아 자신이 이 상황을 개선할 수 있는지 의논했다. 다음 학기가 시작되었을 때 그녀는 교수들을 만나 표준적인 과제를 대신할 다른 대안을 제시했다. 놀랍게도 다섯 명의 교수 중 네 명이 동의했다. 엘리자베스는 한 학기 내내 자신의 진로와 관련된 주제로 개인 과제를 수행하며 학점까지 인정받을 수 있었다.

8. 염치없는 사람을 끊어내라

앤드류와 바바라는 한 커플과 함께 레스토랑에서 식사하게 되었다. 그 커플은 메뉴판에서 가장 비싼 요리를 고르고 식전주부터 식후주까지 여러 잔의 술을 주문했다. 반면 앤드류 부부는 술을 마시지 않았고 비교적 저렴한 식사를 했다. 식사가 끝나자 커플 중의 한 사람이 아무렇지도 않게 말했다. "합쳐서 104달러네요. 팁까지 하면 딱 60달러씩 내면 되겠어요."

앤드류와 바바라는 이런 상황에 처할 때마다 일일이 따지는 게 싫어 참았지만 이번만큼은 달랐다. 바바라가 딱 잘라 말했다. "우리 몫은 30달러예요. 술값은 당신들이 내야죠." 상대 커플은 순간 당황했지만 싸울 수는 없었다. 사실상 그것이 공정한 계

　　　모두에게 사랑받을 필요는 없다

산이었기 때문이다.

9. 환불을 두려워 마라

케이는 담배 한 보루를 샀다가 이상한 냄새와 함께 딱딱한 줄기를 발견했다. 불량 제품이었다. 그녀는 제조회사로 항의 메일과 함께 그 담배를 보냈다. 열흘이 지나지 않아 환불 금액과 세 보루의 담배, 사과 편지가 배달되었다.

10. 의지를 간직하라

알렉산드르 솔제니친의《이반 데니소비치의 하루》는 시베리아 강제 노동 수용소에서의 생존기를 그린 자전적 소설이다. 얼어붙은 황야에서 벌어지는 잔혹 행위와 비인간적인 노동, 굶주림과 감시라는 환경을 적나라하게 보여준다. 주인공 이반 데니소비치 스호프는 최악의 조건 속에서도 창의적으로 살아남는 법을 찾아낸다. 책은 다음과 같이 끝맺는다.

스호프는 더없이 만족스러운 기분으로 잠을 청했다. 그날 하루는 행운의 연속이었다. 독방에 들어가지도 않았고 더 힘든 노역지로 차출되지도 않았다. 저녁엔 죽 한 그릇을 더 훔쳐 먹었다. 작업 반장이 일을 공평하게 배분한 덕에 벽을 쌓는 일도 즐거웠다. 톱날 조각을 몰래 들여오는 데 성공했고 간수의 호의로 담배도 샀다. 그리고 아프지 않았다. 정말 행복한 날이었다. 이런 날이 삼천육백 일하고 오십삼 일이나 이어졌다. 철로 끝에서 시작해 철로 끝에서 끝나는 생활이 삼천육백하고 오십삼 일이었다. 삼 일이 더해진 것은 윤년이 끼었기 때문이다.

잔혹한 노동 수용소에서의 생존은 매 순간 어떤 방식으로 적응하느냐에 달려 있었다. 어떤 상황이 닥치더라도 그 속에서 자신만의 가치를 발견하고 포기하지 않는 자세를 유지해야 했다. 비참한 현실 속에서도 자신을 잃지 않으려는 의지가 생존자들을 구했다.

폭군들이 강요한 혹독한 조건에서도 살아남은 사람들에게는 공통점이 있다. 전쟁 포로, 나치 생존자들, 악마의 섬에서 탈출한 빠삐용까지 최악의 조건에서 생존한 사람들은 매 순간 자신만의 방식대로, 창의적으로 행동했다. 지금 이 순간에 최고의 가치를 부여하고 패배적인 태도를 거부하는 것이 생존의 기본 요건이다.

물론 우리의 일상은 수용소보다 훨씬 덜 가혹하다. 그럼에도 창살 속에 갇힌 고통을 느낀다면 자신이 어떤 선택을 했는지 돌아볼 필요가 있다.

 모두에게 사랑받을 필요는 없다

:

매일의 일상 속에서
어떤 선택을 하느냐에 따라 우리의 모습은 달라진다.
우리는 자신을 위해 창의적으로 행동하고
더 나은 선택을 할 수 있다.
그럴 능력은 누구에게나 있다.
두려움 없이 적극적으로 나아간다면
우리의 삶은 분명 더 나은 방향으로 변화할 것이다.
살아 있는 동안에는 만족스러운 삶을 살아야 한다.
죽은 뒤에는, 어쩌면 그 반대의 것을
영원히 경험하게 될지도 모르기 때문이다.

10장

자유로운
삶을 위한
100가지
행동 리스트

Pulling Your Own Strings

당하고 사는 사람들은 늘 비슷하게 행동한다.

지금 당신은 수동적으로 살지 않겠다는 분명한 신념을 가지고 있으며, 행동의 변화를 통해 자유로운 삶을 살아가려는 출발선 위에 서 있다. 이제 이론은 충분하다. 진짜 필요한 것은 실제 상황에서 어떻게 행동해야 자유로워질 수 있는지 아는 일이다.

이제부터 소개할 행동 리스트는 그런 당신을 위해 준비된 것이다. 우리가 살아가며 마주칠 수 있는 전형적인 상황을 100가지로 제시하고 아래에 두 가지 대응 방식을 함께 적었다. 하나는 수동형 반응이고 다른 하나는 스스로 판단하고 결정하는 주체적인 사람, 즉 자립형 대응이다. 각 항목을 통해 당신이 평소 어떤 방식으로 반응하는지 점검해 보라.

이 리스트를 절대적인 기준으로 생각할 필요는 없다. 다만 자신을 객관적으로 바라보고 태도와 생각의 변화를 돕는 기회로 삼기 바란다. 정답을 찾으려 애쓰기보다 가벼운 마음으로 읽으며

'내가 이런 상황이라면 어떻게 했을까?'를 떠올려보라. 만약 해당되지 않는 상황이라면 상상 속에서 대입해도 좋다. 중요한 건 정답이 아니라 그 안에서 드러나는 당신의 진짜 모습이다. 그러니 마음의 부담을 내려놓고 살펴보자.

자유로운 삶을 위한 100가지 행동 리스트

---

1 레스토랑에서 음식과 서비스가 기대에 못 미칠 때

수동형 계산하며 속으로 불평한다.

자립형 불만족스러운 점을 차분히 말하고 개선 의견을 남긴다.

2 가족이나 친척에게서 전화가 왔는데 바빠서 통화하고 싶지 않을 때

수동형 짜증이 나지만 끝까지 전화를 받는다.

자립형 지금은 통화가 어렵다고 말하고 나중에 연락하겠다고 전한다.

3 집중이 필요한 일을 하는 중에 전화가 울릴 때

수동형 하던 일을 멈추고 전화를 받는다.

자립형 일이 끝난 뒤 다시 연락하겠다고 하고 하던 일을 잘 마친다.

 모두에게 사랑받을 필요는 없다

4　**배우자나 연인이 갑자기 계획을 바꿔서 갈등을 겪을 때**

수동형　불편하지만 상대의 의견을 따른다.

자립형　처음 계획대로 하겠다고 말하고 그 선택에 대해 불
안해하지 않는다.

5　**배불리 먹었는데 음식이 남았을 때**

수동형　남기면 아깝다는 생각에 억지로 다 먹는다.

자립형　배가 부르면 그대로 식사를 멈춘다.

6　**가족 중 누군가 물건을 잃어버리고 당신을 탓할 때**

수동형　변명하거나 대신 찾아주며 시간을 쓴다.

자립형　억울함을 설명하되 찾는 것은 본인의 몫이라고 말
한다.

7　**어떤 모임이나 행사에 가족과 따로 참석하고 싶을 때**

수동형　가족에게 의견을 묻고 그들의 결정에 따른다.

자립형　혼자 가겠다고 말하고 계획대로 행동한다.

8　**늘 불평이 많은 사람이 말을 걸어올 때**

수동형　끝까지 들어주다 기분까지 나빠진다.

자립형　지금은 바쁘다고 하며 자리를 피하거나 대화를 다
른 주제로 돌린다.

9 가족이 빨래가 안 됐다고 불평할 때

수동형   미안하다고 하고 대신 해준다.

자립형   "그건 각자 책임이야"라고 말하거나 직접 하라고 알려준다.

10 계산대의 줄이 너무 길어 시간이 지체될 때

수동형   기다리는 내내 불평한다.

자립형   근처 다른 계산대나 셀프 계산대를 찾아본다.

11 폐점 30분 전에 도착했는데 가게가 이미 문을 닫았을 때

수동형   화를 내며 자리를 뜬다.

자립형   닫은 이유를 묻고 불편했던 점을 차분히 전한 뒤 자리를 뜬다.

12 투숙하는 호텔의 에어컨이 고장 나서 불편할 때

수동형   까다롭게 구는 것이 싫어 참고 지낸다.

자립형   고쳐달라고 하거나 방을 옮겨달라고 요청한다.

13 면접 중 까다로운 질문을 받았을 때

수동형   주눅 들어 사과하거나 얼버무린다.

자립형   침착하게 자신의 생각을 밝히며 질문의 의도를 파악한다. '이것은 내 반응을 보기 위한 질문이다. 대답에는 관심이 없다. 답이 존재하지 않는 질문이다'라고

    모두에게 사랑받을 필요는 없다

마음을 다잡는다.

14 **의사가 수술이 필요하다고 말했는데 진단이 의심스러울 때**

수동형 아무 질문 없이 의사의 지시에 따라 수술을 한다.

자립형 다른 의사의 의견도 들어본다. 주치의에게는 다양한
의견을 듣고 싶어서라고 말한다.

15 **승진이나 연봉 인상의 필요성을 느낄 때**

수동형 사장이 행동을 취할 때까지 기다린다.

자립형 성과와 이유를 근거로 스스로 요청한다.

16 **먼 친척의 장례식에 참석해야 할지 고민될 때**

수동형 마음은 내키지 않지만 억지로 간다.

자립형 참석 여부를 스스로 결정하고 후회하지 않는다.

17 **포옹하고 싶지 않은 사람이 인사치레로 포옹하려 할 때**

수동형 어색하지만 그대로 포옹한다.

자립형 미소를 지으며 악수로 대신한다.

18 **가족이 배고프다며 밥을 차려달라고 할 때**

수동형 귀찮지만 요리를 한다.

자립형 지금은 요리할 생각이 없다고 말하고 각자 해결하자
고 제안한다.

19 하기 싫은 사무실 파티 준비를 맡게 됐을 때

수동형 짜증을 내며 억지로 맡는다.

자립형 일정과 역할을 고려해 가능한 부분만 맡겠다고 조율
한다.

20 파티에서 정장을 입기 싫을 때

수동형 분위기에 맞춰 억지로 차려입는다.

자립형 드레스코드를 존중하되 불편하지 않은 선에서 조정
하거나 참석을 미룬다.

21 가족들이 어질러놓은 집안을 마주했을 때

수동형 화를 참으며 묵묵히 뒷정리를 한다.

자립형 함께 사는 공간이니 함께 치우자고 말하고 내 몫만
정리한다.

22 다툰 직후 상대가 아무 일 없다는 듯 다가올 때

수동형 분위기에 휩쓸려 맞춰주지만 마음이 불편하다.

자립형 감정이 아직 정리되지 않았다고 말하고 대화를 통해
관계를 회복한다.

23 누군가 외설적인 농담을 할 때

수동형 웃는 척하지만 속으로 불쾌하다.

자립형 "그런 얘기는 불편하네요"라고 분명히 선을 긋는다.

   모두에게 사랑받을 필요는 없다

24 파티에서 화장실을 써야 하지만 눈치가 보일 때

　수동형　볼일 보는 소리가 들리는 게 싫어 화장실에 가지 않는다.

　자립형　자연스러운 일이라 생각하고 신경 쓰지 않는다.

25 테니스 코트에서 하얀 옷을 입어야 한다거나, 성당에서 특정 성별 좌석에 앉아야 하는 등 의미 없는 규칙을 따라야 할 때

　수동형　억울하고 불편하지만 그냥 따른다.

　자립형　규칙을 지키되 불만을 쌓아두지 않는다. 내게 더 중요한 일에 에너지를 쓴다.

26 도로에서 다른 차량이 갑자기 끼어들 때

　수동형　분노하며 경적을 울리거나 욕을 한다.

　자립형　흥분하지 않고 안전거리를 유지하며 지나간다.

27 직장 동료가 의미 없는 잡일을 떠넘길 때

　수동형　속으로 불만을 품지만 그냥 해준다.

　자립형　“이건 제 업무 범위가 아닌 것 같아요”라며 차분히 거절한다.

28 청구된 계산서가 잘못되었다는 것을 알았을 때

　수동형　소란을 일으키는 게 싫고 괜히 민망해 아무 말도 하지 않는다.

자립형　계산이 잘못되었다는 것을 알리고 수정해 달라고
말한다.

29　호텔 직원이 불필요한 서비스를 하며 팁을 기대할 때

수동형　난처하고 거절하기 어려워 팁을 준다.

자립형　감사 인사만 전하고 필요하지 않은 서비스는 괜찮다
고 말한다.

30　아이의 부탁으로 자신의 계획을 바꿔야 할 때

수동형　자신의 일정을 취소하고 대신해 준다.

자립형　아이에게 스스로 해결할 방법을 알려주며 독립심을
키운다.

31　집요한 영업 전화를 받거나 세일즈맨이 귀찮게 할 때

수동형　끊기 애매해 계속 듣는다.

자립형　관심 없다고 분명히 말하고 전화를 끊거나 자리를
뜬다.

32　파티 준비로 해야 할 일이 너무 많을 때

수동형　모든 걸 완벽히 하려다 준비하는 내내 지친다.

자립형　최소한의 준비만 하고 완벽하지 않아도 괜찮다고 생
각한다.

33 누군가 당신의 작업물을 비난할 때

수동형 방어적으로 반응하거나 흥분하며 화를 낸다.

자립형 비판을 감정적으로 받지 않고 필요하면 참고로 삼으며 넘어간다.

34 옆 사람이 담배를 피워 불쾌할 때

수동형 그냥 참고 자리만 옮긴다.

자립형 정중히 담배를 꺼달라고 요청한다. 거절하면 조용히 자리를 바꾼다.

35 레어로 주문한 스테이크가 웰던으로 나왔을 때

수동형 그냥 먹는다.

자립형 웃으며 잘못된 주문임을 말하고 다시 요청한다.

36 누군가 새치기를 할 때

수동형 화가 나지만 침묵한다.

자립형 "줄이 여기예요"라고 침착하게 말한다.

37 빌려간 돈을 갚지 않는 사람이 있을 때

수동형 불편해서 말하지 못한다.

자립형 "그때 빌려준 돈, 기억하시죠?"라며 부드럽게 상기시킨다.

38 모임에 처음 가서 아는 사람이 없을 때

수동형 구석에서 눈치만 본다. 누군가 먼저 다가와 말을 걸
어주기를 기다린다.

자립형 먼저 다가가 인사하거나 자연스럽게 대화를 시작
한다.

39 다이어트 중인데 친구가 디저트나 술을 권할 때

수동형 거절 못 하고 먹는다.

자립형 감사 인사를 하며 "지금은 괜찮아"라고 말한다.

40 길거리에서 누군가 물건이나 종교를 권할 때

수동형 어색해하며 들어주거나 돈을 건넨다.

자립형 말없이 웃으며 고개를 젓고 자리를 뜬다.

41 사과할 일이 아닌데 사과를 요구받을 때

수동형 괜히 갈등을 만들기 싫어 사과한다.

자립형 자신의 입장을 천천히 설명하고 사과가 필요하지 않
다는 걸 명확히 한다.

42 부동산 중개인이 원하지 않는 매물을 계속 보여주려 할 때

수동형 마지못해 따라간다.

자립형 "그 조건은 관심이 없습니다"라고 분명히 말하고 상
담을 중단한다.

 모두에게 사랑받을 필요는 없다

43 주문한 음료의 대부분이 얼음일 때

수동형 돈이 아깝다고 생각하지만 그냥 마신다.

자립형 웃으며 "얼음을 조금만 넣어주시겠어요?"라고 요청
한다.

44 누군가 "저를 못 믿으시겠어요?"라고 몰아붙일 때

수동형 "그렇지 않아요"라며 상대의 감정에 끌려간다.

자립형 "확인하는 게 제 습관이에요"라며 담담히 대답한다.

45 몸이 완전히 회복됐는데 의사가 재방문하라고 할 때

수동형 괜히 예의상 방문해 진료비를 또 낸다.

자립형 증상이 사라졌다면 방문을 미루고 필요할 때만 다
시 예약한다.

46 심리상담을 더 이상 받고 싶지 않을 때

수동형 끝내야 한다는 말을 차일피일 미룬다.

자립형 상담사에게 전화해 "당분간은 괜찮습니다"라고 말하
고 종료한다.

47 은행에서 대출받아야 하는데 은행원이 고압적으로 대할 때

수동형 위축되어서 계속 "네"라고만 대답한다.

자립형 다른 직원과 이야기하고 싶다고 침착하게 말한다.

48 처방전의 약값이나 내용이 불투명할 때

수동형 '제일 좋은 약이겠지' 생각하고 별 말 없이 지불한다.

자립형 약의 성분과 가격을 묻고 필요하면 대체할 수 있는 약을 문의한다.

49 옷을 사서 집에 돌아왔는데 그 옷이 마음에 들지 않을 때

수동형 귀찮아서 그냥 둔다.

자립형 정해진 절차에 따라 교환이나 환불을 요청한다.

50 참석도 안 한 행사에서 물건 구매를 강요받을 때

수동형 괜히 관계가 틀어질까 봐 산다.

자립형 구매 의사가 없다고 밝히고 참여하지 않는다.

51 명절에 보내고 싶지 않은 인사 메시지를 두고 고민할 때

수동형 귀찮아하면서 형식적으로 보낸다.

자립형 진심이 없으면 보내지 않는다. 그 선택에 불편함을 느끼지 않는다.

52 공원에서 다른 사람의 음악 소리 때문에 방해받을 때

수동형 참고 견디거나 짜증을 낸다.

자립형 정중히 소리를 줄여달라고 요청하고 그래도 안 되면 자리를 옮긴다.

53 이웃집 개가 밤새 짖을 때

수동형　화를 참고 그냥 잔다.

자립형　이웃에게 불편함을 알리고 대책을 요청한다. 필요하면 관리인이나 지자체에 신고한다.

54 집 매매 중에 추가비용을 갑자기 요구받을 때

수동형　괜히 무식해 보일까 봐 침묵한다.

자립형　이유와 내역을 명확히 듣고 납득되지 않으면 계약을 미룬다.

55 영화관이 너무 추워 불편할 때

수동형　참고 본다.

자립형　직원에게 온도 조절을 요청한다.

56 식료품 가게 계산서에 금액이 잘못 찍혔을 때

수동형　적은 액수에 불만을 가지는 속 좁은 사람이 되기 싫어서 그냥 계산한다.

자립형　계산 오류를 지적하고 정정된 금액으로 결제한다.

57 휴가지에서 식당이나 서비스 가격이 터무니없이 비쌀 때

수동형　바가지라 생각하면서도 그냥 낸다.

자립형　체인점처럼 가격이 명확한 다른 곳을 이용하거나 부당하다고 판단되면 신고한다.

58 파티에서 술 취한 사람이 계속 말을 걸 때

수동형 불쾌해도 애써 들어준다.

자립형 "잠시 다른 자리로 갈게요"라며 자연스럽게 이동한다.

59 세차 직원이 앞유리를 제대로 닦지 않을 때

수동형 속으로만 불만을 품는다.

자립형 "이 부분만 더 닦아주시겠어요?"라고 자연스럽게 요청한다.

60 이웃들이 모두 잔디에 비료를 주는데 자신은 하기 싫을 때

수동형 남들 시선 때문에 비료를 산다.

자립형 남의 기준에 따르지 않고 내가 원하는 방식으로 관리한다.

61 병원 예약 시간에 맞춰 갔는데 오래 기다리게 할 때

수동형 의사가 바쁘겠거니 생각하며 그냥 기다린다.

자립형 기다린 시간을 언급하며 다음엔 예약 시간을 조정해 달라고 요청한다.

62 생각보다 낮은 학점을 받아 의문이 들 때

수동형 납득되지 않지만 그냥 넘어간다.

자립형 교수에게 정중히 문의해 평가 기준과 피드백을 요청한다.

 모두에게 사랑받을 필요는 없다

63 장례 업체가 슬픔을 이용해 고가의 상품을 권할 때

수동형 떠나간 사람에 대한 사랑이 부족해 보일까 봐 비싼 상품을 산다.

자립형 예산을 분명히 밝히고 상술적인 제안은 사양한다.

64 지루하고 도움이 되지 않는 수업을 듣고 있을 때

수동형 아까워서 끝까지 듣는다.

자립형 운영자에게 개선이나 환불 가능 여부를 문의한다.

65 호의를 베풀었는데 감사 인사를 듣지 못할 때

수동형 섭섭하고 화도 난다.

자립형 감사를 기대하지 않는다. 베푼 순간 이미 끝난 일이라 여긴다. 그가 나처럼 행동하지 않았다고 그 사람이 나쁜 사람이 되는 것은 아니다.

66 몇 개의 양파가 필요할 뿐인데 상점에서 대용량만 판매할 때

수동형 어쩔 수 없이 진열된 대로 산다.

자립형 양파를 사려는 또 다른 손님과 나누거나 필요한 양만 살 수 있는지 직원에게 물어본다.

67 점심식사 후 졸음이 밀려올 때

수동형 최대한 깨려고 하고 억지로 버틴다.

자립형 짧게 눈을 붙여 컨디션을 회복한다.

68 선약이 있는데 상사가 갑자기 야근을 지시했을 때

수동형 개인 일정을 포기하고 남는다.

자립형 선약이 있다고 말하고 필요한 경우 다른 방법을 제
안한다.

69 좋은 호텔을 이용하고 싶은데 가격이 부담될 때

수동형 사치라고 여기며 항상 포기한다.

자립형 예산 안에서 만족도를 높일 방법을 찾고 자신에게
투자하는 날도 허락한다.

70 대화 중 상대가 자꾸 말을 끊을 때

수동형 그냥 참는다.

자립형 미소를 띠며 "제가 하던 말을 마칠게요"라고 말하며
발언권을 되찾아온다.

71 누군가 '왜 아이를 갖지 않느냐'고 물을 때

수동형 장황하게 변명하듯 설명한다.

자립형 개인적인 문제라서 이야기하기 어렵다고 선을 긋
는다.

72 여행 중 렌트카의 예약 가격과 실제 금액이 다를 때

수동형 어쩔 수 없이 비싼 대로 빌린다.

자립형 예약 조건을 근거로 원래 가격을 요청하거나 다른

회사를 이용한다.

73 가족과 재정 문제로 자유롭게 돈을 쓰지 못할 때

수동형 불만을 품고 묵묵히 따른다.

자립형 가계 계획을 투명하게 공유하고 필요한 범위의 자율
권을 확보한다.

74 통신비나 TV 요금이 과다 청구되었을 때

수동형 귀찮아서 그냥 낸다.

자립형 내역을 확인하고 오류가 있으면 수정 요청을 한다.

75 채식주의자인데 식사 자리에서 고기 요리가 나올 때

수동형 분위기상 고기를 조금 먹는다.

자립형 야채 메뉴만 먹는다. 주위를 불편하게 만들지 않기
위해 굳이 설명하지 않지만, 소신을 지킨 자신에게
자부심을 갖는다.

76 다같이 식사 후 계산서를 받았는데 아무도 계산하려 하지 않을 때

수동형 속으로 투덜대며 결국 당신이 전부 계산한다.

자립형 각자 몫을 계산하자고 자연스럽게 제안한다.

77 자판기가 동전을 먹었을 때

수동형 불평만 하고 그냥 떠난다.

자립형　관리자나 고객센터에 상황을 알린다.

78　가기 싫은 행사에 가자고 누군가 계속 권할 때

수동형　결국 끌려가듯 참석한다.

자립형　가지 않겠다고 말하고 자신의 입장을 고수한다.

79　레스토랑에서 대리주차를 맡기기 싫을 때

수동형　불안한 마음으로 맡긴다.

자립형　직접 주차하겠다고 말한다.

80　듣고 싶지 않은 강의나 세미나에 억지로 참석해야 할 때

수동형　지루해도 앉아 있는다.

자립형　"관심 있는 분들이 더 잘 들으실 것 같아요"라며 자
연스럽게 자리를 정리한다.

81　다이어트 중인데 갑자기 배가 고플 때

수동형　참지 못하고 먹은 다음에 후회한다.

자립형　배고픔이 잠시라는 걸 알고, 물이나 차로 허기를 달
래며 스스로를 다독인다.

82　바쁜 일정에 일이 계속 쏟아질 때

수동형　긴장 속에서 모든 일을 떠안으며 짜증을 낸다.

자립형　우선순위를 정하고 가능하면 일을 나눈다. 완벽하지

　모두에게 사랑받을 필요는 없다

않아도 괜찮다고 생각한다.

83 누군가 잔소리를 늘어놓을 때

수동형　참고 듣는다. 속으로는 불쾌하다.

자립형　"이야기를 잠시 멈춰주실래요?"라고 말하거나 자리를 벗어난다.

84 아이들이 싸움을 해결해 달라고 할 때

수동형　중재하느라 에너지를 소모한다.

자립형　직접 해결하게 두고 필요할 때만 조언한다.

85 가고 싶지 않은 친구의 초대가 있을 때

수동형　미안한 마음에 결국 간다.

자립형　"이번엔 어려울 것 같아"라고 말한다.

86 누군가 사적인 질문을 하며 캐물을 때

수동형　무례하다고 느끼지만 대답한다.

자립형　사생활이라서 이야기하고 싶지 않다고 말한다.

87 원하지 않는 충고를 들을 때

수동형　기분이 상하지만 맞장구친다.

자립형　"고맙지만 제 방식으로 해볼게요"라고 말한다.

88 팁 액수를 남이 정하려 들 때

수동형 상대의 눈치를 본다.

자립형 자신이 낼 만큼만 낸다. "그렇게 하고 싶으시면 더 보태주세요"라고 가볍게 넘긴다.

89 과하다고 생각될 만큼의 서비스 요금을 청구받았을 때

수동형 속았다는 불만이 있지만 그냥 낸다.

자립형 금액을 확인하고 동의하지 않은 부분은 수정 요청한다.

90 취업 지원서에 차별적인 질문이 있을 때

수동형 요구대로 작성한다.

자립형 불필요한 항목은 비워두거나 자신에게 유리한 방식으로 표현한다.

91 사랑하는 사람에게 마음을 표현하고 싶을 때

수동형 쑥스러워서 미룬다.

자립형 자연스럽게 "사랑해." 한마디를 건넨다.

92 아이들이 당신과 함께 어린이용 게임을 하고 싶어 하지만 당신은 내키지 않을 때

수동형 마지못해 하면서 계속 시계를 쳐다본다.

자립형 함께 즐길 수 있는 놀이를 새로 제안한다.

 모두에게 사랑받을 필요는 없다

93 가족이 늘 당신에게 집안일을 맡길 때

수동형 불만을 품고 계속 한다.

자립형 이번엔 각자 하자고 말하고, 실제로 하지 않는다.

94 누군가 "당신을 이해 못하겠다"고 말할 때

수동형 필사적으로 설명한다.

자립형 "그럴 수도 있죠"라며 미소 짓는다.

95 주변 사람이 당신의 옷차림이나 스타일을 비난할 때

수동형 그의 말에 신경 쓰면서 바꿔본다.

자립형 "그럴 수도 있네요." 하고 넘긴다. 자신의 기준을 바
꾸지 않는다.

96 혼자 있고 싶은데 누군가 계속 간섭할 때

수동형 화를 내며 결국 포기한다.

자립형 휴대폰을 꺼두거나 잠시 자리를 비운다. 조용히 경계
를 만든다.

97 술에 취한 가족이나 친구가 운전하겠다고 고집을 부릴 때

수동형 말리지 못하고 함께 탄다.

자립형 직접 운전하거나 택시를 부른다. 절대 타지 않는다.

98 기온이 40도를 넘는 폭염일 때

수동형 덥다는 말을 입에 달고 다니며 불쾌 지수를 높인다.

자립형 불평 대신 시원하게 보낼 방법을 찾는다.

99 사랑하는 사람을 잃었을 때

수동형 감정에 휩쓸려 긴 시간 무기력에서 벗어나지 못하고 삶을 멈춘다.

자립형 충분히 슬퍼하며 감정을 표현하되 그 기억을 안고 다시 일어서려고 한다.

100 감기나 고열 등으로 몸이 아플 때

수동형 계속 아프다는 말을 반복한다.

자립형 회복에 집중하며 스스로에게 "괜찮아질 거야"라고 말한다.

100가지 상황 중 수동적인 행동이 많았다면 아직 스스로의 자유를 충분히 누리지 못하고 있다는 뜻이다. 지금부터라도 조금씩 자신의 선택권을 회복하고 행동 하나하나를 의식적으로 바꿔보자. 다음은 당신이 어떤 위치에 있는지 비율로 구분한 내용이다.

타인의 기대나 판단에 지나치게 의존하고 있다. 그러나 이미 자각했다는 사실 자체가 변화의 시작이다. 이 책을 다시 읽으며 '왜 그렇게 반응하는가'를 차분히 점검하라.

대체로 주변의 요구에 이끌려 산다. 하지만 자유로워질 가능성이 충분하다. 작은 결정을 스스로 내리는 연습부터 시작해 보자.

삶의 절반은 타인의 기준에, 절반은 자신의 기준에 기대어 산다. 이 시점에서 방향만 조금 바꾸면 남은 절반의 자유도 얼마든지 되찾을 수 있다.

대부분의 상황에서 자신이 주도권을 쥐고 있다. 단, 타인의 반응에 휘둘리지 않도록 꾸준히 중심을 다지는 노력이 필요하다.

자기 인생을 스스로 선택하고 스스로 책임지는 사람이다. 주변의 압력보다 자신의 신념을 우선한다.

이 책의 내용을 완벽히 체득했다. 이미 자유롭게 자신의 뜻을 펼치며 타인의 평가에도 신경 쓰지 않고 있다. 완벽함을 증명하려하기보다 지금의 자유를 즐겨라.

하지만 이 책을 읽기 전부터 이미 자신을 믿고 자유롭게 살고 있었다면 책을 산 그 자체가 '1%의 수동성'이었을지도 모른다. 그렇다면 1% 수동형 행동, 99% 자립형 행동으로 수정하는 것이 공평하다.

당신은 매 순간 선택할 수 있는 사람이다. 자신의 길을 스스로 결정할 것인가, 아니면 타인의 기준에 맡길 것인가. 세상은 끊임없이 당신을 흔들지만 그 흔들림 속에서 중심을 잡을 힘은 이미 당신 안에 있다. 자유는 완벽함이 아니라 스스로 결정하고 책임지는 순간마다 자라난다. 선택은 언제나 당신의 몫이다.

:

자신을 존중하지 않으면
아무도 당신을 존중하지 않는다.
자신을 이해하지 않으면
누구도 진심으로 이해할 수 없다.
스스로를 믿어라.
누구와도 비교하지 않겠다고 선택하라.
그 선택을 반복할 수 있을 때
인생은 자유로워진다.

모두에게 사랑받을 필요는 없다

비교와 눈치에서 해방되는 삶의 기술

초판 1쇄 발행 2026년 2월 4일
초판 2쇄 발행 2026년 2월 24일

지은이 웨인 다이어
옮긴이 장원철
책임편집 이가람
콘텐츠 그룹 정다움, 전연교, 김신우, 정다솔, 문혜진, 기소미
디자인 R DESIGN 이보람

펴낸이 전승환
펴낸곳 책읽어주는남자
신고번호 제2024-000099호
이메일 book_romance@thebookman.co.kr

ISBN 979-11-24038-18-5 (03190)